古典文獻研究輯刊

十七編

潘美月・杜潔祥 主編

第5冊

天一閣藏明代文獻研究（下）

柯亞莉 著

國家圖書館出版品預行編目資料

天一閣藏明代文獻研究（下）／柯亞莉　著 — 初版 — 新北市：
花木蘭文化出版社，2013〔民102〕
目 2+222 面；19×26 公分
（古典文獻研究輯刊 十七編；第5冊）
ISBN：978-986-322-430-3（精裝）
1. 文獻　2. 研究考訂　3. 明代
011.08　　　　　　　　　　　　　　　102014846

ISBN-978-986-322-430-3

9 789863 224303

古典文獻研究輯刊
十七編　第 五 冊　　　　ISBN：978-986-322-430-3

天一閣藏明代文獻研究（下）

作　　　者　柯亞莉
主　　　編　潘美月　杜潔祥
總 編 輯　杜潔祥
企劃出版　北京大學文化資源研究中心
出　　　版　花木蘭文化出版社
發 行 所　花木蘭文化出版社
發 行 人　高小娟
聯絡地址　235 新北市中和區中安街七二號十三樓
　　　　　　電話：02-2923-1455／傳真：02-2923-1452
網　　　址　http://www.huamulan.tw 信箱 sut81518@gmail.com
印　　　刷　普羅文化出版廣告事業
初　　　版　2013 年 9 月
定　　　價　十七編 20 冊（精裝）新台幣 31,000 元
版權所有・請勿翻印

天一閣藏明代文獻研究（下）

柯亞莉　著

第四章 天一閣藏明代文獻的價值與意義

中國古代藏書家和藏書樓在保存文獻、促進學術和傳播文化等方面做出了傑出的貢獻，天一閣作爲中國現存最古老的藏書樓，是中國傳統文化的象徵，其價值與意義因其獨具特色的藏書而更加彰顯。

第一節 天一閣藏明代文獻內容上的學術價值

天一閣藏書的主體是明代文獻，天一閣藏明代文獻的主體又是史部和集部文獻，本書第二章和第三章對其主要內容進行了闡述，並對其中的近百種明代文獻進行了重點分析。加上概述部分，總共涉及的天一閣藏明代文獻百餘種。總括而言，天一閣藏明代文獻的學術價值主要表現在以下兩個方面：

（一）史料價值及史學研究價值

天一閣藏明代文獻中有許多至今還是不太爲人注意的珍貴材料，對《明實錄》、《明史》等官修史書具有訂補作用，由此可以解決明史研究中的難題，可以提出明史研究中的新問題，甚至可以開闢史學研究的新領域。

史料的搜集是進行歷史研究的必要前提，要從事史學工作，必須詳細、全面地佔有資料，而明史史料數量很多，且較爲分散，若非勤加蒐輯，很難窺得事情全貌。清朝修《明史》始於順治二年（1645）五月，至雍正十三年（1735）十二月成書，乾隆四年（1739）七月刊成，歷時近百年，體例謹

嚴，被認爲是除「前四史」之外最好的正史，然而《明史》在史實方面卻存在不少闕失。《明史》的訂補文獻自清代開始便已出現，清人王頌蔚（1848～1895）《明史考證攟逸》和近人黃雲眉（1898～1977）《明史考證》等就是訂補《明史》的專著。已故明史專家吳晗（1909～1969）曾專文指出《明史》之缺佚、誤文、套句、重出、互異、矯誣、事訛、簡略、偏據、舛奪等十方面的闕失〔註1〕。《明史》存在失實失誤的原因之一在於其取材有限，也就是說其史料來源主要是《明實錄》，而《實錄》採自詔書、奏議、政書等，其間輾轉差訛之處在所難免。天一閣藏明代文獻則保存了具有重要史料價值的原始檔案材料，不少就是《實錄》的材料來源。如《萬代公論》記載高拱「隆慶改革」中的兩件大事，就是《實錄》纂修的直接取材之源。又如《四庫提要》著錄天一閣進呈之《公侯簿》，云：「前有嘉靖九年（1530）公牘一篇，又有嘉靖二十六年（1547）公牘一篇。蓋吏部驗封司所存冊籍，相續編纂者也。」〔註2〕又如阮元《天一閣書目》著錄劉定之《否泰錄》，云其「紀正統北狩及回鑾時事。《否泰》附錄內有李賢《天順日錄》、《于少保公奏議十卷》及正統季年、景泰初年奏報二錄，彙爲一書，蓋史館所輯以備纂修《實錄》之用者」〔註3〕，明確是史館修《實錄》之底本。2010年出版的《天一閣藏明代政書珍本叢刊》影印天一閣現存明代政書共54種，其中44種未見他書著錄，未見有其他版本和流傳，爲海內外僅存之孤本，整理者在提要中屢用「原始檔冊」、「檔案文書」、「珍貴檔案文獻」、「傳世罕見」、「不可多得」和「第一手資料」等字眼來確定其文獻價值。因此，珍稀的檔冊性質，決定了天一閣藏明代文獻可補史之闕，糾史之誤，證史之文，是明史研究的直接的一手的材料，是明史的史料庫。

以明人奏議爲例。清代史家趙翼（1727～1814）嘗言：「《明史》於諸臣奏議凡切於當時利弊者多載之。」〔註4〕然而爲史體所限，《明史》人物列傳一般節錄或者概括傳主的奏疏內容，不能全文引用，天一閣所藏明人奏議則爲一次文獻，內容完整，材料齊備，大大超出正史與實錄所載。如前所述，《蠢遇錄》爲《明史》史料來源，《浙江海防兵糧疏》與史互有異同，《張簡

〔註1〕 吳晗：《吳晗文集》，北京：北京出版社，1998年，第157～166頁。

〔註2〕 《四庫全書總目》卷八十，第690頁。

〔註3〕 〔清〕阮元等：《天一閣書目》，清嘉慶十三年（1808）刻本，《續修四庫全書》第920冊，第64頁。

〔註4〕 〔清〕趙翼：《陔餘叢考》，北京：中華書局，1963年，第260頁。

肅公奏議》、《孫毅菴奏議》、《總督採辦疏草》、《戴兵部奏疏》等可補史之闕略，與史相參，而《郊議錄》可以證史，《恤刑錄》、《恤刑疏草》等是原始審錄資料的彙集，可以補史之空白。而且奏議還是瞭解明代更廣泛的社會歷史情況的原始材料，如《恤刑題稿》「對於研究民間宗教也頗有價值」，「對福建地區的風習與社會亦多有展現」〔註5〕；《審錄廣東案稿》「對於研究明代的海禁在下層社會所造成的影響頗有價值」，「對於研究明代廣東的世俗民風，亦多有可探者」〔註6〕，而這又非正史所能容納的內容。

　　再以明人文集為例，天一閣所藏大量內容豐富的明人文集不僅較為細緻地描述出明代文學各方面的發展狀貌，是研究明代文學——主要是詩文——全盛時期的一手材料，而且明人文集的各種序跋和相關內容又提供了大量名不見經傳、卻又活躍在歷史舞臺上的明代人物的直接史料，是瞭解明代歷史和明人社會生活的重要材料。如陳德文及其《石陽山人病詩》、《石陽山人蠡海》，郭鳳儀及其《均奕集》，賀甫及其《感樓集》，雷鳴春及其《雷氏白雲樓詩集》，林時及其《介立詩集》，張治道及其《太微詩集》、《太微後集》，朱拱梃及其《樵云詩集》等等，這些人物和他們的文集都是正史中所未曾涉及的，而從這些文集及其他相關文獻中不難發現，在當時的文學史上他們是有一席之地的。

　　若再將天一閣藏明代文獻總目與《明史·藝文志》相比較，其學術價值更加凸顯出來了。舉數字說明：天一閣藏明人奏議123種，其中僅11種被《明志》著錄；天一閣藏明代地方志435種，其中僅95種被《明志》著錄；天一閣藏明代科舉文獻528種，無一種《明志》著錄；天一閣藏明代傳記180種，其中46種被《明志》著錄；天一閣藏明代政書172種，其中21種被《明志》著錄；天一閣藏明人別集570種，其中128種《明志》著錄；天一閣藏明代總集245種，其中僅38種《明志》著錄。《明志》開創了正史藝文志著述一代文獻的先例，它將《千頃堂書目》刪繁就簡，著錄有明一代著述凡4633種，是研究者查找圖書文獻、進行明代學術文化研究的重要工具書，而大量的天一閣藏明代文獻卻被《明志》失收，《明志》的學術價值因之大打折扣。天一閣藏明代文獻則以實物向人們展示被人們遺忘卻未曾被歷史湮沒的有價值的文獻。

〔註5〕　《天一閣藏明代政書珍本叢刊》第20冊，第375～376頁。
〔註6〕　《天一閣藏明代政書珍本叢刊》第20冊，第497頁。

天一閣藏明代文獻的內容作為珍貴的明史史料，具有訂補官修史書的價值，而且其自身也不乏史學上的研究價值。如解決明史研究中的難題，《總督採辦疏草》、《北京建殿堂修都城獻納事例》和《皇明藩府政令》分別可以使明代採木工程的研究、明代捐納制度的研究和明代宗室制度的研究中的疑點問題迎刃而解；如提出明史研究中的新問題，《河南管河道事宜》提出治河過程中要節省修河之費、減輕河夫之役的問題，《浙江總兵肅紀維風冊》提出萬曆初年海防安定之後沿海軍隊的改革與整頓的問題，《省愆錄》提出禦邊過程中的「絕覘」即防治奸細的問題；如開闢明史研究的新領域，明代武舉錄中所關涉的明代武舉制度，明人文集中所關涉的明代地域文學（如浙江、吳中、江西、閩中）、宗室文學（如江西宗室）、家族文學（如閩縣陳氏、武定侯郭氏）、唱和酬贈文學（如祝壽、遊覽）和某些詩人群體（如以瑞昌王朱拱櫬為首的江西詩人群）等問題，都是明史研究者至今尚未發現或開拓不深的領域。可以說，天一閣藏明代文獻的史學研究價值是其潛力之所在。

（二）實用價值和現實意義

天一閣藏明代文獻的內容多關係國計民生，有裨實用，具有經世致用的現實意義。

天一閣藏奏議類文獻是明人關於當代各種社會問題的議論和解決的對策，如《焚餘集》是明代財政的彙報，《兩河經略》是治理黃河工程的方案，《張簡肅公奏議》、《江西奏議》和《南贛督撫奏議》分別是安定山西、江西和南贛等地的實策，《浙江海防兵糧疏》和《戴兵部奏疏》分別是對海防和邊防的籌畫建言，《恤刑錄》和《恤刑疏草》是各種刑事和民事案件的審判結果，而且這些奏議確實產生了一定的影響和效用，是實用之言。

政書類文獻是明代的各項法令和規制，如《河南管河道事宜》是治河方略，《皇明藩府政令》是宗藩法規，《慈谿縣丈量過田地實總》是寧波府均平田則運動時的文冊，再看看《天一閣藏明代政書珍本叢刊》中輯入的明代政書及其提要，可以得出結論，這些文獻對於透視明代政務運作的實際過程確是不可多得的珍貴材料。明史專家萬明評價天一閣藏明代政書：「發掘政書中豐富的治國理念與實踐，總結歷史經驗教訓，既有學術價值又有重要的現實意義。」〔註7〕

〔註7〕 萬明：《天一閣藏明代政書及其學術價值》，《中國史研究動態》第3期，2008年，第9頁。

　　傳記類文獻提供了明代各種類型歷史人物的生平資料，不僅有當代名人的傳記，也有不見於正史記載的地方人物傳記，這些傳記資料是同時代人所作，包括傳、年譜、墓誌銘、誥敕、碑、序、祭文、誄文、像贊、書信、奏疏、日記等各種體裁，更加鮮活而生動，這些人物個體的生平事迹和言論，具體地展現了明代社會的風俗民情。有些人物的傳記，還是家族史的珍貴資料，或是家譜纂修的取材來源，體現了家族的傳承史。發掘傳記文獻尤其是家譜的精神實質，是維繫家族乃至民族的紐帶，有利於在家族成員之間形成強烈的自豪感、認同感和歸屬感。

　　明代地方志是各地方的地理、風俗、人情、政務的系統著述，天一閣現藏二百餘種地方志，是明代及其以前社會歷史地理的一手資料，也是方志學的重要研究資料，而各種山水志、寺院志、書院志、遊記等又是有關道教文化、佛教文化、旅遊文化和教育文化等的難得資料。在文化產業方興未艾的今天，各地追根溯源，充分發掘地方志的內涵，使之成為各地文化旅遊的歷史依據，對促進地方史的研究和區域經濟的發展頗有裨益。

　　明代各類科舉文獻紀錄了大量通過科舉考試的明人的資料，承載著明代的科舉制度文化的內涵。天一閣藏明代科舉文獻具有連續性、集中性、系統性的特點，不僅可以補史，而且可以通過量化分析，探究諸如明代群體的社會流動，中舉和中式之人的籍貫、錄取比例、地域分佈，明代八股文的文體流變和評價標準等問題。寧波市慈谿縣學者沈登苗說：「天一閣藏明代科舉題名錄的精華是《登科錄》，《登科錄》的核心內容是『進士家狀』，若充分挖掘之，定能大大豐富科舉學、人才學、人文地理學、教育史等內涵，發揮其應有的價值。」〔註8〕應該說，會試錄、鄉試錄和武舉錄等均能發揮此種價值。

　　明代邊疆和域外史地文獻反映了明代的邊疆和域外形勢，記載了明朝的治邊之策和外交關係，具有很大的現實和借鑒意義。

　　對大量的明人文集進行個案的分析和整體的觀照，不僅有助於明代文學史的研究，而且可以使明人個體和群體的思想意識、生存方式、生活狀態和他們之間的關係得到淋漓盡致的展現。明人總集中以記遊為主題的唱和聯句

〔註 8〕　沈登苗：《就明代進士祖上的生員身份與何炳棣再商榷——以天一閣藏明代進士登科錄為中心》，《科舉與科舉文獻國際學術研討會論文集》（上冊），第113頁。

詩，又為地方的旅遊文化增添了歷史意蘊。

總之，天一閣藏明代文獻的內容著重的是當今現實的社會問題，能更為廣泛、更為深刻地反映了當代政治、經濟、文化、軍事、法制和社會生活的各個方面，具有重要的現實意義。

吳晗在《江蘇藏書家史略》的序言中說：「藏書之家，插架亦因之愈富，學者苟能探源溯流，鉤微掘隱，勒藏家故實為一書，則千數百年文化之消長，學術之升沉，社會生活之變動，地方經濟之盈虧，固不難一一如示諸掌也。」〔註9〕藏書家之故實是反映文化、學術、社會生活和地方民情的一面鏡子，藏書家之藏書更是當時文化、學術、社會生活和地方民情的真實寫照。范欽的藏書理念是實用、經世，其天一閣藏書就是這一理念的結晶。《四庫提要》的編纂者這樣評價天一閣進呈之《兩河經略》：「與所作《河防一覽》，均為有裨實用之言，不但補史志之疏略，備輿圖之考證已也。」〔註10〕以「實用」為價值取向的四庫館臣高度重視此書，將之全本抄入《四庫全書》，說明天一閣藏書的實用性正與之相合。

明代理學盛行，理學大體是一種心性之學，因此後來招致「遊談無根」、「空疏無用」之譏。而與此同時，明代經世實學也在興起，這不僅表現在天文曆算、農學、醫學、藥學等方面的自然科學研究領域取得了相當的成就，而且也應該表現在明人對社會現實有清醒的認識，並竭力補偏救弊，明代在社會政治層面上也得到了很大的發展。明代很多理學家都是政績顯赫的政治家，如王陽明、歐陽鵬、徐階等，明人的意識形態和對現實問題的認識不是統一的、對等的。漢代王充（27～約97）曾這樣批評當時的儒生：「夫儒生之業，五經也。南面為師，旦夕講授，章句滑習，義理究備，於五經，可也。五經以後，秦、漢之事，無不能知者，短也。夫知古不知今，謂之陸沉，然則儒生，所謂陸沉者也。五經之前，至於天地始開，帝王初立者，主名為誰，儒生又不知也。夫知今不知古，謂之盲瞽。五經比於上古，猶為今也。徒能說經，不曉上古，然則儒生，所謂盲瞽者也。」〔註11〕知古、知今之論後成為衡量治學之高下的標準。黃侃（1886～1935）談論明清學者治學的弊病時就說：「清人治學之病，知古而不知今。明人治學之弊，知今而不知古。」

〔註 9〕 吳晗：《江浙藏書家史略》，北京：中華書局，1981年，第118頁。

〔註10〕 《四庫全書總目》卷五十五，第500頁。

〔註11〕 北京大學歷史學《論衡》注釋小組：《論衡注釋》，北京：中華書局，1979年，第715頁。

〔註 12〕明人當然並非知今不知古，但確實更注重當下，更著重現實，范欽及其天一閣藏書正是這種實用、現世精神的直接體現。

總之，從內容上看，天一閣藏明代文獻具有不可替代的史料研究價值和實用參考價值，這是天一閣藏明代文獻主要的學術價值。

第二節　天一閣藏明代文獻的版本特徵及其在版本學上的意義

天一閣藏書中，宋元舊刻寥寥無幾，絕大多數是明刻本和明抄本，當代文獻的刻本和抄本更多是精美絕倫的珍品。羅振常《天一閣藏書經見錄》中描述天一閣藏書的版本時，多用「精」字來形容。所以張秀民說：「天一閣舊藏散在國內各館者，不論印本精抄，無不被視為珍本。」〔註 13〕天一閣藏書特別是其明代文獻，應該是有版本上的某些特徵的。趙萬里曾自信地斷言：「我可以說，凡是寧波舊書肆裏遇著皙白乾淨的明刻白棉紙書，十之八九，都是天一閣的遺產。天一閣的書，很少有印記的，但是無論它改了裝，我們能辨別這本書是不是天一閣的故物。」〔註 14〕經眼的天一閣藏書多了，對天一閣藏書的特徵就有了一定的感性認識，就能一眼看出某本書是不是天一閣的故物。再者，范欽是藏書家，也是刻書家，曾校刻明袁凱的《海叟詩》、明王譖的《王彭衙詩》、明熊卓的《熊士選集》、晉阮籍的《阮嗣宗集》和宋司馬光的《稽古錄》（圖 6），還彙刻《范氏奇書》二十種（圖 5），范氏刻書無論字體、版式，都令人賞心悅目。既如此，范欽也是鑒賞家，能鑒別版本的優劣高下。所以天一閣藏書的版本應該是有群體性特徵的，是值得歸納總結的。要探討天一閣藏明代文獻的版本特徵及其在版本學上的意義，需從明刻本和明抄本兩方面來看。

（一）明刻本

1. 天一閣藏明代文獻的刻本的出版時間跨越有明一代，而以嘉靖本最

〔註12〕張暉：《量守廬學記續編》，北京：生活‧讀書‧新知三聯書店，2006 年，第 4 頁。

〔註13〕張秀民著，韓琦增訂：《中國印刷史》，杭州：浙江人民出版社，2006 年，第 377 頁。

〔註14〕趙萬里：《重整范氏天一閣藏書記略》，《國立北平圖書館館刊》第 8 卷第 1 號，1934 年，第 108 頁。

多。繆荃孫於 1909 年登閣觀書，見「列櫥分類，每類止數十本，然皆嘉靖前書。刻本無方體字，鈔本藍格綿紙，令人不忍釋手」〔註 15〕。此語不免以偏概全，但說明了天一閣本的多數情況。同時，既是涵蓋了明代各時期的版本形態，便可由此總結出明代版刻發展形制上如字體、裝幀、紙張等的某些特點，從而修正時人的某些定論。

謝國楨曾說：「從洪武到正德以前的明代初期，寫刻精楷漸變爲方整的軟體字，刻書的形式主要是墨口本和黑魚尾，所用印刷的紙張是較粗的白棉紙和黃色有麻性的紙張。如能掌握了這些特徵，就可以一望而知爲明初的刻本了。」〔註 16〕時人概括明版書的特點是，洪武至正德是黑口、趙字、繼元，嘉靖至萬曆是白口、方字、仿宋，萬曆以後至崇禎是白口、長字、有諱等等〔註 17〕。而若將天一閣藏各個時期、各種類型的明刻本仔細分析，可知某些刻本的情形與此說是符合的，如永樂元年（1403）刻本《元史續編》（圖 7）爲黑口，正德十六年（1521）刻本《商文毅公遺行集》（圖 8）黑口，嘉靖五年（1526）刻本《通鑑綱目前編》（圖 9）白口、仿宋，但實際上很多明刻本並不符合上述特點，如嘉靖元年（1522）刻本《奉使錄》（圖 10）、嘉靖十一年（1532）《南詔源流紀要》（圖 11）都是黑口、趙字，嘉靖八年（1529）刻本《吳山志》（圖 37）、嘉靖三十三（1554）年刻本《廬陵曾氏家乘》（圖 38）、隆慶四年（1570）刻本《萬代公論》（圖 39）雖是白口，但是楷書上版。《天一閣藏明代珍本政書叢刊》中所影印之天一閣藏嘉靖、隆慶及萬曆初年刻本大都楷書上版，嘉靖刻本《范司馬奏議》（圖 2）還是明刻寫體字本，萬曆中期以後刻本如《頻宮禮樂疏》的字體才有仿宋趨勢。

明代的版刻形式固然隨著時間的發展而變化，更多的與內容密切相關，又與主管部門即出錢主持刻書者直接關聯。明代政書尤其是公告、文書之類的文獻多大字楷書，直至萬曆初年仍是如此，如洪武元年（1368）丹徒縣刻《皇明制書》（圖 13）、嘉靖三十四年（1555）寧波府刻本《寧波府通判諭保甲條約》（圖 14）、萬曆五年（1577）福建布政司刻本《催徵錢糧降罰事例》（圖 15）和《守城事宜》等。

明人文集的版刻形式則多不拘一格，字體、版式不限，但多清朗工整，

〔註 15〕 轉引自駱兆平：《天一閣藏書史志》，第 332 頁。

〔註 16〕 謝國楨：《明清史叢談》，瀋陽：遼寧教育出版社，2000 年，第 85 頁。

〔註 17〕 參李致忠：《古書版本學概論》第五章第三節「明刻本的特點」，北京：書目文獻出版社，1990 年。

如嘉靖十五年（1536）刻本《王氏家藏集》（圖 16）、嘉靖二十二年（1543）刻本《蓉塘詩話》（圖 17）、嘉靖刻本《南華合璧集》（圖 18）以及明刻本《皇甫司勳集》（圖 19）、《李氏山房詩選》（圖 20）、《天池山人小稿》（圖 21）、《子威先生澹思集》（圖 22）〔註18〕等，嘉靖刻本《歲稿》、隆慶刻本《尺牘清裁》（圖 23）和萬曆刻本《西青閣詩草》等都是楷書上板，書法頗爲美觀。

　　明代各種試錄（圖 24）的版刻形制，成化以前還略有變化，弘治以後就定型了。以明代會試錄爲例，洪武四年會試錄是半葉九行，上下黑口，單黑尾，四周雙邊，版心鐫「會」和頁碼；宣德五年半葉十行，版心無「會」字；宣德八年會試錄是抄本，半葉八行，白口，無尾；正統元年始又是刻本，半葉九行；正統四年是雙對黑尾；正統十年恢復爲單黑尾；成化十七年版心依次鐫「會試錄序」、「會試錄」、「會試錄文」、「會試錄後序」，此後直至萬曆一直不變。

　　明代刻書還注重圖文並茂，最典型的就是地方志，往往繪製地圖，附在書前（如圖 25），而其他類型的刻書爲說明問題起見有時也會附圖，如嘉靖二十五年（1546）刻本《船政》的書首附快船和平船式樣圖（圖 26），嘉靖四十年（1561）刻本《營規》書末附營兵簿籍的冊式，坐營官、把衛總官的腰牌式，隊長、甲長和伍長的旗式圖（圖 27），明刻本《新編魯般營造正式》書中附方物架構圖（圖 28）。

　　至於裝幀，筆者所見天一閣藏明代文獻多爲線裝，武舉錄形似蝴蝶裝，但是散頁，並未裝成。明代地方志，如趙萬里所見：「萬曆刻本占最少數，大部分是嘉靖或是正德、弘治間修的。紙墨精湛，觸手如新，多作包背裝，令人愛不忍釋。」〔註19〕

　　至於紙張，天一閣藏明代文獻較多用白棉紙，也有竹紙的，還有皮紙的，另外還有少量的黃麻紙。

　　2. 天一閣藏明代文獻中有相當一部分是該種文獻的初刻單行本，與後來編刻的版本不同，這樣在內容和版本上均有比較參考的意義。

　　《天一閣藏明代政書珍本叢刊》中，《皇明制書》爲南直隸鎮江府丹徒縣

〔註18〕明刻本《子威先生澹思集》，沈津《書城挹翠錄》判斷爲嘉靖刻本，《香港中文大學善本書錄》判斷爲萬曆刻本。筆者案：此書撰者劉鳳生於正德十四年（1519），卒於萬曆三十年（1602），故此書似當萬曆所刻。又此書刻工爲「劉溥卿」，劉鳳《續吳先賢贊》（萬曆刻本）亦爲劉溥卿所刻。

〔註19〕趙萬里：《重整范氏天一閣藏書記略》，第 105 頁。

官刻本，是該書的最早版本，「不僅保存了文獻的原貌，而且有效保護了明代最基本最重要的史料」〔註20〕；《余肅敏公奏議》為三卷本，與六卷本的內容編排有所不同，蓋為初出之本；嘉靖《重修問刑條例》是國內見到的第一個單刻本；《禮儀定式》為正德初新頒，增加了永樂二年至正德元年有關禮儀的新規定，不同於《皇明制書》本，它是單行本，自有其價值。

天一閣藏明代地方志中有 172 種是各地纂修的方志中最早、最初刻印的志書，舉世罕見〔註21〕。

再舉明人文集為例。如前所述，天一閣遺存和散出的《入魏稿入浙稿入晉稿入楚稿》、《還山詩》、《岳遊漫稿》和《池上編》分別是王世貞集、皇甫汸集、朱日藩集的初刻單行之本。馮貞群早就指出：「閣中藏書初刻本居多，若謝榛《四溟全集》七卷、文徵明《甫田集》四卷是也，不能執後刻二十四卷、三十五卷本而疑其缺，他類此。」〔註22〕如天一閣舊藏《唐伯虎集》二卷，今藏臺灣，「刊於嘉靖甲午（1534），首有胥台山人袁褧序文，知即褧所輯刻。為本書第一刻本。所收詩文，皆銘心絕品，故卷帙頗寥寥也」，「此為四明范氏天一閣故物，半葉十行，行十八字，紙墨精湛，觸手如新，尚是最初印本。寅以才藝傾動三吳，流風餘韻，至今猶膾炙人口，此雖戔戔小冊，安得不以球璧視之，固非以其罕見為重也」〔註23〕。又如《費文憲公集》十五卷，今亦藏臺灣，「此天一閣故物，他本有題摘題合雜文刊行為二十卷者，則在此本行世之後矣」〔註24〕。《升菴南中續集》四卷，也是嘉靖初刻本，《阮目》卷四之三著錄為「綿紙，刊本，全用行書」〔註25〕，《續修四庫全書提要》則云：「此本乃天一閣故物，尚是嘉靖間永昌初刻本，筆勢飛舞，蓋據手蹟上版，尤可寶矣。」〔註26〕如此形制特殊，已成為稀珍的藝術品，今國家圖書館、上海圖書館和臺灣所藏的《升菴南中續集》都與此本同版。

3. 天一閣藏明代文獻的版刻種類繁多，包括了明本的各種類型如中央政府的刻書、地方政府的刻書、私人的刻書和藩府的刻書等，同時又有自己的

〔註20〕《天一閣藏明代政書珍本叢刊》（第 1 冊），第 3～4 頁。
〔註21〕參駱兆平：《天一閣藏明代地方志考錄‧前言》。
〔註22〕馮貞群：《鄞范氏天一閣書目內編‧凡例》。
〔註23〕王雲五主持：《續修四庫全書提要》（十二），臺灣：商務印書館，1972 年，第82 頁。
〔註24〕王雲五主持：《續修四庫全書提要》（十二），第 73 頁。
〔註25〕〔清〕阮元等：《天一閣書目》卷四之三。
〔註26〕王雲五主持：《續修四庫全書提要》（十二），第 90 頁。

特點。

　　天一閣藏明代中央和地方政府的刻書，內容多是有關國家和地方的政策法規、檔冊文書類文獻。中央政府的刻書，如進士登科錄、會試錄和《禮儀定式》等一些皇明官書爲禮部刻，武舉錄、《浙江海防兵糧疏》、《大閱錄》等書爲兵部刻，《北京建殿堂修都城獻納事例》爲工部刻，《都察院奏明職掌肅紀維風冊》爲都察院刻，《營規》、《船政》等爲南京兵部刻。地方政府的刻書，如應天府刻《應天府丈田畝清浮糧便覽總冊》，興化府刻《學政錄》寧波府刻《寧波府通判諭保甲條約》，江西按察司刻《軍政條例續集》，建昌府刻《雙忠錄》（圖40），各府刻的地方志（如圖29～33）等。

　　天一閣藏明代文獻的私人刻書，就題材而言，以私人著述尤以明人文集爲多，明代私人著述若要傳世，必須依靠有財力的刻書者將其文集梓行於世，如張治道《嘉靖集》爲陝西布政使孔天胤刻，雷鳴春《白雲樓詩集》是唐藩朱宙槓刻，徐學謨《移虡稿》是江藩朱拱樋刻，《南明紀遊詩集》是雲南臨安府知府章士元刻，《張氏至寶集挽詩》是福建按察司僉事楊澤刻，或是後輩中有能力刻書者將其先人生前的著述刊刻，如《廬陵曾氏家乘》（圖38）爲曾氏族人、監察御史曾孔化刻，《感樓集》爲賀甫之子賀慈、賀息刻，《定齋先生詩集》爲王應鵬女婿陸激刻，《遊嵩集》是薛蕙之弟薛蔂刻，《希壽錄》爲呂本之子呂兌刻，《義谿世稿》由陳氏後人、定海知縣陳朝錠主持刊刻；以地點而言，天一閣藏江、浙、閩等地的私人刻本爲多，像無錫、寧波、建陽等地的刻書。

　　天一閣藏明代藩府刻書，以江西藩府的刻本最多，如《題贈錄》和《麗澤錄》（圖34）。還有少量的書院刻書。

　　可以說天一閣藏明代文獻的刻本既具多樣性，又具典型性，是研究明本的最佳資料。

　　二十世紀七十年代，張秀民應邀前去天一閣整理圖書，在此過程中天一閣本爲之撰寫《中國印刷史》提供了不少有用的材料。他說：「一九七三年至寧波天一閣，明范欽天一閣爲國內碩果僅存之惟一最古私人藏書樓。與駱兆平、邱嗣斌同志共同挑選新接收之大批圖書中善本，凡五旬，審定閣中善本幾一百六十八箱，剔出二十一箱，一箱平均約二十一種，得見不少明經廠本、藩府本、金陵、建陽坊本、活字本，亦有明、清抄本，隨筆記錄。」〔註27〕

〔註27〕張秀民：《中國印刷史‧自序》，第10頁。

據張秀民研究，天一閣藏弘治十一年（1498）會通館銅活字本《會通館集九
經韻覽》和弘治十六年（1503）金蘭館銅活字本《西菴集》（圖 42），都是較
早的銅活字本。天一閣藏謝彬《南京戶部通志》、汪宗元《南京太常寺志》、
林希元《南京大理寺志》、余胤緒《南京太僕寺志》、邢讓成化《北京國子監
志》、謝鐸弘治《續志》，是雖殘缺而均為孤本的職官類中的珍貴版本。

　　4. 天一閣藏明刻藍印本是明本中的特色版本。

　　張秀民說：「白棉紙藍印本，成為明印本的特色之一。」「而用靛青印在
紙上，以代黑墨，則為明人首創。現存較早的藍印本有 15 世紀末的《靈棋經》
一卷（成化十四年），《安老懷幼書》四卷（弘治十七年）。廣東出版的正德十
四年己卯科（1519）及嘉靖十三年甲午科（1534）《鄉試錄》，都是藍印。明
代藍印以嘉、萬年間最盛。建陽有墨窯造墨，又產藍靛，因此建本中也有少
數用土產藍靛來印書的。」「朱印、藍印後來多作初印樣本，以便用墨筆校正。」
「藍印大約占明印本中百分之五左右。明末及清代有不少印本，只有書名頁
是藍印，其餘正文則仍是墨印。」〔註 28〕天一閣藏明刻藍印本還有嘉靖十九
年（1540）刻本《石陽山人病詩》、《石陽山人蠹海》，嘉靖二十六（1547）年
刻本《軍令》、《軍政》，嘉靖二十七年（1548）刻《樵云詩集》、嘉靖三十三
年（1554）刻本《南明紀遊詩集》和萬曆刻本《萬曆八年武舉錄》、《萬曆十
年應天武舉鄉試錄》、《萬曆十年江北武舉鄉試錄》（圖 35）等，進呈四庫本《西
樵彙草》也是嘉靖刻藍印本。總的看來，明刻藍印本多出自廣東、廣西、福
建等省，且多為天一閣原藏。

　　學術界對明刻本的評價向來不甚高，明代書帕本更成為眾矢之的。天一
閣進呈之明刻本《羣公小簡》也因此受到《四庫提要》編纂者的嚴屬批評：
「前有成化乙未（1475）徐傳序，稱蘇文忠、方秋崖、趙清曠、盧柳南、孫
仲益五先生之所著，而第六卷乃為歐陽修作。其第一卷題五先生手簡，自第
二卷以下又題曰六先生手簡。後有成化二十年周信跋，稱出《醉翁帖》一帙
贈徐，徐亦以此書報贈，又稱捐俸命工，仍舊本重刊，則末一卷為信所增
入，其改題六先生，亦信所為也。蓋明代朝觀述職之官，例以一書一帕贈京
中親故，其書皆潦草刊版，苟應故事，謂之書帕本，即此之類。其標題顛
舛，固不足深詰矣。」〔註 29〕這種批評是有道理的，但畢竟只是明本的少數

〔註28〕 張秀民：《中國印刷史》，第 374、385 頁。
〔註29〕 《四庫全書總目》卷一百九十二，第 1743 頁。

情況。從天一閣藏本來看，明代文獻的明刻本大多版刻精審，並不亞於宋元刻本，比清刻本更是勝上一籌。後人在評價明本時多根據的是明代編刻的前人的書籍，所以得出的結論未免有失偏頗。如清末民初葉德輝（1864～1927）在《書林清話》卷七中專文批評明刻本之陋：明時書帕本之謬、明人不知刻書、明人刻書改換名目之謬、明人刻書添改脫誤、明許宗魯刻書用說文體字、明刻書用古體字之陋等等〔註30〕。這些言論對於明人所刻前代人的書主要是某些經書而言可能是正確的，但對於大多數明本尤其是明代文獻的明刻本而言則是不符合實際情況的，對明本的評價不能一葉障目。

（二）明抄本

據駱兆平《天一閣明抄本聞見錄》，天一閣原藏明抄本有 1147 種之多，約占天一閣藏書總數的五分之一。如駱所言：「天一閣明抄本多用白棉紙，常見的印有藍絲欄，也有朱絲欄或烏絲欄，無欄的較少見。但版心無獨特標誌，行格也無一定的安排，書寫自然，不受約束。所抄內容十分廣泛，多是當時罕見的或不易得到的傳本，其中以道家類書籍抄錄種數最多。」〔註31〕明代文獻的明抄本則四部中各有之，經書如藍絲欄抄本《胡子易演》（圖43）和《春秋世學》（圖44），史書如藍絲欄抄本《西漢書議》（圖45）、無欄抄本《勳臣世系》和《天一閣藏明代政書珍本叢刊》輯入之烏絲欄抄本《張簡肅公奏議》等八種，子書如藍絲欄抄本《玉唾壺》（圖46）和朱絲欄抄本《天心復要》（圖47），文集如藍絲欄抄本《鹿原集》（圖48）和《宸章集錄》（圖49）。明嘉靖間抄本《戶部集議揭帖》無欄，每頁騎縫有戶部印鈐記，極為珍貴。

天一閣藏明抄本有的抄寫錯訛較多，若不進行校勘，不能將之直接作為學術研究之工作底本。如《天一閣藏明代政書珍本叢刊》中，明抄本《條例全文》、《六部事例》、《戶部集議揭帖》均有不同程度的缺頁、錯簡現象，《兵部武選司條例》還存在目錄列有而正文無載的情況，甚至留有十一頁未抄。天一閣散出之烏絲欄抄本《三寶征夷集》〔註32〕和進呈之藍絲欄抄本《九朝談纂》〔註33〕（圖50），都有錯漏，需要校補。《四庫提要》對天一閣進呈之明

〔註30〕葉德輝：《書林清話（附書林餘話）》卷七，北京：《古典文學出版社》，1957年。

〔註31〕駱兆平：《新編天一閣書目》，第267頁。

〔註32〕參萬明：《明抄本〈瀛涯勝覽〉校注》，北京：海洋出版社，2005年。

〔註33〕參周國瑞：《〈九朝談纂〉一段脫簡文字的輯補》，《殷都學刊》第1期，2001年。

抄本《溪堂麗宿集》的評價亦因此而很低：「蓋庸陋書賈抄合說部，僞立名目
以售欺。范欽爲其所紿，遂著錄於天一閣耳。」〔註34〕當然，天一閣藏明抄
本中也有不少精本，如進呈之藍絲欄抄本《白雲樵唱集》，爲明初「閩中十才
子」之一王恭所撰，「恭沒之後，湮晦不傳。成化癸卯（1483），南京戶部尚
書黃鎬蒐恭遺稿，始得此集於吏部郎中長樂黃汝明家，因屬汝明編次，分爲
前、後二集」〔註35〕，此進呈抄本今藏上海圖書館。散出之朱絲欄抄本《田兵
部集》，爲明田汝棘所撰，「繕寫絕精，疑是未刻時清本。其後（李）蓘撰序登
木，別有增改，參差舛牾，不能盡合也」〔註36〕，此本今藏南京圖書館。

　　版本是書籍的外部特徵，若是精印精抄的書籍，既具版本學上的研究價
值，又對於相關的學術研究乃至書學都大有裨益。

第三節　天一閣藏書的文化意義

　　天一閣是中國惟一現存的最古老的私家藏書樓，其價值不僅在於由其藏
書的實際內容和版本形態體現出來的學術價值，而且在於由其藏書的歷史悠
久和貢獻巨大體現出來的文化價值，它是文化史上獨一無二的存在。當代著
名學者余秋雨撰有《風雨天一閣》一文，其中道：「天一閣的藏書還有待於整
理，但在文化溝通便捷的現代，它的主要意義已不是以書籍的實際內容給社
會以知識，而是作爲一種古典文化事業的象徵存在著，讓人聯想到中國文化
保存和流傳的艱辛歷程，聯想到一個古老民族對於文化的渴求是何等悲愴和
神聖。」此語雖不完全正確，卻道出了天一閣藏書應有的文化意義。筆者以
爲，天一閣藏書的文化意義體現在以下三個方面。

（一）從天一閣的建立與傳承來看

　　明代隆、萬（1571～1575）之際，范欽創建藏書樓並爲之命名「天一閣」，
其後，范氏的藏書事業經過子孫十幾代人的繼承和發展，歷盡艱辛，以至今
天，成爲文化史上的奇迹。

　　明末至清初，范氏族人繼承了乃祖開創的藏書事業，並略有發展。康熙
年間，范氏後人范廷諤等人就自豪地說：「吾族爲甬東著姓，聚處西郊，烟火

〔註34〕《四庫全書總目》卷一百三十四，第 1139 頁。
〔註35〕《四庫全書總目》卷一百六十九，第 1473 頁。
〔註36〕〔清〕丁丙：《善本書室藏書志》，北京：中華書局，1990 年，第 870 頁。

相望，不下千百家。司馬東明公、大參印山公〔註37〕、太守元辰公〔註38〕、會齋公〔註39〕、知縣海南公〔註40〕、載瞻抑庵公〔註41〕、銓部潞公〔註42〕、〔公〕布政調垣公〔註43〕、檢討介五公〔註44〕與中翰修園公〔註45〕、知縣晨馭公〔註46〕科第蟬聯，後先輝映。」〔註47〕也許正是范氏族人在學問和事功上的一脈相承，才使得范欽的藏書之業更容易得到族人的認同和維繫而綿延不絕。當時范欽之長子范大沖（1540～1602）繼承父志管理天一閣，曾孫范光文（1600～1672）增構池亭、續增藏書，范光燮（1613～1698）引黃宗羲、李鄴嗣登閣觀書，八世孫范懋柱（1719～1780）向四庫全書館進呈圖書，范懋敏編《天一閣碑目》，十世孫范邦甸（1777～1816）編《天一閣書目》。到清末民初，由於特殊的原因，范氏後人的主要任務便是對其家族藏書小心護藏。如范欽十世孫范邦綏（1817～1868）購求因太平天國之亂散失的藏書，十二世孫范玉森等請求返還失竊的藏書，十一世至十二世孫范佑卿等六人參與重修天一閣。直至解放後，天一閣收歸國有。范氏世代藏書，一代接一代的文化傳承，使一個家族的藏書事業最終成爲整個民族的文化事業，因此藏書雖有散亡，而精神風尚歷數百載而不亡。2004 年，浙江小百花越劇團創作了越劇《藏書之家》，以天一閣爲背景，講述了范氏家人爲家族的藏書事業慘淡經營的藏書故事，突出了天一閣藏書傳承過程中的艱辛，在一定程度上弘揚了藏書文化。

清代吳中藏書家吳翌鳳（1714～1819）在其所撰《遜志堂雜鈔》中說：「江浙藏書之家，前明如崑山葉氏菉竹堂、鄞縣范氏天一閣、山陰祁氏澹生堂，縹緗之富，甲於海內。本朝則常熟絳雲樓、毛氏汲古閣，其尤著者也。它如崑山徐氏傳是樓，多至七十二櫥；秀水朱氏曝書亭，多至八萬餘卷。今惟天

〔註37〕范鈁，號印山，萬曆二十三年進士，官至四川布政司參政。
〔註38〕待查。
〔註39〕范光遇，號會齋，順治六年進士，官終兗州知府。
〔註40〕范鎬，號海南，嘉靖十六年舉人，官寧國知縣。
〔註41〕范正輅，字載瞻，號抑庵。
〔註42〕范光文，號潞公，順治六年進士，官至吏部主事。
〔註43〕范廷元，號調垣，順治六年進士，官終江南糧儲參政。
〔註44〕范廷魁，號介五，順治十二年進士，官翰林院檢討。
〔註45〕待查。
〔註46〕范廷鳳，號晨馭，順治十二年進士。
〔註47〕〔清〕范光陽：《雙雲堂文稿》，康熙刻本，《四庫全書存目叢書》集部第 256 冊，第 794 頁。

一閣猶有存者，餘則散如雲煙矣。」〔註48〕歷史如果沒有文獻的遺存、沒有文化的傳承就如過眼雲煙。天一閣藏書之所以歷久而猶存，就是因為范氏世代藏書，其傳世價值也因此而凸顯。

（二）從天一閣與四庫全書的關係來看

清乾隆時期天一閣應詔向四庫館進呈了大量圖書，為中國傳統的文化事業做出了巨大貢獻，這些圖書結果並未發還，造成天一閣藏書的一次重大損失，但天一閣由此名揚海內外，客觀地說，得可償失。

乾隆三十八年（1773）三月上諭道：「遺籍珍藏，固隨地俱有，而江浙人文淵藪，其流傳較別省更多，果能切實搜尋，自無不漸臻美備。聞東南從前藏書最富之家，如崑山徐氏之傳是樓，常熟錢氏之述古堂，嘉興項氏之天籟閣、朱氏之曝書亭，杭州趙氏之小山堂，寧波萬（范）氏之天一閣，皆其著名者，餘亦指不勝屈。」〔註49〕乾隆當初只是耳聞天一閣之名，以致誤「范」為「萬」。一年後，天一閣范氏在眾多的藏書家之中脫穎而出，成為乾隆時獻書大家之一，乾隆皇帝對之大力褒獎。乾隆三十九年（1779）五月上諭中說：「今閱進到各家書目，其最多者，如浙江之鮑士恭、范懋柱、汪啓淑，兩淮之馬裕四家，為數至五、六、七百種，皆其累世弆藏，子孫克守其業，甚可嘉尚。因思內府所有《古今圖書集成》，為書城鉅觀，人間罕覯，此等世守陳編之家，宜俾尊藏勿失，以永留貽。鮑士恭、范懋柱、汪啓淑、馬裕四家，著賞《古今圖書集成》各一部，以為好古之勸。」〔註50〕

進而再比較一下四大獻書家的書樓歷史、進呈書總數、四庫館採用情況，可以見出天一閣在這三個方面明顯勝過另外三家。杭州鮑士恭，其藏書樓名「知不足齋」，為其父鮑廷博（1728～1814）乾隆初年所建，原籍安徽歙縣，自廷博之父起定居杭州，獻書 626 種，《總目》著錄 378 種，利用率為60.4%；杭州汪啓淑（1728～1799）亦原籍安徽歙縣，客居杭州，其藏書處「開萬樓」亦乾隆時建，獻書 524 種，《總目》著錄者 265 種，利用率為 50.5%；揚州馬裕之叢書樓，始建於馬曰琯（1688～1755）、馬曰璐（1711～1779）兄

〔註48〕〔清〕吳翌鳳、章學誠：《遜志堂雜鈔·乙卯劄記》，吳格、馮惠民點校，中華書局，2006 年版，第 99 頁。

〔註49〕中國第一歷史檔案館編：《纂修四庫全書檔案》，上海：上海古籍出版社，1997年版，第 70 頁。

〔註50〕《纂修四庫全書檔案》，第 211 頁。

弟，馬氏獻書共三批，總計 776 種，《總目》著錄者 373 種，利用率為 48.1%；范懋柱之天一閣則始建於明代隆萬之際，至此有二百年歷史，范氏獻書 640 種，《總目》著錄者 473 種，利用率為 73.9%。不難發現，四大獻書家中，惟有天一閣范氏歷史最為悠久，進呈書利用率最高，文獻價值最大。大概有鑒於此，乾隆四十四年（1779）六月又特地賜給范氏《西域得勝圖》六幅，乾隆五十二年（1787）二月賜《金川得勝圖》十二幅。崔富章師亦進一步言：「天一閣進呈的 413 種明人著述，有 37 種入選《四庫全書》，313 種入選《四庫全書總目》，以紀曉嵐為首的專家組——《四庫全書》纂修官們，給范氏打出的成績是優秀，是超一流的藏書家！」〔註 51〕

（三）從天一閣與文史研究工作者的互動來看

若天一閣向學者開放所藏之文獻資料，學者對之進行研究，雙方互利互惠，則既宣傳了天一閣，又有功於學術文化，形成天一閣藏書與學術界的雙向互動。這一點在清初表現得最為明顯。

明清之際的學術界以浙東最為活躍，而浙東的學術中心就在寧波。康熙七年（1668）以後，餘姚黃宗羲多次赴甬講學，鄞縣萬斯大、萬斯同、萬斯選三兄弟，董允瑤、董允璘兄弟和陳赤忠、陳錫嘏兄弟便是有名的黃宗羲的高足。范欽曾孫輩范光陽（1630～1706）也是黃門高弟之一。他字國雯，號筆山，後來考中康熙二十七年（1688）會試第一名的會元，又是是年殿試二甲第一名，被選為庶吉士，改戶部主事，歷員外郎，陞兵部郎中，官終福建延平府知府。鄭風在為其《雙雲堂文稿》作序時說：「始南雷師講學甬上，屈指可與斯文者五人，先生與杲堂（李鄴嗣）、怡庭（陳錫嘏）、管村（萬言）及余而已。」〔註 52〕在黃宗羲來到寧波講學之前，范光陽與甬上同人倡講「五經之會」〔註 53〕，范氏天一閣所藏之經書成為他們進行學術活動所必需參考

〔註 51〕 崔富章師：《天一閣與〈四庫全書〉——論天一閣進呈本之文獻價值》，《浙江大學學報》第 1 期，2008 年，第 152 頁。

〔註 52〕 〔清〕鄭風：《雙雲堂文稿序》，范光陽：《雙雲堂文稿》，康熙刻本，《四庫全書存目叢書》集部第 256 冊，第 598 頁。

〔註 53〕 所謂「五經之會」，李鄴嗣云：「自十年以來，吾甬上諸君子盡執義梨洲黃先生門，先生嘗歎末世經學不明，以致人心日晦，從此文章、事業俱不能一歸于正。于是里中諸賢倡為講『五經之會』，一月再集，先期于某家，是日晨而往，摳衣登堂，各執經以次造席，先取所講覆誦畢，司講者抗首而論，坐上各取諸家同異相辯析，務擇所安。日午，進食羹二器，不設酒。飯畢，續講所乙處，盡日乃罷。諸家子弟自十歲以上俱得侍聽，揖讓雍容，觀者太息。即

的文獻資料。范光陽說：「自科舉法行，士於四子書及所占專經外，視他經若贅疣，余與同志欲起而捄之，倡講五經之會。」〔註54〕又道：「往時吾甬上同人之學蓋凡數變。其始爲『時文之會』，各欲成一家言以鳴於世，則猶坊社間習氣也。繼爲『詩古文之會』，筆墨既罷，飛觴飲滿，劇論古今，達旦不休，其所常聚集之地，城南則陳同亮雲在樓，西郊則鄞山書院橋之南有張氏別業，皆有花竹池館之勝。其後稟學於姚江黃先生，得聞蕺山之緒論，於是取濂洛關閩之書，各相證悟。最後則爲『五經之會』。家少司馬東明公有天一閣，藏書既富，而經學抄本尤夥，得借而讀之。月凡二會，每發一議，辨難蠭起，而卒歸於一定。」〔註55〕由於學界領袖黃宗羲的主持講學，「時文之會」、「詩古文之會」變成「五經之會」，「五經之會」不久變成「證人講會」，成爲甬上「證人書院」成立的前奏。康熙十二年（1673），黃宗羲在當時的天一閣主人范光燮的引導下親自登閣觀書，並取流通未廣者編爲書目，作《天一閣藏書記》。又據全祖望言，黃宗羲「晚年益好聚書，所抄自鄞之天一閣范氏……」〔註56〕黃宗羲的揄揚和抄書，使天一閣從此聲譽鵲起。

康熙十二年（1673）至康熙十九年（1680），徐乾學（1631～1694）爲編刻《通志堂經解》，也從天一閣抄來多種宋人經解之書，如趙彥肅《復齋易說》六卷、胡士行《初學尚書詳解》十三卷、趙鵬飛《春秋經筌》十六卷、家鉉翁《春秋集傳詳說》三十卷《綱領》一卷、張栻《南軒孟子說》七卷、《南軒論語解》十卷〔註57〕，並將之刻入《通志堂經解》之中，版刻甚佳。所以全祖望說：「前此崑山徐尚書開雕宋儒諸箋詁，其得之天一閣最富。」〔註58〕

康熙三十年（1691）和三十一年（1692）間，時任戶部主事的范光陽還爲時任戶部郎中的王士禛（1634～1711）借閱過天一閣書目，王士禛得以知曉天一閣所藏經解和唐人文集的情況，其《居易錄》云：「鄞范氏藏書甲於東浙，康熙辛未、壬申間，予在戶部，范會元光陽國雯爲屬，從借天一閣書

衰病若余，亦得冒廁其間，與諸賢一通彼此之懷。」（李鄴嗣：《送范國雯北行序》，《杲堂文鈔》卷三，《四庫全書存目叢書》集部第 235 冊，第 547 頁）
〔註54〕〔清〕范光陽：《文學林直哉先生墓誌銘》，《雙雲堂文稿》卷五，康熙刻本，《四庫全書存目叢書》集部第 256 冊，第 684 頁。
〔註55〕〔清〕范光陽：《徐子文入燕草序》，《雙雲堂文稿》卷三，康熙刻本，《四庫全書存目叢書》集部第 256 冊，第 636 頁。
〔註56〕《全祖望集彙校集注》，第 212 頁。
〔註57〕參〔清〕翁方綱：《通志堂經解目錄》，《叢書集成初編》第 18 冊。
〔註58〕《全祖望集彙校集注》，第 1182 頁。

目，所藏經解、唐人集亦不甚多，聊錄於右，以備咨訪。」〔註59〕所以全祖望又說：「是閣之書，明時無人過而問者，康熙初，黃先生大沖始破例登之。於是崑山徐尙書健菴聞而來鈔。其後登斯閣者，萬徵君季野，又其後則馮處士南畊，而海寧陳詹事廣陵纂《賦彙》亦嘗求之閣中。」〔註60〕可見當時傳抄天一閣藏書風氣之盛。

秀水朱彝尊（1629～1709）未嘗登閣，也心嚮往之。他說：「其（范欽）藏書最富，今浙中舊族若山陰鈕氏、祁氏，吳興潘氏、沈氏，橋李項氏、郁氏、高氏、胡氏，遺書盡散，惟范氏籤帙尙存，惜未能泝江就閱也。」〔註61〕其友人任宏遠（號鵲華山人）從天一閣抄得不少書籍，他以羨慕的口吻說道：「山人自歈再徙而涖寧波，天一閣藏書具在，故所抄書比予更富。」〔註62〕但朱彝尊也曾獲得天一閣藏明抄本《蜀鑑》〔註63〕，還曾借閱得傳抄天一閣本《崇文總目》：「《崇文總目》六十六卷，予求之四十年不獲。歸田之後，聞四明范氏天一閣有藏本，以語黃岡張學使按部之日傳鈔寄予，展卷讀之，只有其目，當日之敘釋無一存焉。」〔註64〕

其時從天一閣藏書中獲益最多的當屬李鄴嗣（1622～1680）。鄞縣李氏與范氏是世交，李鄴嗣與范光陽也是好友，爲編輯《甬上耆舊詩》，李鄴嗣得到范光燮的支持得以登閣觀書。他說：「公天一閣所藏書最有法，至今百餘年卷帙完善。適余選里中耆舊詩，公曾孫光燮爲余掃閣，盡開四部書使縱觀，因得鄭榮陽、黃南山、謝廷蘭、魏雲松〔註65〕諸先生集詩錄入選中，俱前此選家所未見者，其有功吾鄉文獻爲甚大矣。」〔註66〕李鄴嗣讀過天一閣藏謝瑾

〔註59〕〔清〕王士禛：《居易錄》卷二十三，影印文淵閣《四庫全書》第869冊，第599頁。

〔註60〕《全祖望集彙校集注》，第1069頁。

〔註61〕〔清〕朱彝尊：《靜志居詩話》，姚祖恩、黃君坦點校，人民文學出版社，1998年，第338頁。

〔註62〕〔清〕朱彝尊：《鵲華山人詩集序》，《曝書亭集》卷三十九，《四部叢刊初編》集部第278～230冊。

〔註63〕〔清〕王士禛：《池北偶談》：「是書予壬子（1732）入蜀時，購之不可得，康熙癸亥（1743），乃借之朱簡討錫鬯。朱好寫書，多未刻祕本。」（中華書局，1982年，第395頁）

〔註64〕〔清〕朱彝尊：《崇文總目跋》，《曝書亭集》卷四十四。

〔註65〕筆者案：鄭眞號榮陽，黃潤玉號南山，謝瑾號廷蘭，魏俙號雲松，均爲明初鄞縣人。「雲松」，四庫本原作「松雲」，誤，經改。

〔註66〕〔清〕李鄴嗣：《甬上耆舊詩》卷十七，《四庫全書》第1474冊，第328頁。

《蝸濡集》和魏儁《雲松詩嶜》等書之後，進而又云：「及讀謝先生傳，意其
負才氣，歷落自許，詞賦流傳爲當代巨公所重，而諸選家僅錄詩一首，意殊
不滿。近始從范氏天一閣得讀其《蝸濡集》，於腐題爛句中，時作驚人語，老
氣橫厲，方稱其人。若非先輩藏書，則風流盡矣。」〔註67〕「余讀諸家所選
雲松詩，意謂先生名重，其妙當不止此。後從范氏天一閣得《雲松詩嶜》，始
歎一時名公卿共推重先生爲不誣也。但歐陽鵬所選於三千餘首中止錄三百四
首，其所遺必多佳者，至先生歸田二十餘年與耆舊諸公相唱和，俱在《詩嶜》，
以後竟不復得傳。然則即先生詩，其存者亦以僅矣。」〔註68〕范氏天一閣藏
書在保存文獻、促進學術研究方面「於功甚大」。《雲松詩嶜》今藏臺灣，《蝸
濡集》散出無蹤。

　　總之，清初，范氏族人積極參與學術活動，並開放天一閣藏書，爲浙東
學術的發展起到了極大的推動作用。在此，藏書與學界眞正實現了互動：藏
書向學者公開，發揮其應有的價值；學者研讀藏書，推動學術研究，又表彰
藏書之功，古老的藏書樓因之奕奕增輝。

　　綜上，天一閣藏書的文化意義表現在天一閣藏書事業的建立與傳承、天
一閣爲大型標誌性文化工程作出的巨大貢獻以及天一閣與文史研究者的互動
上。隨著近年來天一閣藏書尤其是明代文獻的逐步大量面世，其文化意義將
進一步發揚光大。

〔註67〕　〔清〕李鄴嗣：《甬上耆舊詩》卷十七，《四庫全書》第1474冊，第92頁。
〔註68〕　〔清〕李鄴嗣：《甬上耆舊詩》卷十七，《四庫全書》第1474冊，第55頁。

第五章　天一閣藏書的散出及其庋藏情況

　　中國古代似乎沒有哪一座藏書樓能夠避免書籍散亡的命運，天一閣也不例外。雖然「司馬歿後，封閉甚嚴」〔註1〕，天一閣創建者范欽（1506～1585）死後，其子范大沖（1540～1602）定下代不分書、書不出閣等禁例，然自清代以降，天一閣經過數次變故，以致書籍散佚，藏書銳減。天一閣藏書的散出大體有六次：一是明清易代之際，藏書「稍有闕佚，然猶存十之八」〔註2〕；二是乾隆三十七年（1772）起，皇帝爲編纂《四庫全書》，下旨在全國範圍內徵求遺書，此時的天一閣主人爲范欽八世孫范懋柱（1719～1780），他應詔進呈圖書六百四十種，這批圖書最終並未發還范氏，造成天一閣藏書的一次較大損失；三是道光二十年（1840），英人破寧波，登閣周視，「僅取一統志及輿地書數種而去」〔註3〕；四是咸豐十一年（1861），太平天國下寧波，「閣既殘破，書亦星散」，范氏後人「多方購求，書稍稍復歸」〔註4〕；五是1914年盜賊薛繼渭入閣竊書，竊出書總數約有一千餘部，這些書流落到上海書肆，散入他人之手，無歸。1915年范氏後人范玉森道：「去歲夏，閣書失竊，銷售

〔註1〕　〔清〕黃宗羲：《天一閣藏書記》，轉引自駱兆平編著：《天一閣藏書史志》，第232頁。

〔註2〕　〔清〕全祖望：《天一閣藏書記》，《全祖望集彙校集注》，第1063頁。

〔註3〕　繆荃孫：《天一閣始末記》，轉引自駱兆平編著：《天一閣藏書史志》，第331頁。

〔註4〕　繆荃孫：《天一閣始末記》，轉引自駱兆平編著：《天一閣藏書史志》，第331頁。

於滬上各書肆，好古家爭購之。逮裔孫至杭、至滬，控追已不及，以致全書一無返璧，曷勝歎憾！」〔註5〕這是天一閣藏書所遭受的最大一次損失；六是抗戰之時閣中書籍轉移到龍泉的過程中，散出明刻本六種，清刻本五種〔註6〕。到 1992 年，閣中遺存圖書只有一千五百多種、二萬一千多卷，與原藏五千餘種、七萬餘卷相比，約僅五分之一。

趙萬里曾經將閣書外散的原因歸結爲主要的三點：（一）由於修《四庫全書》時，閣書奉命進呈因而散落的；（二）由於乾隆後當地散落出去的；（三）由於民國初年爲巨盜薛某竊去的。〔註7〕筆者以爲，此言大體不差，本章亦以此爲線索來追考天一閣散出書的具體去向。

第一節　天一閣進呈本的散出

乾隆三十七年（1772）起下旨徵求遺書，雖然乾隆皇帝一再向進呈圖書的私人藏書家保證，《四庫全書》編成後，將發還其進呈之書，實際上，直到七閣庫書全部抄寫完工之後，這些私家進呈本歸藏翰林院，以殘蔽並未發還。久之，部分被翰林院官員抄出，乃至攜出，有的落入私囊，有的流到京津書肆，後來多數已入藏北京圖書館、上海圖書館等，少數則輾轉散到海外。范氏天一閣進呈之書亦在其中。

1900 年庚子事變之前，貯存在翰林院的四庫進呈本被翰林院官員抄出甚或攜出，但尚未大量外散。以天一閣進呈本來說，如光緒間，李文田從翰林院借抄天一閣進呈之明抄本《土魯番侵略哈密事蹟》附《趙全讞牘》，李抄本今藏臺灣，有光緒十三年（1887）李跋云：「右《土魯番侵略哈密事蹟》一卷，舊係明抄本，每半頁十一行，每行二十字，後附《趙全讞牘》，在翰林院清祕堂據原本鈔出，原本即乾隆中館臣據以序錄者也。」〔註8〕又如光緒十七年（1891），楊晨從翰林院攜出天一閣進呈之明抄本《葉海峰文集》，跋云：「向在史館讀中秘書於院署瀛洲亭，得海峰先生文一冊，蓋乾隆中纂

〔註5〕范玉森：《嘉靖十一年進士登科錄題識》，轉引自駱兆平編著：《天一閣藏書史志》，第 332 頁。

〔註6〕參駱兆平：《查檢范氏天一閣藏書記》，《天一閣文叢》第二輯，寧波出版社，2005 年。

〔註7〕趙萬里：《重整范氏天一閣藏書記略》，《國立北平圖書館館刊》第 8 卷第 1 號，1934 年，第 108～109 頁。

〔註8〕《四庫全書存目叢書補編》第 93 冊，第 18 頁。

修《四庫全書》浙江巡撫所採進者，爲四明范氏天一閣舊抄本。」〔註9〕楊晨是浙江台州人，光緒三年（1877）進士，入翰林院纂修國史。光緒二十七年（1901）葉氏後人葉紹蓮刊刻《葉海峰文集》二卷，其第一卷即據楊晨攜出之本。又如曾任翰林院編修的李盛鐸，亦曾抄得天一閣進呈之明抄本《歸閒述夢》，其跋云：「右西峰老人《歸閒述夢》一卷，抄自天一閣藏書中。」〔註10〕

　　至於在翰林院供職過的法式善、翁同龢、錢桂森和盛昱等人則私自將進呈四庫之本攜出，並鈐上藏書印記，作爲自己的私人收藏。法式善（1753～1813）是乾隆四十五年（1780）進士，選庶吉士，歷官翰林院檢討、司業、編修、侍講、侍讀、侍講學士、侍讀學士、國子監祭酒等職。藏書印有「詩龕書畫印」等。天一閣進呈之明抄本《句漏集》和《九朝談纂》今鈐有「詩龕書畫印」、「詩里求人龕中取友我裹如何王孟韋柳」等印記〔註11〕。翁同龢（1830～1904）是咸豐六年（1856）一甲進士第一名的狀元，授翰林院編修，官至協辦大學士。天一閣進呈之明抄本《南夷書》和《玉唾壺》今鈐有「虞山翁同龢印」、「翁同龢印」等印記〔註12〕。錢桂森，號犀盦，道光三十年（1850）進士，選翰林院庶吉士，擢詹事府少詹事、詹事、內閣學士，歷充廣東、浙江鄉試正考官，署安徽學政，光緒十八年（1892）罷免。天一閣進呈之明抄本《靖難功臣錄》、《朝鮮雜志》和《南征錄》今鈐有「教經堂錢氏章」、「犀盦藏本」等印記〔註13〕。清宗室盛昱（1850～1899）字伯希，一作伯熙、伯羲、伯兮，光緒三年（1877）進士，選庶吉士，授翰林院編修，官至國子監祭酒。盛昱的藏書在1912年至1913年散出，其中就有天一閣進呈之明抄本《南城召對錄》一冊，鈐有「宗室盛昱藏圖書印」〔註14〕。這些清代著名官員的藏書散佚後，多歸北京圖書館，一部分今藏臺灣。

　　自庚子事變以後，進呈本從翰林院散出，多流到京津書肆。光緒二十九年（1903），桂芬在北京街市購得范懋柱進呈本數種，謂從翰林院出。其跋吳

〔註9〕　《四庫全書存目叢書》集部第84冊，第146～147頁。
〔註10〕　《四庫全書存目叢書》史部第127冊，第621頁。
〔註11〕　《句漏集》今藏國家圖書館，《九朝談纂》今藏臺灣中央圖書館。
〔註12〕　此二書今均藏國家圖書館。
〔註13〕　此三書今均藏臺灣。
〔註14〕　此書今藏美國哈佛大學哈佛燕京圖書館，參沈津：《書城挹翠錄》，上海：上海社會科學院出版社，1985年，第31頁。

玉墀進呈本《周易闡理》四卷云：「光緒癸卯歲來京師，偶於街市以錢五百購得是書及《遺忠錄》、《禮賢錄》、《忠獻別錄》、《龍川別志》等書，皆完善無缺，都爲范氏懋柱家藏本，浙江巡撫所進者也。」〔註15〕1928 年，傅增湘在天津文友堂見天一閣進呈之四庫底本——明嘉靖刻本陳霆《渚山堂詞話》，云此書：「前有嘉靖庚寅霆自序。鈐有翰林院大官印。卷中有四庫館臣簽記各條，卷一第六葉至元間傅按察錢唐懷古長闋內塗抹三十三字，當是觸忌諱之語，閣中著錄已刪去。」〔註16〕1939 年，雲南騰沖人張榮庭在北京書肆見天一閣進呈之明抄本《南夷書》，「此書因索值奇昂」，便借閱一日，抄錄一本〔註17〕。1940 年春，張壽鏞見鄧邦述（1868～1939）寒瘦閣藏書中有明藍絲欄抄本《平定交南錄》，云其書「爲乾隆三十八年十一月浙江巡撫三寶送到范懋柱家藏者，是固吾鄉天一閣故物矣，當時是否發還范氏不可考，今此本歸諸公家矣」〔註18〕。此本爲天一閣進呈原本，今藏臺灣。

有的進呈本後來輾轉流到美國、日本。如天一閣進呈之明抄本《南城召對錄》，今藏美國哈佛大學哈佛燕京圖書館〔註19〕；進呈之明刻本《袖珍小兒方》，今藏美國普林斯頓大學葛斯德東方圖書館〔註20〕；進呈之明抄本《損齋備忘錄》、《革除編年》和《三國紀年》，今藏日本大倉集古館〔註21〕。

如趙萬里所說：「《四庫全書》完成後，庫本所據之底本，並未發還范氏，仍舊藏在翰林院裏。日久爲翰林院學士拿還家去的，爲數不少。前有法梧門，後有錢犀盦，都是不告而取的健者。輾轉流入廠肆，爲公私藏家收得，我見過的此類天一閣書，約有五十餘種。」〔註22〕

〔註15〕《四庫全書存目叢書》經部第 35 冊，第 448 頁。按明刻本《革朝遺忠錄》、《韓忠獻公別錄》和明抄本《國初禮賢錄》、《龍川別志》都是天一閣進呈本，《革朝遺忠錄》今藏臺灣，《國初禮賢錄》今藏甘肅省圖書館。

〔註16〕傅增湘：《藏園羣書經眼錄》（第五冊），北京：中華書局，1983 年，第 1610頁。《渚山堂詞話》今藏臺灣。

〔註17〕參王叔武：《〈南夷書〉箋注並考異》，《雲南民族學院學報》第 3 期，2001年。

〔註18〕張壽鏞：《約園雜著三編》卷二，見《民國叢書》第四編第 96 冊，上海書店，1992 年。《平定交南錄》今藏臺灣。

〔註19〕參沈津：《書城挹翠錄》，第 31 頁。

〔註20〕參沈津：《書城挹翠錄》，第 79 頁。

〔註21〕參劉玉才：《日藏〈四庫全書〉散本雜考》，《文獻》第 4 期，2006 年。

〔註22〕趙萬里：《重整范氏天一閣藏書記略》，《國立北平圖書館館刊》第 8 卷第 1號，1934 年，第 108 頁。

第二節 天一閣藏書在寧波當地的散出

天一閣藏書散落在當地的不在少數，可謂楚弓楚得，但多數後來又從甬上流出。趙萬里說：「盧氏抱經樓，為前清一代四明藏書家後起之秀。他的藏書裏最著名的一批抄本《明實錄》，就是天一閣的舊物。此外，寧波二三等的藏書家，如徐時棟、姚梅伯之流，以及到過寧波做過官的，如吳引孫有福讀書齋，沈德壽抱經樓，都有天一閣的細胞在他們藏書裏稱霸著。就是現在幾位寧波本地的藏書家，也都有少數天一閣的種子分佈著。我可以說，凡是寧波舊書肆裏遇著皙白乾淨的明刻白棉紙書，十之八九，都是天一閣的遺產。」〔註23〕天一閣藏書在寧波的流散去向大體有三：一是為寧波私人藏書家如早先的盧址、蔡鴻鑒、沈德壽，後來的張壽鏞、孫家溎、朱贊卿、馮貞群等人所得；二是為寧波官員如寧波道臺吳引孫、寧波知府夏孫桐等人所得；三是為寧波書賈如林集虛等人所得，書賈得到後轉售他人。

清代乾隆年間有名的寧波藏書家盧址（1725～1794）是鄞縣人，他極為仰慕天一閣，乾隆四十二年（1777）建成自己的藏書樓，名為抱經樓，其書樓樣式仿照天一閣，書樓管理也吸取了天一閣的經驗，而且其藏書也有一些來自天一閣。如天一閣散出之明抄本《皇明蕭皇外史》、《參玄集》和《救荒活民補遺書》等就鈐有「四明盧氏抱經樓藏書印」〔註24〕。王重民曾見原北平圖書館所藏之明抄本《四明雅選》，云：「全祖望《鮚埼亭集·外編》卷二十四有跋云：『予從范侍郎東明家得雅選抄本』，知全氏得之天一閣；此本有：『四明盧氏抱經樓藏書印』、『六一山房藏書』等印記，因疑此為全氏舊藏，後歸盧氏抱經樓，盧氏書藏既散，又為邑人董沛所得。收藏原委，頗為明顯。」〔註25〕董沛（1828～1895）也是鄞縣人，曾在二十歲時登范氏天一閣閱書，其後又登盧氏抱經樓閱書，五十八歲時重登天一閣，參編天一閣藏書目錄，其六一山房藏書樓建成於光緒年間。抱經樓藏書於民國初年出售殆盡，劉氏嘉業堂獲得不少，後散歸上海圖書館和臺灣中央圖書館等。

鄞縣蔡鴻鑒（1854～1880）之墨海樓藏書七萬餘卷，多「得之於鎮海姚

〔註23〕趙萬里：《重整范氏天一閣藏書記略》，第109頁。
〔註24〕《皇明蕭皇外史》和《參玄集》今藏上海圖書館，《救荒活民補遺書》今藏臺灣。
〔註25〕王重民：《中國善本書提要》，上海：上海古籍出版社，1983年，第487頁。《四明雅選》今藏臺灣。

氏大梅山館，天一閣、抱經樓之書亦間流傳焉。」〔註26〕大梅山館爲姚燮（1805～1864）藏書處，其書散後，多歸蔡氏墨海樓。而蔡氏藏書後來轉歸李氏萱蔭樓所有。20世紀20年代，鄞縣李瑞湖之妻方夫人重金購得墨海樓藏書，並建成萱蔭樓，將蔡氏藏書入藏其中。1931年李氏的家庭教師、蔡鴻鑒的從弟蔡和鏗應方夫人之請，爲萱蔭樓藏書整理編目，撰成《萱蔭樓藏書目錄》十二卷。1933年馮貞群手抄此目並跋云：「據其所載，若天一閣流出之抄本《古易世學》、《六經奧論》、《皇明讞法考》、明代《實錄》、《元和郡縣圖志》（存十五冊）、《寶慶四明志》、《丸經》、宋《四六叢珠》、明槧《五音類聚》、《蠡遇錄》、正德《福州府志》、張璽《冀州志》、《嵊縣志》、皇甫汸《長洲縣志》、嘉靖《休寧縣志》、《闕里志》、《陋巷志》、《灼艾集》、《丙丁高擡貴手》、《盛明百家詩》諸籍……」〔註27〕可知墨海樓、萱蔭樓確曾收藏過天一閣散出之物。李氏萱蔭樓藏書後來分歸浙江圖書館和北京圖書館保存。

慈谿沈德壽（1862～？）字長齡，號藥菴，獲得許多盧址抱經樓藏書，建藏書樓，亦名抱經樓。沈氏也曾獲得若干天一閣舊藏。天一閣散出之明抄本《三寶征夷集》、《鹿原集》和《艱征集》等均鈐有「沈氏抱經樓藏書印」等印記〔註28〕。今上海圖書館所藏沈德壽之明抄本《前聞記》和《雙溪雜記》，與上述三書版式完全相同，蓋亦爲天一閣故物歟。

鄞縣人張壽鏞（1876～1945）字詠霓，號約園，光緒二十九年（1903）舉人，是當時有名的政治家、教育家和出版家，他曾任浙江、江蘇、湖北三省的財政廳長，又於1925年創辦上海光華大學，任光華大學校長，還曾編刻《四明叢書》八集，於鄉邦文獻厥功甚偉。1922年春，張壽鏞在北京「以友之介，出四百番」，得天一閣散出之明藍絲欄抄本《職官分紀》，又曾得天一閣散出之明抄本《公是集錄》、《道書》等。明抄本《喻彙》也得於北京書肆，「鈐有四明天一閣藏書記，是否范氏舊藏不可知，然固舊抄精本也」，明抄本《胡仲子集》「字體與天一閣舊抄《職官分紀》、抱經樓舊抄《四明文獻考》相類，以無印章，未敢遽斷爲兩家藏庋」〔註29〕。1953年約園藏書全部捐獻

〔註26〕民國《鄞縣通志·文獻志》，《中國地方志集成·浙江府縣志輯》第17冊，第560頁。

〔註27〕《萱蔭樓藏書目錄》，天一閣藏馮貞群傳抄副本。

〔註28〕《三寶征夷集》和《鹿原集》今藏國家圖書館，《艱徵集》散出後被朱贊卿收得，朱又贈送歸閣。

〔註29〕分別參張壽鏞：《約園雜著三編》卷二、卷三。

給國家，其中善本、孤本、精抄本入藏國家圖書館，普通本包括清刻本入藏中國社科院文學研究所。

　　孫家湊（1879～1946）的蝸寄廬藏書主要是在 1915 年至 1930 年所購，「其明抄本大都爲天一閣流出者」〔註30〕。如明抄本《錄鬼簿》及其《續錄》，爲天一閣舊藏，1931 年馬廉、趙萬里和鄭振鐸在孫家湊家發現此書，如獲至寶，三人連夜合抄一本。1946 年孫氏所藏的天一閣明抄本《錄鬼簿》及《續錄》散出，被鄭振鐸購得，此書後歸原北平圖書館。朱贊卿（1886～1962）「遇故家藏書散出者不惜兼金易而得之」〔註31〕，其別宥齋中就有天一閣散出書，如其所藏明抄本《周易要義》和明刻本《續吳先賢贊》分別鈐有「天一閣」、「范氏天一閣藏書」印。馮貞群（1886～1962）於 1932 年至1941 年間任鄞縣文獻委員會委員長，其伏跗室曾藏有天一閣散出的明刻和明抄本十餘種。以上三人都是鄞縣人，二十世紀六七十年代，他們都將自己的藏書贈送歸閣，可謂完璧歸趙。

　　寧波道臺吳引孫（1848～1920）字福茨，先世歙縣人，乾隆時遷至揚州，入儀徵籍。吳引孫爲光緒五年（1879）舉人，先世藏書處爲「有福讀書堂」。吳引孫於光緒十四年（1888）陞任浙江寧紹道，駐守寧波十年，經常登臨天一閣，並於光緒十九年（1893）爲天一閣題聯一對。光緒二十四年（1898）陞任廣東按察使之時，又在揚州仿照天一閣建「測海樓」，歷時五年而成。光緒十八年，范氏後人范彭壽在爲吳引孫傳抄的《春秋五論》跋中說：「儀徵吳福茨師觀察浙東，前歲嘗借抄閣藏唆趙《春秋辨疑》、《金小史》、《經義模範》、《夏桂洲集》四種。今年學政陳公按臨寧波，試畢，登閣觀書，欲借抄隆慶儀眞、寶應兩縣志，託觀察傳語余族，因並及是編與《勸忍百箴》兩種。觀察於常例抄價外饋洋趺百，爲閣中修理之助。」〔註32〕可知吳引孫曾利用職務之便，多次借抄天一閣藏書，見於《揚州吳氏測海樓藏書目錄》中著錄的有十種左右。吳引孫也還將一些天一閣藏書據爲己有，著錄於《測海樓善本書目》的天一閣舊藏有三十種左右。吳氏藏書不到三十年時間便散出殆盡，1930 年北京富晉書社購得測海樓藏書，後又分售給原北平圖書館和上海涵芬樓。

〔註30〕民國《鄞縣通志・文獻志》，第 567 頁。
〔註31〕民國《鄞縣通志・文獻志》，第 568 頁。
〔註32〕范彭壽：《春秋五論跋》，見陳乃乾編《測海樓善本書目》卷一，上海：富晉書社，1932 年鉛印本。

　　寧波知府夏孫桐（1857～1941），字閏枝，江蘇江陰人，光緒十八年
（1862）進士，歷任會典館編書處總纂，廣東考官，浙江湖州、寧波、杭州
三府知府。民國初入清史館，參與編纂《清史稿》，後又為東方文化總委員
會編纂《四庫提要》之醫家類。夏孫桐於 1907 年秋到寧波，任寧波知府，其
間獲得了一些天一閣舊藏。他在跋天一閣散出的明抄殘本《職官分紀》中
說：「光緒戊申（1908），余守四明，得此本藍格棉紙，的是天一閣舊抄（同
時得翰新書續集、別集及零苑本數種，皆閣書，閣書皆無印章）……余攜之
行篋，荏苒十年，頃始付工整裝。」〔註33〕此本殘卷配清抄本，後被張壽鏞
購得，今藏國家圖書館。又據傅增湘《藏園羣書經眼錄》，明抄本《刑部事
宜》、《魯府招詞》、《燕王令旨奏章》和《北京建太廟敕諭奏章》，均是「夏閏
枝孫桐守四明時所得天一閣佚書，己巳三月八日持來託售」〔註34〕。可知夏
孫桐於 1929 年 3 月將其藏書在北平出售，被傅增湘購得，這些天一閣舊物今
均藏臺灣。由此可見，夏孫桐所收之天一閣散出書多為一些案牘奏章之類的
政書。

　　寧波書賈林集虛，本名昌清，字喬良，號心齋，以鬻書為業，其藏書處
名大酉山房。1928 年夏，林集虛編成《目睹天一閣書錄》四卷，記錄天一閣
散出之書 98 種。而林集虛自己亦獲不少天一閣故物。如天一閣散出之《在野
集》、《疊山集》、《夏忠靖公遺事》、《石陽山人病詩》等均鈐有「林集虛印」、
「心齋」、「四明大酉山房藏書印」等印記〔註35〕。林集虛的藏書後來有的歸
吳興嘉業堂，有的散落到寧波當地。如鄞縣馬廉（1893～1935）於 1933 年從
大酉山房書肆買回一包殘書，發現其中有天一閣散出之明嘉靖刻本《雨窗欹
枕集》──1937 年馬廉之「不登大雅之堂」藏書為北京大學圖書館購得。50
年代初，林集虛自甬赴滬，將所得天一閣舊藏售出，相當一部分售予上海黃
裳（1919～）。黃裳《來燕榭書跋》就記載有此次所得之《綠雪亭雜言》、《祿
嗣奇談》、《范運吉傳》、《宦輗聯句》、《孤樹裒談》和《楊升菴詩》等天一閣
故物 17 種，其中說：「四明估人林喬良所藏天一閣書不少。……此冊（筆者
案：指《祿嗣奇談》）及《范運吉傳》皆歸余，皆天一閣故物也。……此種道
家書傳世甚罕，余頗有數種，大半皆出於天一閣，半為明鈔，似此刻本却亦

〔註33〕轉引自張壽鏞《約園雜著三編》卷二。
〔註34〕傅增湘：《藏園羣書經眼錄》（第二冊），第 322、487 頁。
〔註35〕今藏上海圖書館。

少見。」〔註36〕黃裳還訪問過一個曾在寧波裝書的上海舊書店主人，得知「當時寧波市上的好書是很多的，散出的浙東故家藏書集中在這裏，天一閣流出的書也常常可以遇見」〔註37〕。黃裳所得的天一閣舊物有的今藏上海圖書館，如上海圖書館藏《太微後集》、《澤秀集》、《張氏至寶集挽詩》、《題贈錄》上有黃裳的印記和題跋，明確記爲天一閣舊藏本；還有一些可能仍爲黃氏私藏，並未歸諸公有，不得而知〔註38〕。

此外，同治、光緒間，錢塘丁丙（1832～1899）到寧波購書，也得到一些天一閣散出之物。丁丙是清末四大藏書家之一，有八千卷樓和善本書室藏書樓。同治十二年（1873）丁丙赴寧波，獲得數種天一閣抄本，如明抄道藏本《急救仙方》「白棉紙藍格明抄，每卷題惻一至惻十一」，「有『范氏梁父』一印」〔註39〕，明抄本《皇極經世書卦玄玄集》「同治初得於甬上，似范氏劫餘遺帙也」〔註40〕，明抄本《田兵部集》「此本得自甬上，爲天一閣散出之帙」〔註41〕。又據《松軒書錄》，光緒十九年（1893）丁丙得天一閣之嘉靖刻本《關遊稿》。光緒二十一年（1895），其子丁立中得天一閣散出之明刻本《素軒集》〔註42〕。丁氏藏書後歸江南國學圖書館，即今南京圖書館的前身。

第三節　天一閣藏書在上海的散出

1914年，盜賊薛繼渭竊去天一閣藏書數千冊，陸續運至上海。趙萬里說：「這一次是天一閣空前的損失，至少總有一千種書散落到閣外。閣中集部書，無論宋、元、明，損失最多。即明季雜史一項，所失亦不在少。《登科錄》和地方志，去了一百餘部。」〔註43〕這些書先是陸續流落到陳立炎的古書流通處，陳乃乾、郭石麒的中國書店，楊壽祺的來青閣，羅振常的食舊廔、蟫隱

〔註36〕黃裳：《來燕榭書跋》，上海：上海古籍出版社，1999年，第159頁。

〔註37〕黃裳：《書林瑣憶》，北京：北京出版社，1996年，第335頁。

〔註38〕據李開升《黃裳所藏天一閣藏書考》一文（《天一閣文叢》（第八輯），浙江古籍出版社，2010年）考證，黃裳所收天一閣舊藏共81種，其中18種仍在黃裳家，32種在上圖或者很可能在上圖，2種在國圖，1種在南京圖書館，1種在天一閣，另有27種情況不明，且多數是在20世紀50年代購得。

〔註39〕丁丙：《善本書室藏書志》，北京：中華書局，1990年，第598頁。

〔註40〕丁丙：《善本書室藏書志》，第595頁。

〔註41〕丁丙：《善本書室藏書志》，第870頁。

〔註42〕見《續修四庫全書》第1329冊影印南京圖書館藏本《素軒集》。

〔註43〕趙萬里：《重整范氏天一閣藏書記略》，第109頁。

廬，柳蓉村的博古齋等上海舊書店，後來有的落歸寓居上海的藏書家蔣如藻、劉承幹、張均衡、許博明、周越然等人，和一些在上海訪書的鄭振鐸、張元濟、李盛鐸、傅增湘、趙萬里等人。總之是如水瀉平地，流散到各處。下面逐一考述。

　　陳乃乾（1861～1871）是海寧人，居上海近五十年，當時佐理陳立炎古書流通處，得見天一閣散出之書。他在《上海書林夢藝錄》一文中較為詳細地記述了天一閣藏書散落到上海的最初情形，他說，當時陳立炎六藝書局僅得數十種，來青閣「所得甚多，去其畸零不全者，尚得七簏，轉售於食舊廛書肆。食舊廛者，金羅二君所合組，專心中國舊書售於日本。既得此，將編目寄日本。編目甫成而事發，遂以書歸烏程蔣氏，得價八千元」〔註44〕。1964年黃裳整理一批來青閣的舊賬，此舊賬著錄的全是天一閣被劫之書，共 663種〔註45〕。很快，來青閣所獲的此批天一閣散出書絕大部分轉歸蔣如藻，少數歸羅振常。

　　蔣如藻（1877～1954）是浙江吳興（今湖州）南潯鎮人，光緒二十九年（1903）舉人，曾在京、滬、杭等地開辦實業。蔣氏四代藏書，其藏書處名傳書堂，後又名密韻樓。王國維為他作《傳書堂記》，說他「自官京師，客海上，其足跡率在南北大都會，其聲氣好樂，又足以奔走天下，故南北故家，若四明范氏、錢唐汪氏、泰州劉氏、涇縣洪氏、貴陽陳氏之藏，流出者多歸之。」〔註46〕《傳書堂書目》〔註47〕著錄的天一閣舊藏有 700 餘種，以史部、子部和集部書最多。1925 年，蔣氏事業失敗，將大宗藏書抵押給浙江興業銀行。1926 年初，浙江興業銀行又將之轉賣給商務印書館，商務印書館董事長張元濟將之珍藏於涵芬樓之中。1930 年夏，趙萬里參觀商務印書樓涵芬樓、東方圖書館時，記錄下明代史料屬於天一閣舊藏的書籍有 26 種〔註48〕。1932 年，蔣氏把所剩之明人別集部分售給北平圖書館。而涵芬樓所藏之天一閣故物在 1932 年上海「一・二八」事變之時因商務印書館和東方圖

〔註44〕陳乃乾：《上海書林夢憶錄》，周越然等：《蠹魚篇》，瀋陽：遼寧教育出版社，1998 年，第 41～42 頁。

〔註45〕黃裳編：《天一閣被劫書目》，《文獻》第 2 期，1980 年。

〔註46〕王國維：《王國維遺書》第四冊卷二十三，上海：上海古籍書店，1983 年。

〔註47〕《傳書堂書目》十二卷，上海圖書館藏紅欄抄本。

〔註48〕見趙萬里：《從天一閣說到東方圖書館》，《國立北平圖書館館刊》第 8 卷第 1號，1934 年，第 109～113 頁。

書館均被炸毀也隨之化爲灰燼。據張元濟《涵芬樓燼餘書錄》，當時涵芬樓之天一閣舊藏本僅存明抄本《夢粱錄》、《岳陽風土記》、《漫堂隨筆》、《獨異志》、《春秋五論》和明刻本《錫山遺響》、《詩紀》等七種，此七書今均藏國家圖書館。

　　羅振常字子經，號邈園，浙江上虞人。辛亥革命之年冬隨其從兄羅振玉舉家避居日本，1914 年攜眷歸國，先後在上海設食舊鏖和蟫隱廬書肆。其跋天一閣散出之明抄本《類聚名賢樂府群玉》云：「歲甲寅，天一閣藏書散出，適予歸自搏桑，故書多得寓目，珍秘極夥，力不能致，惟此書萬不肯捨，因典質出重資購之。」〔註49〕又說：「范氏書有宋本，爲足捷者得；余無其力，不能與爭，所得者惟此二錄（筆者案：指建文二年會試錄和進士登科錄），及明抄《樂府羣玉》三種，則皆孤本，以余視之，過乎宋槧矣。」〔註50〕1936年 3 月，羅振常將所得三種天一閣原藏明刻本《景王之國事宜》、《禦倭軍事條款》和《皇明帝后紀略》輯刻入《邈園叢書》中，由蟫隱廬印行。據《天一閣藏書經見錄》，可知羅氏經眼、經手之天一閣佚書有二百餘種。1940 年 4月，鄭振鐸在致張壽鏞函中說：「羅振常送到先生處之天一閣書，請萬勿退還之。殊可寶也。」5月又對張壽鏞說：「羅子經處所藏之天一閣書，皆其秘藏，不欲輕售者。幾乎每種皆難得之物。乞留意是荷！」〔註51〕羅振常所題跋之天一閣佚書今多藏國家圖書館、上海圖書館和臺灣中央圖書館。

　　劉承幹（1882～1963）字貞一，號翰怡，也是浙江吳興南潯鎮人，其聚書始於 1910 年，1920 年至 1924 年建嘉業堂藏書樓，後寓居上海。據繆荃孫等人所編《嘉業堂藏書志》，劉氏所得天一閣藏書有明抄本《別本聖政記》、《明朝實錄》、《刑部問寧王案兵部問曾夏案》、《比部招擬類鈔》、《人象大成》、《草堂詩餘》、《西清詩話》、《赤牘清裁》、《三武詩集》、《唐詩選玄集》、《陶園後集》，明刻本《箬溪疏草》、《疑獄集》、《補疑獄集》、《怡齋詩集》、《恒軒遺稿》、《義谿世稿》，和天一閣進呈之四庫底本——明抄本《朝鮮雜志》、《審齋瑣綴錄》和明刻本《祥刑要覽》等〔註52〕。1936 年，浙江省圖書館舉辦「浙江文獻展覽會」，嘉業堂展出所藏天一閣佚書《明英宗實錄》、《明憲宗實錄》、《明

〔註49〕《類聚名賢樂府群玉》五卷，上海圖書館藏明抄本，羅振常跋。
〔註50〕羅振常：《善本書所見錄》，北京：商務印書館，1958 年，第 51 頁。
〔註51〕劉哲民、陳政文編：《搶救祖國文獻的珍貴記錄：鄭振鐸先生書信集》，上海：學林出版社，1992 年，第 77、78 頁。
〔註52〕此書今均藏臺灣。

武宗實錄》、《明世宗實錄》各一冊〔註 53〕。三十年代中後期以後，嘉業堂藏書陸續散出，明代列朝《實錄》讓給中央研究院，一千多種明刊本、稿抄本被中央圖書館收購，其他藏書則爲浙江大學圖書館、浙江圖書館、復旦大學圖書館等購得〔註 54〕。

張均衡（1872～1927）與蔣如藻、劉承幹並爲民初吳興三大藏書家。他字石銘，號適園主人，光緒二十年（1894）舉人，在上海經商。繆荃孫說：「癸丑（筆者案：1913 年）余避難僑滬，忽聞閣書大批出售。余友石銘，得宋刻《書經註疏》、《歐陽集》六十四卷本。又見明刻、明抄書五六百本，及明《登科錄》百十本。」〔註 55〕《適園藏書志》〔註 56〕著錄的天一閣舊藏有明抄本《五代史闕文》、《五代史補》和明刻本《皇明誥敕》、《秦漢書疏》、正德《懷慶府志》、嘉靖《渭南縣志》、嘉靖《徐州志》、《通鑑博論》、《五泉韓汝慶詩集》等。適園藏書在 1941 年爲鄭振鐸等人所發起之「文獻保存同志會」搜購，歸中央圖書館，後成爲臺灣中央圖書館最大宗且最完整的故家舊藏。

鄭振鐸（1898～1958）於 1928 年從歐洲留學回到上海以後，曾得到陳乃乾轉送的天一閣散出之明代詞曲文獻，他說：「余於八年前（筆者案：1929 年），舊曆歲除之夕，從乃乾許，得天一閣舊藏詞曲十餘種，爲生平大快事。」〔註 57〕趙萬里《西諦書目序》中也回憶道：「記得一九三○年夏天，我在他上海虹口東寶興路寓所中，看到他新收的天一閣舊藏的幾種明版詞集。中有明人夏言的桂洲詞、夏暘的葵軒詞、陳德文的建安詩餘，紙墨俱佳，十分漂亮，但作品功力不深，風格不高，值得一讀的寥寥無幾。」〔註 58〕鄭振鐸《西諦書跋》中著錄的明刻本《夏桂洲詞》、《沜東樂府》、《陶情樂府》《續集》《拾遺》、《碧山樂府》、《新編南九宮詞》和明抄本《北曲拾遺》等均

〔註53〕《文瀾學報》第 2 卷第 3、4 期，浙江文獻展覽會專載，浙江圖書館，1936 年 12 月編印。

〔註54〕參吳葒、李芳、李性忠：《嘉業堂散出珍品尋蹤》，《圖書館雜誌》第 11 期，2007 年。

〔註55〕繆荃孫：《天一閣始末記》。

〔註56〕《適園藏書志》十六卷，上海圖書館藏刻本。

〔註57〕鄭振鐸撰、吳曉玲整理：《西諦書跋》，北京：文物出版社，1998 年，第 360 頁。

〔註58〕趙萬里：《西諦書目序》，鄭振鐸：《西諦書話》，上海：三聯書店，1998 年，第 544～545 頁。

爲天一閣舊藏。他得到《新編南九宮詞》時,「詫爲不世之遇」〔註59〕;得到
《沜東樂府》時,又說「今所見本無古於此者」,「則尤爲天壤間希有的書
也」〔註60〕。1947 年,鄭振鐸藏書捐贈北平圖書館。今國家圖書館藏《江西
奏議》、《雞肋集附錄》、《題贈錄》等天一閣舊物都鈐有鄭振鐸的印章。抗
戰期間,鄭振鐸等人在上海發起「文獻保存同志會」,搶救出當時江南藏書家
如羅振常、劉承幹、張均衡等流散的大批珍貴古籍,而這些藏書家的藏書中
不少就是天一閣的舊物。又如嘉興沈曾植(1850~1922)海日樓藏書散出,
1940 年 8 月由鄭振鐸購得,他在給張壽鏞的信中說:「昨由中國書店郭君介
紹,沈寐叟海日樓藏書可拆售;茲選取宋、元、明刊本七十餘種(内有明
抄本多種;宋、明刊本有許多爲天一閣物),價七千元;實爲我輩逐心如願之
事也。」〔註61〕這些被「文獻保存同志會」收購的故家舊藏後由中央圖書館
保管。

　　張元濟(1867~1959)主持商務印書館期間,也曾有目的地收得《嘉靖
元年浙江鄉試錄》、《嘉靖二年會試錄》和《萬曆十年江西鄉試錄》等若干天
一閣散出之明代科舉文獻,其題《嘉靖元年浙江鄉試錄》云:「是由鄞縣天一
閣散出,吾邑鄭端簡公(筆者案:明海鹽人鄭曉)舉是科鄉試第一人,物以
人重,余故收之。」今均藏上海圖書館。

　　至於博古齋的柳蓉村,乃蘇州人,「外號人稱柳樹精。雖未嘗學問,但勤
於研討,富於經驗」,「每得善本,輒深自珍秘,不急於脫售」〔註62〕。今臺
灣所藏之嘉靖刻本《祥刑要覽》二卷,有 1914 年 4 月莫棠題記,謂柳蓉村得
天一閣書二十許種,此蓋其一〔註63〕。又此書還鈐有「劉承幹字貞一號翰怡」、
「吳興劉氏嘉業堂藏書印」等印記,蓋此書後曾爲劉承幹所得。

　　蘇州藏書家許厚基(1896~?)字博明,吳興南潯鎮籍,以貨殖起家,
因附庸風雅,發憤購藏圖書,藏書樓名「懷辛齋」、「申申閣」。潘景鄭說:「綜
計博明藏書,宋、元之精者十只一二,藝風、藏園每以駿骨中郎相餉,滬上

〔註59〕鄭振鐸:《西諦書跋》,第 368 頁。
〔註60〕鄭振鐸:《西諦書跋》,第 379~380 頁。
〔註61〕劉哲民、陳政文編:《搶救祖國文獻的珍貴記錄:鄭振鐸先生書信集》,第 135
　　　　頁。
〔註62〕陳乃乾:《上海書林夢憶錄》,周越然等:《蠹魚篇》,瀋陽:遼寧教育出版社,
　　　　1998 年,第 44 頁。
〔註63〕莫棠(?~1929),字楚孫,一作楚生,貴州獨山人,莫友芝從子,辛亥後棄
　　　　官,寓居蘇州,卒於海上。

楊壽祺、陳立炎輩又百計射利，黎邱之惑，在所不免。惟其所得天一閣藏本甚夥。惜經書賈襯裝，殊失眞面，爲可惜耳。」〔註64〕又說：「懷辛齋主人藏明志甚富，多天一閣舊物，此正德本《襄陽志》尤爲奇秘，假讀旬日。」又說，正德《博平縣志》「舊爲天一閣藏本，內附天一閣書籤」，「今歸懷辛齋案頭」。又說，《肅皇外史》，「此天一閣藍格抄本，爲許氏懷辛齋所藏，傳世僅有抄本，此本當推第一」。〔註65〕《博平縣志》今藏國家圖書館，《肅皇外史》今藏上海圖書館。又上海圖書館所藏之明刻本《明山書院私志》、《新刊地理大全》和明抄本《類聚名賢樂府群玉》等天一閣散出書，都鈐有「博明鑒藏」、「許厚基秘籍印」、「懷辛居士」等印記。

　　吳興人周越然（1885～1946）是英文翻譯家，二十世紀二三十年代供職上海商務印書館。其「言言齋」所藏之《嘉靖二十八年浙江鄉試錄》、《永樂十三年會試錄》、《正統元年進士登科錄》當均爲天一閣散出之書，所藏之嘉靖刻本《唐餘紀傳》還鈐有「天一閣」、「周越然」二印記。書今均歸上海圖書館。

　　李盛鐸（1859～1934）號木齋，晚號矕嘉居士，江西德化人，光緒十五年（1889）進士，曾任翰林院編修、國史館協修、江南道監察御史、出使日本國大臣等職。1911年以後寄居天津，又曾任大總統顧問、參政院參政、國政商榷會會長等職。其木樨軒曾藏有多種天一閣佚書。張玉範在《李盛鐸及其藏書》一文中說：「據初步統計，僅天一閣舊藏就有四十種。」〔註66〕《木樨軒藏書題記及書錄》中著錄的天一閣舊藏就有明刻本《嘉靖三十一年江西鄉試錄》、《南詔源流紀要》、《虛菴奉使錄》、嘉靖《霸州志》、《炎徼紀聞》、《太學新編黼藻文章百段錦》、《詩家直說》、《學詩管見》、《蘭堂卞郎中集》，明抄本《東坡先生詩話》和《宸章集錄》等十餘種。1940年李氏書賣給北京大學，由北京大學圖書館收藏。今北京大學圖書館藏天一閣舊物《河南管河道事宜》、《感樓集》、《遊嵩集》等有李盛鐸的題記或藏書印。

　　傅增湘（1872～1949）是四川江安人，光緒二十四年（1898）進士，翰

〔註64〕 潘景鄭：《著硯樓題跋》，上海圖書館歷史文獻研究所編：《歷史文獻》第十二輯，上海：上海古籍出版社，2008年，第6頁。

〔註65〕 潘景鄭：《著硯樓書跋》，上海：上海古籍出版社，2006年，第106、105、62頁。

〔註66〕 李盛鐸著、張玉範整理：《木樨軒藏書題記及書錄》，北京：北京大學出版社，1985年，第429頁。

林院庶吉士，曾任貴州學政、教育總長、故宮博物院圖書館館長等職，是現代著名的藏書家。傅增湘在「辛亥革命」後，大力搜訪古籍，其經眼的天一閣佚書不少，據其《藏園羣書經眼錄》，他所經眼的明抄本《南城召對錄》、《三家世典》、《欽明大獄錄》、《鹿原集》、《素履子》、《風月堂詩話》、《燕南芝先生唱論》、《書苑菁華》等均爲天一閣昔年散出之書。1915 年，傅增湘還從來青閣得明翻元刻本《修辭鑑衡》：「此書各家著錄皆鈔本，舊刻本至爲罕覯，余乙卯歲得之蘇州來青閣，蓋天一閣佚出者也。」〔註 67〕明紅格抄本《夜行燭》，「此天一閣佚書，得於上海者」〔註 68〕。1948 年，傅增湘藏書捐贈原北平圖書館。

　　趙萬里自 1928 年 6 月任原北平圖書館善本部主任等職以來，南下滬、杭等地爲北平圖書館購置書籍，收得不少天一閣散出之書。1930 年 10 月，北平圖書館舉辦圖書展覽會；1931 年 9 月，又舉辦水災籌振圖書展覽會，此二次圖書展覽會上共展出天一閣舊藏 59 種。「此屆展覽各書純係十七年至十九年此二年間所購置者，而舊有之書不與焉。」〔註 69〕到 1934 年，北平圖書館所藏「明人集則有范氏天一閣、陳氏稽瑞樓舊藏本九百餘種，其中五分三不見於四庫著錄，五分一併黃氏《千頃堂目》亦未載，合之舊藏已逾千種」〔註 70〕。

　　此外，華陽高氏、紹興沈氏、吳縣潘氏和嘉定王氏等人也曾收藏過零星天一閣佚書。高世異是四川華陽人，天一閣散出之《宸章集錄》有「華陽高氏」印記，1918 年袁克文跋此書云：「高氏獲於上滬，予以初印《澤存堂叢刻》易得。」〔註 71〕沈知方，字芷芳，其先世沈復粲（1779～1850）之鳴野山房藏書在清嘉道間聞名東南，沈知方書樓名粹芬閣、梅花草堂、研易樓等，天一閣散出之《子威先生澹思集》有「天一閣」、「沈氏鳴野山房圖籍印」等印〔註 72〕，《儀禮經傳通解》有「天一閣」、「古司馬氏」、「鳴野山房」、

〔註 67〕傅增湘：《藏園羣書經眼錄》（第五冊），第 1587 頁。
〔註 68〕傅增湘：《藏園羣書經眼錄》（第二冊），第 584 頁。
〔註 69〕參《國立北平圖書館館刊》第 4 卷第 5 號，1930 年和第 5 卷第 1 號，1931 年。
〔註 70〕北京圖書館業務研究委員會編：《北京圖書館館史數據彙編（1909～1949）》，北京：書目文獻出版社，1992 年，第 1241 頁。
〔註 71〕《四庫全書存目叢書》集部第 292 冊，第 670 頁。此書今藏北京大學圖書館。按袁克文（1890～1931）號寒雲，袁世凱之子，久客海上。
〔註 72〕此書今藏香港中文大學圖書館，參香港中文大學圖書館系統編：《香港中文大學圖書館善本書錄》，香港：香港中文大學圖書館出版社，1999 年，第 244～

「袁鳴」、「震待」印,《介立詩集》、《池上編》有「粹芬閣」、「梅花草堂」等印〔註 73〕。潘景鄭(1907～2003)是上海私立合眾圖書館的創辦者之一,後長期在上海圖書館工作,其家亦世代藏書,曾藏有天一閣進呈本《毅菴奏議》〔註 74〕等。王植善(1876～1953)字培孫,天一閣散出之《新刊三士錄》有「王培孫紀念物」印〔註 75〕。

第四節　結　論

綜上所述,天一閣散出書並非蹤影全無,而是有迹可尋。起初多經書賈之手由私人藏書家收藏,後來多歸藏各公共圖書館。

國立北平圖書館——後來的北京圖書館、如今的國家圖書館——收得不少。北圖曾獲清末官員之書,又得揚州測海樓、吳興傳書堂等私家藏書樓的藏書,接受了張壽鏞、傅增湘、鄭振鐸等人的贈書,還曾派趙萬里等專人南下訪書,得以擁有許多天一閣舊藏。

抗戰期間,鄭振鐸等人發起的「文獻保存同志會」收購了嘉業堂劉氏、適園張氏、海日樓沈氏、寒瘦閣鄧氏以及羅振常等藏家散出的大批珍本古籍,將之入藏南京中央圖書館,這些故家舊藏中本來就有大量天一閣佚書。解放後,南京中央圖書館藏書隨蔣介石遷往臺灣。同時,1937 年北平圖書館藏善本書南遷上海,1941 年為避難計,這批善本書被分裝 102 箱,由上海運送美國國會圖書館寄存。1942 年美國國會圖書館將全部寄存的善本書攝成縮微膠片,複製成三套,分贈國立北平圖書館、國立中央圖書館和中央研究院。而1965 年這批寄存美國的北圖古籍原本改運臺灣,由自南京遷臺的中央圖書館代管。所以,目前以臺灣中央圖書館所收的天一閣舊物最豐〔註 76〕。

上海圖書館建成於二十世紀五十年代,繼承了原藏上海私立合眾圖書館的歷史文獻,獲得了如張元濟、潘景鄭、許博明、周越然、黃裳等人的藏書,

---

245 頁。
〔註 73〕此三書今藏上海圖書館。
〔註 74〕見《浙江省文獻展覽會專號》,《文瀾學報》第 2 卷第 3、4 期合刊,浙江省立圖書館,1936 年刊印,第 361 頁。
〔註 75〕此書今藏上海圖書館。
〔註 76〕1996 年,臺灣中央圖書館改稱國家圖書館。又,中央圖書館藏書少部分今藏臺北故宮博物院。

所得天一閣散出之物亦不在少數。

南京圖書館的前身爲江南國學圖書館和國立中央圖書館，江南國學圖書館有丁丙的舊藏，而國立中央圖書館又得到美國國會圖書館攝製的原藏北平圖書館善本書的膠片，因此，南圖雖所得天一閣故物不多，亦是研究天一閣藏書的重要資源。

以上四家圖書館是如今收藏天一閣散出書最多的單位。據筆者粗略統計，臺灣所藏天一閣舊藏約三百餘種，北圖和上圖則分別有一百餘種。

此外，北京大學圖書館則因得到李盛鐸的藏書，故也有了一些天一閣舊藏。浙江省圖書館、中山大學圖書館、廈門大學圖書館、廈門市圖書館、天津市圖書館、遼寧省圖書館、甘肅省圖書館等以及美國、日本也有零星收藏。

需要指出的是，以上是就天一閣散出書的總體流向而言，而單本書的流傳過程也許是異常曲折的。以天一閣舊藏明烏絲欄抄本《宋刑統》三十八卷爲例，它於 1914 年流出後，爲蔣如藻擁有，蔣借給其中表兄弟劉承幹，劉將之作爲《嘉業堂叢書》之底本刊刻行世。蔣氏書散，此書又被張均衡之子張乃熊收藏，後又爲北平圖書館收得，曾經臺灣中央圖書館代管，現藏臺北故宮博物院〔註77〕。這些得從每本書上的藏書印記上去辨識，茲不一一考察。

〔註77〕 參〔日〕本岡野誠：《〈宋刑統〉考——以天一閣舊藏明抄本爲中心》，中國政法大學法律古籍研究所編：《中國古代法律文獻研究》第二輯，北京：中國政法大學出版社，2004 年。

附錄一：全祖望集中所見天一閣藏書研究資料輯錄

說明：本錄引文據《全祖望集彙校集注》（朱鑄禹校注本，上海古籍出版社，2000 年版）。

1. 梨洲先生神道碑文 （《鮚埼亭集》卷十一，頁 224）

公晚年益好聚書，所抄自鄞之天一閣范氏、歙之叢桂堂鄭氏、禾中倦圃曹氏，最後則吳之傳是樓徐氏，然嘗戒學者曰：「當以書明心，無玩物喪志也。」

2. 中條陸先生墓表 （陸寶）（《鮚埼亭集》卷十四，頁 263）

先生藏書最富，多善本，吾鄉之以藏書名者，天一閣范氏，次之四香居陳氏，又其次則先生南軒之書也。

3. 宋忠臣袁公祠堂碑銘 （《鮚埼亭集》卷二十三，頁 432）

少時從天一閣范氏得見袁「幽」寶公所刻《先進士忠義錄》，其中有蔣教授景高所作傳，較詳於舊志。及自京師歸，求是書於范氏，則無有矣，近忽從董氏得之，驚喜。

4. 古文篆韻題詞 （《鮚埼亭集》卷三十一，頁 585～586）

夏英公集，予曾於《永樂大典》中見之，至其《古文篆韻》但見於晁子止《讀書志》，而後此著錄家皆無有，意以爲亡矣。范氏天一閣有之，乃借抄

焉。據晉陵許端夫所為序，蓋紹興乙丑浮屠寶達重刊於齊安郡學，許為郡守，因序之。寶達者，劉景文之孫也。景文與東坡善，而寶達精於古文篆，親為摹寫，其亦南嶽夢英一流矣。至於北宋所雕本，當有前序，而今失之。

然予觀是書所引遺編八十八家，以校郭氏《汗簡》，未嘗多一種，其實即取《汗簡》而分韻錄之，無他長也。蓋《汗簡》之部居一本《說文》，而是書則本《廣韻》，乃絕無增減異同于《汗簡》，則是書雖不作可也。

但考《宋史‧經籍志》及《玉海》，其時有宗室善繼者，豫于汴京《石經》之役，亦嘗進《古文篆韻》一書，不知其於英公所作如何，而惜乎今不可考。

范氏又載有吾〔丘〕衍《續古文篆韻》一卷，予取視之，實不過周、秦古篆遺字，非續韻也。

5. 先太保唐公告身跋（《鮚埼亭集》卷三十六，頁 688）

先太保以下告身一十七道，見《劉後村大全集》中。每讀宋人文集，兩制文字最多，或疑其無益，不知有補于世家之文獻非淺也。太保為先侍御公七世孫，侍御由太平興國間進士，累官侍御史，出知青州。晚年自錢唐遷甬上。弟興又自甬上遷居山陰，而無嗣，故侍御以子俎為之後。今越中東浦一支，蓋甬上之小宗也。理宗之母慈憲夫人，出自吾家。及度宗居東宮，冊妃，是為慈憲之姪，因推恩慈憲之三世，而太保以下俱開五等之封。以宗乘考之，國爵皆合。予所見《後村集》十數本，皆非二百卷之全者，惟同里范侍郎天一閣所藏為足本，詞頭碑版俱在焉，喜而鈔之，令東浦影堂勒之石。太保墓，即在東浦賜府之西。

6. 宋搨石鼓文跋（《鮚埼亭集》卷三十七，頁 701）

范侍郎天一閣有《石鼓文》，乃北宋本，吳興沈仲說家物，而彭城錢逑以薛氏《釋音》附之者也。錢氏篆文甚工。其後歸於松雪王孫，明中葉歸于吾鄉豐吏部，已而歸范氏，古香蒼然，蓋六百餘年矣，是未入燕京之搨本也。范氏藏之，亦二百餘年矣。予嘗過天一閣，幸獲展觀，摩挲不忍釋手，范氏子孫尚世寶之。

7. 唐開元太山摩厓搨本跋（《鮚埼亭集》卷三十七，頁 718）

開元《祀太山銘》，摩厓刻之。前明俗吏，更以「忠孝廉節」四大字鑱其上，舊文為所毀者半，天下之庸妄人有如此者！予求得范侍郎天一閣所藏本，

完好無闕，豈非百朋之珍乎。封禪，秦、漢之侈心，碑雖有徼惢之言，已漸媿初年之勵精矣。至于末路，賀野無遺賢，則其極衰也。

8.宋重修嵩嶽中天王廟碑跋（《鮚埼亭集》卷三十八，頁725）

開寶六年《重修中岳廟碑》，盧多遜之筆，而孫崇望書之者也。中州金石之文，自葉井叔漸搜出，而予所見者，得之范侍郎天一閣，二百年前搨本，古香古歡，更為希有。

9.大觀御製八行八刑碑文跋（《鮚埼亭集》卷三十八，頁733）

是碑，當時想天下俱應有之，今唯存鄭州本耳。予得見于范侍郎天一閣。「八行」之選，《宋史》取士一法也，當取之，以證《選舉志》。

10.揭文安公天一池記跋（《鮚埼亭集》卷三十八，頁741）

張真人龍虎山天一池，揭文安公為之記，并為之書。別有「天一池」三大字，吾鄉范侍郎東明築閣貯書，亦取以水制火之旨，署曰「天一閣」，而鑿池于其前，雙勾文安三大字，將重摹以上石，未果而卒。今其舊刻歸於予。

11.明開封府學石經碑贊跋（《鮚埼亭集》卷三十八，頁747）

嘉祐開封《石經》，入明歸于學宮，殘斷不完。河南按察使盧陵陳鳳梧嘗立石紀其本末，今亦無矣。予從天一閣得見之，其略曰：「篆變而隸，隸變而楷，去古失真，魯魚亥豕。漢、唐崇文，乃立《石經》，字體漸正，大義未明。五星聚宋，大儒篤生，啟關抽鑰，昭映日星。重勒《石經》，版之太學，天球河圖，龍翔鳳躍。陵谷變遷，學淪于水，殘編斷章，所餘無幾。皇明右文，視如《石鼓》，遷之（羣）〔郡〕庠，爰置兩廡。」按是碑以宋刻石歸美于諸儒，其考據未覈。方勒石時，楊南仲、胡恢、邵必之徒為之，諸儒尚未出也。惟汴京太學淪水一事，非是碑無以知之。爰錄其語，而為之跋，附入《石經》之尾。

12.天一閣藏書記（《鮚埼亭集外編》卷十七，頁1061～1063）

南雷黃先生記天一閣書目，自數生平所見四庫，落落如實諸掌，予更何以益之。

但是閣肇始於明嘉靖間，而閣中之書不自嘉靖始，固城西豐氏萬卷樓舊

物也。豐氏爲清敏公之裔,吾鄉南宋四姓之一,而名德以豐爲最。清敏之子安常;安常子治監倉揚州,死於金難,高宗錫以恩恤;治子誼,官吏部,以文名;誼子有俊,以講學與象山、慈湖最相善,亦官吏部;有俊子雲昭,官廣西經畧;雲昭子稑、稑子昌傳並以學行,爲時師表;而雲昭羣從曰芑,曰薖,皆有名。蓋萬卷樓之儲,實自元祐以來啟之。自吏部以後,遷居紹興。其後至庚六,遷居奉化。庚〔六〕子茂四遷居定海,茂〔四〕孫寅初,明建文中官教諭。寅初子慶,睠念先疇,欲歸葬父於鄞,而歲久,其祖塋無知者,旁皇甬上。或告之曰:城西大卿橋以南紫清觀,吉地也。慶乃卜之,遇《豐》之革,私自喜曰:「符吾姓矣。」是日,適讀元延祐《四明志》云:「紫清觀者,宋豐尚書故園也。」慶大喜,即呈於官,請贖之,并爲訪觀中舊籍,得其附觀圍地三十餘畝,爲隣近所據者,盡清出之,遂葬其親,而以其餘治宅。慶喜三百年故居之無恙也,作十咏以志之,而於是元祐以來之圖書,由甬上而紹興,而奉化,而定海者,復歸甬上。慶官河南布政;慶子耘官教授;耘子熙官學士,即以諫「大禮」,拜杖遣戍者也。豐氏自清敏後,代有聞人,故其聚書之多亦莫與比。迨熙子道生晚得心疾,潦倒於書淫墨癖之中,喪失其家殆盡,而樓上之書,凡宋槧與寫本,爲門生輩竊去者幾十之六。其後又遭大火,所存無幾。

范侍郎欽素好購書,先時嘗從道生鈔書,且求其作藏書記,至是以其幸存之餘,歸於是閣。又稍從弇州互鈔以增益之,雖未能復豐氏之舊,然亦雄視浙東焉。

初,道生自以家有儲書,故謬作《河圖》石本、《魯詩》石本、《大學》石本,則以爲清敏得之秘府;謬作朝鮮《尙書》、日本《尙書》,則以爲慶得之譯館;貽笑儒林,欺罔後學,皆此數萬卷書爲之屬也。然則讀書而不善,反不如專己守陋之徒,尙可帖然相安於無事。吾每登是閣,披覽之餘,不禁重有感也。

吾聞侍郎二子,方析產時,以爲書不可分,乃別出萬金,欲書者受書,否則受金。其次子欣然受金而去,今金已盡,而書尙存,其優劣何如也。自易代以來,亦稍有闕佚,然猶存其十之八,四方好事,時來借鈔。閩人林佶嘗見其目,而嫌其不博,不知是固豐氏之餘耳。且以吾所聞,林佶之博亦僅矣。(臨川李侍郎穆堂云:吉人蓋曾見其同里連江陳氏書目,故爲此大言。)

13. 天一閣碑目記（《鮚埼亭集外編》卷十七，頁 1069～1070）

《天一閣書目》所載者，衹雕本寫本耳。予之登是閣者最數，其架之塵封，衫袖所拂拭者多矣，獨有一架，范氏子弟未嘗發視，詢之，乃碑也。是閣之書，明時無人過而問者，康熙初，黃先生大沖始破例登之。於是崑山徐尚書健菴聞而來鈔。其後登斯閣者，萬徵君季野，又其後則馮處士南畇，而海寧陳詹事廣陵纂《賦彙》亦嘗求之閣中。然皆不及碑，至予乃清而出之，其拓本皆散亂，未及裝為軸，如棼絲之難理，予訂之為目一通，附於其書目之後。

金石之學，別為一家，古人之嗜之者，謂其殘編斷簡，亦有足以補史氏之闕，故宋之歐、劉、曾、趙、洪、王，著書衮然，而《成都碑目》，一府之金石耳，尚登於《宋志》。近則顧先生亭林、朱先生竹垞，尤其最也。年運而往，山巔水澨之碑，半與高岸深谷消沈剝落，幸而完者，或為市利之徒礲其石而市之於人，則好事者之收弄，良不可以不亟也。

范侍郎之喜金石，蓋亦豐氏之餘風，但豐氏萬卷樓石刻，有為世間所絕無者，如唐祕書賀公《章草孝經》《千文》是也，而今不可復見，惜矣。侍郎所得雖少遜，然手自題籤，精細詳審，并記其所得之歲月，其風韻如此。且豐氏一習古篆隸之文，即欣然技癢，偽作邯鄲淳輩文字以欺世；侍郎則有清鑒而無妄作，是其勝豐氏者也。

閣之初建也，鑿一池於其下，環植竹木，然尚未署名也，及搜碑版，忽得吳道士龍虎山天一池石刻，元揭文安公所書，而有記於其陰，大喜，以為適與是閣鑿池之意相合，因即移以名閣，惜乎鼠傷蟲蝕，幾十之五。吾聞亭林先生之出遊也，窮村絕谷，皆求碑碣而觀之，竹垞亦然。今不煩搜索，坐擁古歡，而乃聽其日湮月腐於封閉之中，良可惜也。

予方放廢湖山，無以消日，力挾筆研來閣中，檢閱款識，偶有所記，亦足慰孤另焉。而友人錢唐丁敬身，精於金石之學者也，聞而喜，亟令予卒業，乃先為記以貽之。

14. 宋紹興學宮禊帖舊本記（《鮚埼亭集外編》卷二十二，頁 1156）

數百年以來諸所藏者，俱已散亡殆盡。予所見者，慈水姜湛園編修所藏定武本不損者，其最也。予家缸石損本，其次也。天一閣范氏有紹興學宮不損本，又次之。要皆吾鄉《蘭亭》之足登簿目者。范君永恒乞予記其家藏，予乃詮次舊聞，以題於後。

15. 陳用之論語解序 （《鮚埼亭集外編》卷二十三，頁 1182）

荊公六藝之學，各有傳者，考之諸家著錄中，耿南仲、龔原之《易》，陸佃之《尚書》、《爾雅》，蔡卞之《詩》，王昭禹、鄭宗顏之《周禮》，馬希孟、方慤、陸佃之《禮記》，許允成之《孟子》，其淵源具在，而陳祥道之《論語》，鮮有知者，但見於昭德晁氏《讀書志》而已。荊公嘗自解《論語》，其子雱又衍之，而成於祥道。長樂陳氏兄弟深於《禮》、《樂》，至今推之，乃其得荊公之傳，則獨在《論語》。昭德謂紹聖以後，場屋皆遵此書，則固嘗頒之學官矣。或曰：是書本出於道鄉鄒公，而託於祥道。予謂道鄉偉人也，豈肯襲阮逸輩之所爲哉？諸家爲荊公之學者，多牽於《字說》，祥道疵纇獨寡，爲可喜也。況荊公父子之《論語》不傳，而是書獨存，亦已幸矣。

予鈔是書，蓋於天一閣范氏。前此崑山徐尚書開雕宋儒諸箋詁，其得之天一閣最富，而是書不預焉，殆以其闕文誤字之多，故置之。予家居細爲校讐，稍復可通，欲覓窮經家之有力者，取荊公《周禮新義》、王昭禹《周禮解》、鄭宗顏《考工記注》、陸佃《爾雅新義》暨是書合梓之，以見熙、豐之學之概，無使蔡卞之《詩》獨行，而未能也。

經師之作，存於今者稀矣，雖或不醇，要當力爲存之，乃敘以藏諸篋中。

16. 公是先生文鈔序 （《鮚埼亭集外編》卷二十四，頁 1190）

先生《春秋》其傳於今者三種，與《七經小傳》皆盛行。總集七十五卷，明文淵閣已無足本，相傳常熟錢氏嘗有公是、公非、仲馮三集，而燬於火，若吾鄉天一閣范氏、江都葛氏、崑山徐氏，皆不過有原集之什一，後得臨川侍郎李丈穆堂本，則視諸家倍之。時方從《永樂大典》求前輩遺文，得所未見者頗多，因與侍郎合鈔，訂爲二十四卷，而命之曰《文鈔》，從其實也。

17. 鄮峰真隱漫錄題詞 （《鮚埼亭集外編》卷二十四，頁 1192）

史忠定王《鄮峰眞隱漫錄》五十卷，天一閣范氏藏本也，是在諸儲藏家俱未之有，至予始鈔而傳之。吾鄉宋人之集，由忠定以前亦皆無傳，當以是集爲首座矣。

18. 黃南山先生傳家集序 （《鮚埼亭集外編》卷二十四，頁 1195）

南山先生遺集五十六卷，藏於天一閣中，予讀而歎曰：「是先正之緒言也。」先生所著之書，爲《儀禮戴記附注》、《中庸脈絡》、《大學旨歸》、《經

書補注》、《道德經附注》、《陰符經附注》、《四明文獻錄》、《寧波簡要志》、《含山縣志》，其雜記爲《海涵萬象錄》。予所見者《二禮》、《道德》、《陰符》之注，《四明文獻錄》、《簡要志》而已。最後得是集，據其孫存吾之序，凡五編始就，而其前此之散失者已不可收拾，即存吾所編云卷末附以《經書補注》、《含山志》，而今無有。《成化四明志》又載有《參同契綱領》、《孫子綱領》，而今無有，著述之不能保其必傳如斯也。

19. 滎陽外史題詞（《鮚埼亭集外編》卷二十四，頁 1197～1198）

明廣信教授鄭先生千之所著《滎陽外史》一百卷，吾鄉之以文章擅名於洪武時者也。甬上文統，自樓宣獻公始爲大家，而王尚書深寧繼之，深寧之徒爲戴戶部剡源，剡源之徒爲袁學士清容。其與剡源並起者，爲任山長松鄉，是稱「宋元五家」，迂齋、本堂又其亞也。暨於明初，即推先生。

鄭氏自德仲、求齋以來，一門以文獻世其家，其與深寧之孫遂初砥礪最切。先生兄弟並能文，而先生之文益昌。其時楊徵君廉夫以文章起越中，先生從之學文，然楊氏之文奇而葩，先生之文質以厚，其於師門稍爲轉手。蓋先生最留心經學，嘗及見草廬吳文正公問道，其文平正通達，而不求異於時，此自宋乾淳而降，儒者之文皆然，而楊氏所傳，反稱別派。故先生雖討論其門，而其文不甚肖。先生嘗爲裴氏作《著存堂記》，宋學士潛溪嘆曰：「使我執筆，不能過之。」裴氏固請，潛溪卒辭不作。姚江趙古則於同輩尤服先生《春秋》之說，其爲巨公心折如此。

先生所輯《四明文獻》，至今流傳，而其集希有，朱檢討竹垞求明人集，謂「安得《滎陽外史》讀之」者也。予求之天乙閣范氏則在焉，顧集本稱一百卷，而成化《郡志》祇稱六十卷，今范氏藏本則七十卷，蓋其孫假之於人而失去不完，予乃重爲詮次而序之。

明文莫盛於初年，其醞釀於根柢者，大率皆深厚，而又恪守高曾之規矩，所謂典刑未替者也。其後漸衰漸支，而別體錯出而不一，彼其作者之心，孰不有矜矜自高，蔑視前人之氣，而豈知其日趨而下也。讀先生之文不禁爲之三嘆。

20. 四明文獻錄題詞（《鮚埼亭集外編》卷二十四，頁 1202）

吾鄉自鄭教授千之輯《四明文獻集》，其於鄉先輩著述所存，甚爲有功。其後李處士孝謙預修《永樂寧波府志》畢，又爲《四明文獻錄》以續千

之之緒，其書精博，張制置之《圖經》，非是錄幾不得傳。然其書尚未分卷次，蓋垂成之作也，予鈔自天一閣范氏，重為釐而次之，自《圖經》後別為二十四卷。

21.四明雅選題詞（《鮚埼亭集外編》卷二十四，頁1203）

明少參南江戴氏《四明雅選》三卷，所輯吾鄉詩老五十七人，蓋廣宋高士宏之之集而為之者也。先是鄭千之有《四明文獻集》，李孝謙有《四明文獻錄》，皆兼言行而記之，是後未有繼者。

宏之為弘治中詩人，乃專輯洪武以來詩二卷，而署之曰《四明雅集》。嘉靖中李侍郎董山既緝《四明文獻志》以接二公之傳，又思選詩而未就，少參適得高士舊本，乃令沈山人嘉則更論定而增多之，共得五十七家，更其名曰《雅選》。其書未開雕而逝，張尚書東沙從少參姪士光得之，復增之為《四明風雅》，則所增者更數倍。自東沙之選行，而前此二本皆無稱矣。

予從范侍郎東明家得《雅選》鈔本，乃知其前二卷即宏之之集也，其後一卷則少參之選也，詩間有評，蓋綜羅輯香，亦具見前輩之留心於表章焉。椎輪為大輅之始，則是書也，詎非吾粉社之所當珍重者哉。爰詮次其原委，而題之卷首。

《康熙寧波府志》作少參傳，謂少參於楊知州茂清得其父尚書碧川先生所輯先輩詩而增訂之。考之少參所自為序，無此語，蓋誤也。少參又有《四明文獻》，今亦不傳。

22.增補宋元甬上耆舊詩序（《鮚埼亭集外編》卷二十五，頁1232）

李隱君杲堂於甬上耆舊自謂用功多矣，顧宋、元諸公所佚者多，殆未見其集耶？杲堂向范侍郎天一閣求宋、元人集，乃史忠定王《鄮峰漫錄》在閣中有二部，而亦失之；豐清敏公《荷花》詩載在《宋文鑑》，而亦失之；陳西麓之詩盛行於世，而亦失之；舉此三者，其餘可知矣。先公嘗手葺《宋元甬上詩》一十六卷，以補杲堂之闕至數十家，命不肖曰：「吾所見書不能備，汝可隨所見續之。」不肖學殖荒落，衣食奔走，無以仰副先公之意，謹再拜序之，以俟後世之博雅者。

23.周易總義跋（《鮚埼亭集外編》卷二十七，頁1267）

山齋易氏《周禮總義》，世多有之，其《周易》則未見也。予鈔得之天一

閣范氏，其書頗參八宮言之，類沈守約《易小傳》，而較醇焉。

24. 跋夏柯山尚書解（《鮚埼亭集外編》卷二十七，頁 1272～1273）

王滹南曰：「宋人解《書》，惟林少穎眼目最高，既不若先儒之窒，又不爲近代之鑿，當爲古今第一，而邇來學者但知有夏氏，蓋未見林氏本故也。夏解妙處，大抵皆出於少穎，其以新意勝之者可數也。」按夏氏之解出於乾、淳間，其時王氏、蘇氏之說方行，蔡氏亦嗣出，而河北學者獨盛宗之，可以見其爲《尚書》家眉目也。

明初頒諸經於學宮，《書》以夏氏、蔡氏，其後始兼采鄱陽鄒氏（季友）。三家之中，夏氏爲首，是洪、永間，猶用之也。曾幾何時，專門之學盛，而是書束閣矣。嗚呼！專門之學，宋人所以詆黨局也，豈意其爲傳經之讖乎？

予鈔之天一閣范氏，其卷首爲金華時瀾序。夏氏名僎，字元肅，浙之龍遊人也。

25. 儀禮戴記附注跋（《鮚埼亭集外編》卷二十七，頁 1279）

黃孟清僉事爲吾鄉明初碩儒，其《儀禮》一書析爲四卷，以《禮記》比類附之。其不類者，載諸卷首或卷末，各有意義。又以《軍禮》獨闕，取《周官·大田禮》補之，及《禮記》載田事者，別爲一卷。惟天一閣范氏有之。

方京師開《三禮》書局，同館諸公，皆苦《儀禮》傳注寥寥。予謂侍郎桐城方公、詹事臨川李公曰：「《永樂大典》中有永嘉張氏《正誤》、廬陵李氏《集釋》。」二公喜，亟鈔之，雖其中有殘缺，然要可貴也。

是年予罷官歸，始鈔是書於范氏，於是《儀禮》之書，自楊氏、敖氏外，添得宋人二種，明初人一種，插架稍生色矣。（國朝諸儒，《儀禮》有張氏爾岐、萬氏斯大、應氏嗣寅、馬氏公驌四家，皆佳。）

26. 石渠意見跋（《鮚埼亭集外編》卷二十七，頁 1283）

少讀牧齋《初學集》盛稱：三原王端毅公《石渠意見》有功經學，顧無從見其書。既讀黎洲《明儒學案》，見所引入書中者幾一卷，猶以未得盡窺之爲恨。今年（按《年譜》是乾隆三年戊午。）始鈔得之天一閣范氏。端毅勳業，乃司馬溫公、范蜀公流輩，行年九十尚續此書不輟，神明不衰，可謂偉

人。其《大學改本》，即竹垞、西河二公，亦未見也。吾友謝石林侍御方輯《大學》，亟郵寄之。

27. 題史秦州友林集 《鮚埼亭集外編》卷三十一，頁 1377）

予搜求前輩文獻，於《永樂大典》中鈔得文惠《周禮》、《論語》二種，彌大《朴語》二篇，於天一閣范氏得文惠《漫錄》（筆者案：宋史浩《眞隱漫錄》）；其餘則偶或遇其奇零篇幅，而未能盡也。

28. 跋陳半湖聞見錄 《鮚埼亭集外編》卷三十四，頁 1442～1443）

半湖《聞見漫錄》，予節錄其有關《明史》者，獨爲一卷，其餘則皆格言也。李自實（筆者案：當爲李士寔）附寧藩，史家所紀不堪，獨半湖云：「寧藩之叛，邀李議事。李言其失，計當自舉奏以非敢違祖制殺大臣，因彼抗詈致憤而然，願削國削爵。寧藩以其不附，禁之於承奉司。世乃云李受其公爵爲謀主，而滅其家，則過矣。以大臣交藩王，身可死，家不可滅也。」半湖之言如此，則世之所傳，所謂下流皆歸者耳。然寧藩之謀久矣，李豈有不知者，平日附之，而臨時狐疑，則亦適見其爲小人也，究竟何益之有。李有《白洲詩集》，予於天一閣范氏曾見之。

29. 跋周文王神功二字 《鮚埼亭集外編》卷三十五，頁 1461～1462）

天一閣范氏所收石刻，有「神功」二字，旁勒云「周文王括石書」，乃隸古文也。孫暢之謂臨淄齊胡公墓，桐棺字多與今隸同，以此證隸之不始於秦，使其見此，必以爲始於商矣。馬薺堂謂《石鼓》出於宇文，其說未覈。至此二字者，或出於黑獺之手，而後人以陀羅尼追尊之號記之，未可知也。夫黑獺，黑衣之種耳，而書法果如此，則又在沙陀《北嶽題名》之上矣。

30. 唐開元（祀）〔紀〕泰山銘舊本跋 《鮚埼亭集外編》卷三十五，頁 1464）

開元《泰山碑銘》，刻在山頂之石，爲前明俗吏以「忠孝廉節」四大字鑱其上，舊文爲所毀者半。天下之謬妄，有如此耶！竹垞嘗詢之野老，謂必架木緣絚而登，然後椎拓可施，而山高苦風吹日曝，紙幅易裂，故模文甚難。予所得乃明范侍郎天一閣藏本，完好無闕，當今日而遇此舊本，可寶愛也。封禪，秦、漢之侈心，是碑雖有儆惄之語，已漸趨於空言矣。至於野無遺賢之賀，則其極功也。

31.跋薛尚功手書鐘鼎款識（《鮚埼亭集外編》卷三十五，頁 1466）

薛尚功手書《鐘鼎款識》二十卷，藏於天一閣范氏，有周密、趙孟頫、楊伯巖、柯九思、張天雨、王行、周伯溫七人鑒賞字跡，而靈武斡玉倫、徒克莊亦有跋焉。最後有豐坊之題。范氏書帖，大半萬卷樓故物，而是本獨不知得之何人，觀坊所題可見也。石刻所傳，蓋僅有其半，而手書精核，更為可珍。范氏尚有副本，見予之嗜之也，以其副為贈焉。

32.跋乾道四明圖經（《鮚埼亭集外編》卷三十五，頁 1477～1478）

四明志乘，以吾家為最備，自胡尚書《寶慶志》、吳丞相《開慶志》、袁學士《延祐志》、王總管《至正志》、季孝廉《永樂志》、楊教授《成化志》、張尚書《嘉靖志》：無一佚失，足以豪矣。張制使《乾道志》，則最初之作也，購之不可得，乃過天一閣范氏見《四明文獻錄》，全引其書，為之狂喜，乃別為鈔而出之。於是揚之小玲瓏山館馬氏，杭之小山堂趙氏皆來借鈔。顧予猶疑非足本，嘗見《成化志》中於遲迴山二廟下，紀劉毅、胡譓諫吳越無納土事，以為出自《乾道志》，今竟無之，則脫簡殆多，然要屬難得之書，可寶愛也。

33.延祐四明志跋（《鮚埼亭集外編》卷三十五，頁 1480）

《延祐四明志》二十卷，袁學士清容所修也。是志流傳甚寡，儲藏家皆無之，即在吾鄉亦但有二本，其一在天一閣范氏，其一在陸高士春明家，然皆失去第九卷、第十卷、第十一卷，蓋無從覓其足本矣。清容文章大家，而志頗有是非失實之憾：如謝昌元、趙孟傳皆立佳傳，而袁鏞之忠反見遺，蓋清容之父亦降臣也。又累於吳丞相履齋有貶詞，殆以其大父越公之怨，非直筆也。

34.久不登天一閣偶過有感（《鮚埼亭集詩集》卷八，頁 2259）

歷年二百無書恙，天下儲藏獨此家。為愛墨香長繞屋，祇憐帶草未開花。一瓻追溯風流舊，十載重驚霜鬢加。老我尚知孤竹路，誰來津逮共乘槎？

附錄二：范欽交遊表

說明：本表中所舉的范欽詩文均見《天一閣集》（《續修四庫全書》第 1341 冊）。

類別	姓 名	字 號	生 平 簡 介	與范欽之間的交往詩文	著作被天一閣收藏情況
同年	陳束（1508～1540）	字約之，號后岡	浙江鄞縣人，嘉靖八年進士，授禮部主事，改翰林院編修，出爲湖廣僉事，遷福建布政司參議，改河南提學副使，嘔血而死。	范欽有《酬寄陳約之》、《興田驛見亡友陳約之屏間之作追悼二首》。	陳束著《后岡詩集》、《后岡文集》，天一閣收藏。
	俞咨伯（1511～1546）	字禮卿，號蒲山	浙江平湖人，嘉靖十一年進士，授工部郎中，出爲泉州知州，官終山西提學副使。	范欽有《別俞泉州禮卿七首》、《晚次都門禮卿過訪》、《出京宿永濟寺同禮卿得遊字》、《雪和禮卿》、《追憶亡友俞禮卿學憲》等。	
	顧玉柱	字邦石，號一江	嘉靖十一年進士，授南京工部主事，陞工部員外郎、郎中，大名府知府，終山東按察司副使，嘉靖二十九年致仕。康熙《常熟縣志》卷十七：「庚戌秋，京師有警，玉柱適以賀表至，被命按視兵營壁壘。時變起倉卒，士伍搶攘，公躍馬塵埃中，無暇休沐，遂得疾。嚴嵩又以他事嗛玉柱，玉柱遂懇致仕。性故伉直，喜任事。」	顧玉柱死後第二年，范欽撰《祭顧一江憲副文》。	
	傅頤	字師正，一字觀蒙，號少巖	湖廣沔陽人，嘉靖十一年進士，授廬陵知縣，官終戶部尚書。	范欽有《贈金廣文轉建始兼訊少巖傅司徒二首》。	

曹邦輔（1503～1575）	字子忠，號東村	山東定陶人，嘉靖十一年進士，歷知元城、南和二縣，隆慶初遷南京戶部尚書。《明史》卷二百五有傳。	范欽有《邸報同年曹東村吳望湖傅少崖三尚書樊西田侍郎長逝二首》。	
吳嶽（1504～1570）	字汝喬，號望湖	山東汶上人，嘉靖十一年進士，授戶部主事，隆慶時累官南京兵部尚書。《明史》卷二百一有傳。		
樊深	字希淵，號西田	北直隸大同人，嘉靖十一年進士，授蘇州府推官，擢戶科給事中、都給事中，歷通政司參議、右通政、左通政，因詆仇鸞養寇邀功，斥為民，隆慶初復官，遷刑部左侍郎，致仕。		樊深著《漣漪亭稿》、《諫垣奏議》，天一閣收藏。
王畿（1498～1583）	字汝中，號龍溪	浙江山陰人，嘉靖十一年進士，授南京兵部主事，進郎中（《明史》卷二百八十三：王畿「嘉靖五年舉進士」，誤）。為官十年，嘉靖二十一年落職。王畿的一生主要是講學。	范欽有《寄王龍溪同年》。	
周復俊（1496～1574）	字子籲，號木涇子	南直隸崑山人，嘉靖十一年進士，授工部主事，進員外郎、郎中。此後浮沉滇蜀數十年。隆慶初進南京太僕寺卿。	范欽有《相逢行留別周子籲參政》。	
王廷幹（1516～1577）	字維楨，號巖潭	南直隸涇縣人，嘉靖十一年進士，授行人司行人，陞司副、司正，戶部員外郎、郎中，調福寧州知州，陞台州府同知，南京戶部員外郎、郎中，遷九江知府，降浙江鹽運司同知，陞南安府知府，乞歸。	范欽有《荏平驛次惟禎》、《同俞禮卿王惟禎還至新城酬次惟禎二首》、《淮南別禮卿惟禎同年四首》等詩。	王廷幹所纂方志《涇縣志》和文集《王巖潭詩集》，天一閣收藏。
陳如綸	字德宣，號午江	南直隸太倉人，嘉靖十一年進士，授侯官縣令，歷刑部主事、員外郎、江西僉事，官終福建布政司參議。	陳如綸有《寄范東明年兄》（《麗澤錄》卷五）。	
桑喬（1501～1564）	字子木，號南皋	南直隸江都人，嘉靖十一年進士，嘉靖十四年冬由戶部主事改御史，出按山西。十六年夏，雷震謹身殿，下詔求言，桑喬陳三事，首劾嚴嵩，謫戍九江二十六年而卒。	范欽備兵九江時，有《贈桑子木》。	

史際 （1495 ～1571）	字恭甫， 號玉陽， 又號燕峰	南直隸應天府溧陽人，少從王守仁、湛若水遊，嘉靖十一年進士，授禮部主事，調吏部主事，改右春坊，兼翰林院侍書，落職歸。歸置義莊、義塾，修明倫堂，捐田助貧。嘉靖二十三年，捐粟振饑。嘉靖三十二年，倭掠蘇松間，又捐貲募兵助餉。加陞太僕寺少卿，致仕。	嘉靖四十三年，史際七十歲，范欽撰《壽太僕卿史公七十序》。	
陳玨	字國祥， 號容峰	浙江鄞縣人，范欽同年兼同鄉，嘉靖十一年進士，歷官南京刑部主事，改兵部車駕司，復改監察御史。	范欽有《寄陳駕部國祥》一首。	
張謙 （1511 ～1595）	字子受， 號鄮西	浙江鄞縣人，嘉靖十一年進士，授刑部主事，謫揭陽典史，歷南京刑部郎中，大名知府，福建副使，廣西參政、副使，致仕歸。張謙在南京時嘗師事鄒守益，與之討論王守仁「良知」之學，歸里後則談道著書。	范欽有《送張子受叅政廣右四首》、《宴張子受憲使南園值治橋》、《壽張憲使子受二首》、《懷張叅政子受》等。萬曆八年，張謙七十歲生日，范欽有《憶昔行贈張子受長憲》。	
許應元 （1506 ～1565）	字子春， 號茗山	浙江錢塘人，嘉靖十一年進士，知泰安州，歷工部員外郎、夔州府知府、四川按察司副使、遼東苑馬寺卿、福建布政司參政、雲南按察使，終廣西右布政使。	范欽有《十三日夜集子春宅得星字》等。 許應元也寫有《與范東明憲長》一文。	許應元著《陭堂摘稿》，天一閣收藏。
蔡汝楠 （1516 ～1565）	字子木， 號白石	浙江德清人，嘉靖十一年進士，授行人，歷刑部員外郎、郎中，歸德知府，衡州知府，四川副使，江西、福建參政，山東按察使，江西布政使，巡撫河南右都御史，兵部右侍郎，終南京工部侍郎。	范欽有《漵口遇蔡衡州子木效其體》。 蔡汝楠有《與范東明年丈》。	
林應亮 （1506 ～1590）	字熙載， 號少峯	福建侯官人，嘉靖十一年進士，先後任穎上、秀水縣令，陞戶部主事，復除禮部，陞員外郎、郎中，常德府知府，廣西、江西副使，山東參政，廣東按察使、右	范欽有《懷林亞卿熙載》、《林熙載置酒郊亭用韻奉酬》、《再贈熙載》和《寄少峯林侍郎》等。	林應亮之父林春澤（1480～1583）有《旂峯詩》，天一閣收藏。

		布政使，廣西左布政使，南京太僕寺卿、戶部侍郎，改戶部侍郎，複調南京，總督倉場。		
呂光洵（1518〜1580）	字信卿，號沃洲	浙江新昌人，嘉靖十一年進士。嘉靖四十四年巡撫雲南，先後討平諸蠻叛，進攻武定，斬土官鳳繼祖。隆慶元年陞南京工部尚書，致仕。	范欽有《寄同年呂信卿尚書》。	呂光洵奏議《皆山堂稿》，天一閣收藏。
王楫（1493〜1564）	字子長，號同野	浙江象山人，嘉靖十一年進士，授中書舍人，擢兵科給事中，改工部員外郎、郎中，陞江西左參議，轉山東按察副使備兵徐州。嘉靖二十七年遷湖廣參政，以直忤巡按御史，被劾免歸。	范欽有《留別王子長》、《懷王子長》、《聖壽寺追憶王同野》等。王楫有《柬范東明憲長》（《麗澤錄》卷六）。	王楫《徐徐集》、《家乘》，天一閣收藏。
孔天胤（1505〜1581）	字汝錫，號文谷，又號管涔山人	山西汾州人，嘉靖壬辰科進士一甲第二名的榜眼，以藩戚外補陝西按察僉事，提督學政，降祁州知州，陞河南僉事，陝西參議，復補河南參議，陞浙江提學副使、參政、按察使，陝西右布政使，河南左布政使，有文名。	范欽在孔七十歲時寫了《寄同年孔方伯汝錫》一詩為之祝壽。	孔天胤有《文谷漁嬉稿》若干卷，天一閣收藏。
朱衡（1512〜1584）	字士南，一字惟平，號鎮山	江西萬安人，嘉靖十一年進士，授福建尤溪知縣，累官至工部尚書。	范欽有《得朱鎮山同年書》、《懷朱鎮山》、《贈朱惟平尚書赴召時治河濟上》、《寄朱鎮山尚書》、《朱鎮山致政詔乘傳晉太子太保》和《苔朱鎮山年丈》等。	朱衡《學政錄》，天一閣收藏。
呂本（1504〜1587）	字汝立，號南渠，晚號期齋	浙江餘姚人。明太祖新定籍，訛其祖呂德玉之姓為李，故呂本初亦姓李，隆慶三年疏復本姓。呂本嘉靖十一年進士，選庶吉士，授檢討，官至太子太保、文淵閣大學士，謚文安。	呂本六十歲和七十歲生日時，范欽寫有《贈少傅南渠李年丈壽序》和《壽期齋呂少傅年丈》為之祝壽。呂本有《壽范東明乃尊西疇公乃堂王太淑人》（《期齋集》卷二）。	呂本的《期齋集》，以及《太傅呂文安公葬錄》，天一閣收藏。

同官	方獻夫 （1464 ～1544）	字叔賢， 號樵夫	廣東南海人，弘治十八年進士。正德時官吏部員外郎。請為王守仁弟子，於是謝病歸，讀書西樵山中十年。嘉靖元年還朝，因議禮稱旨，預修《明倫大典》，官至禮部尚書，加太子太保。嘉靖十年兩疏病歸。嘉靖十一年五月召還至京，十月又引疾乞歸。	范欽有《方文襄公遺稿序》。	方獻夫遺著《方文襄公遺稿》，天一閣收藏。
	韓邦奇 （1479 ～1555）	字汝節， 號苑洛	陝西朝邑人，正德三年進士，官浙江僉事。嘉靖初起任，屢起屢罷。嘉靖十一年四月由河南按察司副使升大理寺左少卿。後歷任都察院都御史巡撫宣府、遼東、山西等地，官終南京兵部尚書。		韓邦奇有《易學本原啟蒙意見》、《尚書考略》、《洪範圖解》、《見聞隨錄》等，其弟邦靖有《韓五泉詩集》，天一閣收藏。
	朱廷立 （1492 ～1566）	字子禮， 號兩厓	湖廣通山人，嘉靖二年進士，授諸暨縣令，晉河南道監察御史，曾巡兩淮鹽政、巡按應天、督修河道、平定四川土裔之亂，後革職閒住。直至十四年復官，督北畿學政。	范欽有《訪朱侍御兩厓》。 朱廷立有《得范東明方伯書》（《兩厓詩集》卷六）。	朱廷立《鹽政志》、《兩厓詩集》，天一閣收藏。
	陳應魁	字孚元， 號梅山	福建莆田人，嘉靖十七年進士，「歷工部郎，在部十餘年，嘉譽流聞。為禮闈同考官，所得皆名士。出為浙江副使，有督兵剿倭功。」（《閩書》卷一百十一）	范欽有《酬陳梅山副憲》。	
	楊爵 （1493 ～1549）	字伯修， 號斛山	陝西富平人，嘉靖八年進士，授行人，十一年秋任監察御史，二十年春上書封事，被逮，二十四年釋歸，旋又被逮，直至二十六年釋歸。	范欽有《楊伯子》。	
	梁材 （1470 ～1540）	字大用， 號儉菴	南京金吾右衛籍，順天府大城人，弘治十二年進士，授德清知縣。正德中官至浙江右參政。嘉靖七年陞至戶部尚書。嘉靖十年丁憂歸，十三年起任，因屢忤權貴，令致仕，十五年復職，十七年落職閒住。	范欽有《集梁大用宅》、《席上懷梁大用》、《壽梁大用》、《中元日簡梁大用》、《挽梁大用二首》等。	梁材有《儉菴疏議》，天一閣藏。

皇甫汸 （1498 ～1583）	字子循	南直隸長洲人，嘉靖八年進士，授工部主事，陞員外郎，謫開州同知，轉處州府同知，官至雲南按察僉事。	范欽有《昌平道中懷王子長皇甫子循員外》、《荅皇甫百泉司勳》、《寄皇甫子循》等。	皇甫汸《解頤新語》、《百泉子緒論》，《三州集》、《南中集》、《岳遊漫稿》、《還山詩》、《皇甫司勳集》、《皇甫司勳慶歷稿》，選評的《沈詩粹選》、《李氏山房詩選》、《澤秀集》，纂修的隆慶《長洲縣志》，其兄皇甫沖《枕戈雜言》，其父皇甫錄《近峰聞略》、《下陴記談》、《皇明藩府政令》等，天一閣均收藏。
黎民表 （1515 ～1581）	字惟敬， 號瑤石山人	廣東從化人，廣東著名學者黃佐弟子。博綜典籍，工書善畫，名列「南園後五子」之一。嘉靖十三年舉人，授翰林孔目，轉吏部司務，因能文被用爲制敕房中書，供事內閣。嘉靖四十四年，陞南京兵部員外郎，萬曆五年補兵部浙江司員外郎，還掌秘閣，預修《世宗實錄》、《穆宗實錄》，萬曆七年乞歸。	范欽有《懷黎舍人瑤石》。	黎民表編撰《金臺十八子詩略》、《羅浮山志》、《清泉小志》，天一閣收藏。
高拱 （1512 ～1578）	字肅卿	河南新鄭人，嘉靖二十年進士，累官至內閣首輔。	范欽有《賀高少師掌銓衡啓》。	高拱《萬代公論》，天一閣收藏。
嚴嵩 （1480 ～1567）	字惟中， 號介谿	江西分宜人，弘治十八年進士，官至吏部尚書。	嚴嵩有《袁守范君擢憲副九江贈以是詩》。 范欽有《祭歐陽氏夫人文》。	嚴嵩文集《鈐山堂集》、《鈐山堂詩選》、《鈐山堂詩鈔》、《振秀集》、《南還稿》，奏議《歷官表奏》、《南宮奏議》、《南宮奏謝錄》、《南宮疏略》，編纂正德《袁州府志》，等等，天一閣收藏。
夏言 （1482 ～1548）	字公謹， 號桂洲	江西貴溪人，正德十二年進士，授行人，擢兵科給事中。嘉靖七年調吏科。嘉靖	范欽有《曉行望玉笥次夏桂洲少師韻》、《聞夏閣老下	夏言奏議《桂洲奏議》、《山西按功奏議》、《郊祀奏

		十年三月擢少詹事兼翰林學士掌院事,直經筵講官,八月進禮部左侍郎,一個多月後破格陞爲禮部尙書。嘉靖十五年加太子太保,進少傅兼太子太師、禮部尙書,入閣參預機務,十八年正月陞爲內閣首輔。嘉靖二十七年罷官被逮。	吏作》。夏言有《次范明府》(《夏桂洲詩集》卷五)。	議》、《奏謝錄》和文集《桂洲集》,天一閣收藏。
尹臺(1506～1579)	字崇基,號洞山	江西永新人,嘉靖十四年進士,改庶吉士,授編修,預修《大明會典》,進修撰,兼春坊,侍講學士。出爲南京祭酒,官終南京禮部尙書。	尹臺有《古風二首贈范東明憲使》(《洞麓堂集》卷七)。	尹臺《洞麓堂集》,天一閣收藏。
馬森(1506～1580)	字孔養,號鍾陽	福建懷安人,嘉靖十四年進士,授戶部主事,官至戶部尙書。	范欽有《寄鍾陽馬尙書》。	馬森集註《地理正宗集要》,天一閣收藏。
蔡克廉(1511～?)	字道卿,號可泉	福建晉江人,嘉靖八年進士,除戶部主事,乞改南,調刑部主事,謫廣德州同知,量移盧州,守喪歸家,起爲江西提學僉事,調廣東提學副使。		
沈愷	字舜臣,號鳳峯	南直隸華亭人,嘉靖八年進士,授刑部主事,陞郎中。嘉靖十九年范任寧波知府,後來任江西臨江府知府,又做過湖廣按察司副使、布政司左參政等,嘉靖三十一年乞歸。	范欽有《寄沈鳳峯泰伯》。沈愷有《啓憲長東明范公》(《環溪集》卷十一)。	沈愷有《守株子詩稿》、《環溪集》、《沈詩粹選》等,天一閣收藏。
何遷(1501～1574)	字益之,號吉陽	湖廣德安人,嘉靖二十年進士,歷戶部主事、九江知府,嘉靖三十七年至三十九年巡撫江西,總督漕運。受業湛若水,其學出入王、湛。	范欽有《送何吉陽撫江西二首》。	
沈希儀	字唐佐,號紫江	廣西貴縣人。正德三年嗣世職爲廣西奉儀衛指揮使,連破義寧、荔浦、臨桂、灌陽、古田等賊,進署都指揮同知。嘉靖中田州屢叛,廣西總督姚鎮、王守仁多用其計。嘉靖八年任柳、慶參將,駐守柳州,先後十三	范欽有《楊濡川僉憲招飲沈紫江總兵宅不赴》、《贈沈總兵紫江》。	

		年，渠魁宿滑誅捕殆盡，諸瑤畏服，柳人建生祠祀之。積功至四川參將、貴州總兵。嘉靖二十五年任廣西總兵官。		
萬虞愷（1505～1588）	字懋卿，號楓潭	江西南昌人，嘉靖十七年進士，授無錫知縣，入為南京兵科給事中，遷山東參議，調福建按察副使。嘉靖三十二年，萬虞愷陞任貴州參政，范欽調雲南布政使，兩人同時離任。	范欽有《行次水口別萬懋卿往貴藩時予亦轉滇南》、《龍虎山中懷萬柒政懋卿》。萬虞愷有《水口送范方伯之雲南時予亦將赴貴州》（《楓潭集鈔》卷下）。	萬虞愷之子萬廷言有《經世要略》，天一閣收藏。
袁洪愈（1516～1589）	字抑之	南直隸吳縣人，嘉靖二十六年進士，授中書舍人，擢禮科給事中，因彈劾嚴嵩私黨梁紹儒阿附權要，出為福建僉事。陞河南參議。後歷任山東提學副使、湖廣參政等職，所在均以清節著聞。萬曆初官至吏部尚書。（《明史》卷二百二十一有傳）	范欽有《寄袁少柒抑之》。	
盧鏜（1505～1577）	字子鳴，號北山	河南汝寧人。嘉靖時被浙江巡按御史朱紈任命為福建都指揮僉事。嘉靖二十九年朱紈自殺，盧鏜也被論死，不久赦免，以故官備倭福建，遷都指揮。此後歷江浙副總兵、都督僉事、江浙總兵官、都督同知，與浙閩總督胡宗憲一起抗倭，嘉靖三十八年陞任浙江總兵官。嘉靖四十四年胡宗憲敗，盧鏜亦逮治免歸。	范欽有《贈盧都督序》、《送盧總戎鏜解任二首》、《壽盧總戎鏜》。	盧鏜纂修《臨潁縣志》，天一閣收藏。
楊惟平	字均正，號右河	北直隸南宮人，嘉靖二十九年進士，「除太常博士，選授監察御史，巡東關，飭邊務，抗疏劾老耄大臣」（康熙《南宮縣志》卷十）。	范欽有《楊右河侍御窓稿序》。	
李時中			范欽有《送李澄城》。	

唐時英（1499～1576）	字子才	湖廣瀘溪人，嘉靖八年進士，授平陽知縣。嘉靖三十三年秋，由陝西左布政使陞爲都察院右副都御史巡撫陝西。	范欽有《謝唐都憲弔賻啓》。	
汪俅	字克敬，號直齋	江西貴溪人，嘉靖十七年進士，曾官雲南布政司參政。	范欽有《曲靖待汪直齋条政不至》。	
潘季馴（1521～1595）	字時良，號印川	浙江烏程人，嘉靖二十九年進士，授九江府推官。嘉靖三十八年六月始任廣東巡按御史。此後歷任都察院右僉都御史，總理河漕，前後二十七年，四次主持治理黃河和運河，他全新的治河思想和卓有成效的治河實踐使他成爲明代著名的治河專家。	《范司馬奏議》卷三《題爲地方賊情事》：「今據前因，該臣會同提督兩廣軍務兼理巡撫兵部右侍郎兼都察院右僉都御史鄭炯〔綱〕、巡按廣東監察御史潘季馴議得……」	潘季馴著《兩河經略》、《兩河管見》、《治河全書》等，天一閣收藏。
鄭綱	字子尙，號葵山	福建莆田人，嘉靖八年進士。嘉靖三十三年二月由貴州按察使陞任湖廣右布政使，嘉靖三十六年由河南左布政使升右副都御史巡撫保定，三十八年陞兵部右侍郎提督兩廣。	范欽有《送鄭憲使葵山轉湖藩》。	
俞大猷（1503～1579）	字志輔，號虛江	福建晉江人，讀書知兵法，世襲百戶。嘉靖十四年武會試第五名，陞正千戶，守禦金門，擢廣東都司僉事，歷瓊崖右參將、浙江左參將、南直隷副總兵、浙直總兵、南贛參將、南贛汀漳惠潮總兵官、福建總兵官等。	俞大猷有《與范東溟書》（《正氣堂集》卷十）。	
陳堯（1502～1574）	字敬甫，號梧岡	南直隷通州人，嘉靖十四年進士，官工部主事、刑部侍郎、河道總督等。	范欽有《寄題陳梧岡司寇牡丹圖》。	
華雲	字從龍，號補菴	南直隷無錫人，嘉靖二十年進士，授戶部主事，滿考，疏改南，得兵部車駕司，陞刑部郎中，不拜，復疏乞休，乃得歸。登第三年而授官，在職五年而歸休。	范欽有《別華主事補菴》、《贈無錫華上舍》。	
吳鵬（1500～1579）	字萬里，號默泉	浙江秀水人，嘉靖二年進士，授工部主事，官至吏部尙書。	吳鵬有《范東明》書信（《飛鴻亭集》卷十五）。	吳鵬誥敕《恩命錄》，天一閣收藏。

同人	陸粲 （1494 ～1551）	字子餘， 一字浚明 ，號貞山	南直隸長洲人，是嘉靖五年一甲進士第三名的探花，選入翰林院庶吉士，改授工科給事中。嘉靖七年出任浙江鄉試主考官。因勁挺敢言，得罪張璁、桂萼等貴幸，貶謫貴州，後稍遷江西。嘉靖十二年乞休。	范欽有《寄陸給事貞山》。	陸粲《左傳附註》、《陸子餘集》，其兄陸采《天池山人小稿》、《冶城客論》等，天一閣收藏。
	顏木	字惟喬， 自號淮漢 先生	湖廣應山人，正德十二年進士，知許昌，以薦調亳州知州，落職歸，退居馬坪二十年。	顏木贊范欽。	顏木《爐餘稿》、《淮漢爐餘稿》，纂修縣志《隨志》、《應山縣志》，天一閣收藏。
	朱拱樋 （1513 ～1591）	字子深， 號匡南	封輔國將軍，建安簡定王孫。	范欽有《贈答匡南邦侯》、《贈匡南爽臺》。 朱拱樋《匡南詩集》卷二有《簡范東明戎憲枉敘》、《送范東明參政廣右》二首，《瑞鶴堂近稿》中有《寄荅范東明中丞二首》。	朱拱樋著《瑞鶴堂近稿》、《匡南詩集》，天一閣收藏。
	朱拱梃	號樵雲	石城王。	范欽有《賀樵雲將軍生子》、《安仁陸行贈豫章樵雲中尉》。 朱拱梃《樵雲詩集》有《簡寄東明范公時為宜陽郡伯》、《奉別范東明大參廣東》。	朱拱梃著《樵雲詩集》，天一閣收藏。
	朱拱榣	字茂才， 號既白	瑞昌王，封奉國將軍。嘉靖初上疏議郊祀之禮，得到世宗的褒譽。又曾請建宗學，並召宗室設壇壝行禮，捐田白鹿洞，以惠來學者。	范欽有書信五首。 朱拱榣《豫章既白詩稿》卷二中有《承范東明憲副過訪並惠詩扇贈謝二首》。	朱拱榣著《豫章既白詩稿》，刻《編茗集》、《移虛稿》、《詩家直說》，以及《麗澤錄》、《題贈錄》等，天一閣均收藏。
	陳德文	字建安， 號石陽山 人	嘉靖四年舉人，嘉靖十七年任政和知縣，歷工部員外郎，官至順天府尹。		陳德文輯《袁州府志》、著《孤竹賓談》、《石陽山人病詩》、《石陽山人蠹

				海》、《石陽山人建州集》和《陳建安詩餘》等，天一閣收藏。
李默 （1499 ～1558）	字時言	福建甌寧人，正德十六年進士。嘉靖時由吏部侍郎破格拜吏部尚書。尋罷職還家。一年後復起。嘉靖三十三年，進太子太保，兼翰林學士。嘉靖三十五年嚴嵩、趙文華將之陷害致死。	范欽有《賀李太宰加宮保兼翰林學士啓》。	李默編著《寧國府志》、《吏部職掌》、《建寧人物傳》、《孤樹衰談》、《紫陽文公先生年譜》、《全唐詩選》，天一閣收藏。
鄭允璋	字德卿， 號少白	福建閩縣人，嘉靖五年進士。	范欽有《寄鄭德卿》、《苔鄭德卿江行見還之作》。	鄭允璋《鄭少白詩集》和《還丹發秘》，天一閣收藏。
謝榛 （1495 ～1575）	字茂秦， 號四溟	山東臨清人。遊河南彰德，客趙康王府。曾入京師，救盧楠出獄。又曾與李攀龍、王世貞等結爲詩社，名列「後七子」，後因與二人意見不合，被排擠出「七子」之列。屢遊陝西、山西、河南等地。	范欽有《多夜謝山人茂秦偕許憲副子春見過得春字》、《人日章行人景南偕茂秦子春小集得明字》、《雪中茂秦過靈濟宮》、《柬茂秦》、《鄴上留別謝茂秦》、《寄謝茂秦》等。謝榛有《多夜范憲伯堯卿宅同許憲副子春得天字》、《寄范方伯堯卿》、《寄懷范堯卿》、《送范中丞堯卿鎮贛州四首》、《寄范生訥菴兼憶乃叔東明侍郎》等。	謝榛的《四溟全集》、《四溟詩集》、《遊燕集》、《適晉稿》、《詩家直說》，天一閣收藏。
朱睦㮮 （1517 ～1586）	字灌甫， 號西亭	封鎮國中尉。經學造詣頗深，年二十通五經，尤精《易》、《春秋》。性喜藏書，築「萬卷樓」。	范欽有《酬西亭中尉》。	朱睦㮮《春秋諸傳辨疑》、《南陵王奏議》、《革除逸史》、《鎮平世系記》、《奉國公年表》、《敕賜崇孝祠錄》、《中州人物志》、《皇朝中州人物傳》、《二忠

				傳》、《純孝編》、《儷德偕壽錄》、《河南通志》、《謚苑》、《漁樵閒話》，選有《蘇文忠公表啓》，刻有《易傳集解》，天一閣收藏。
王世貞（1526～1590）	字元美，號鳳洲，又號弇州山人	嘉靖二十六年進士，授刑部主事，遷員外郎、郎中。其父王忬被嚴嵩陷害致死，隆慶初與其弟世懋為父訟冤，冤得白，官浙江參政、山西按察使、廣西布政使、都察院右副都御史巡撫鄖陽、南京大理寺卿等職。	范欽有《酬王鳳洲中丞》。王世貞有《答范司馬》二篇。	王世貞《會纂綱鑑》、《弇州史料前集》《後集》、《伏闕稿》、《曇陽大師傳》、《弇州山人四部稿》、《弇州山人續稿》、《入魏稿入浙稿入晉稿入楚藁》、《陽羨諸遊稿》、《擬古詩》、《鳳洲筆記》、《四六雕龍》、《藝苑卮言》、《南北二鳴編》等，其弟王世懋《白門稿略》、《紀遊稿》和《西征集》等，天一閣均收藏。
顧起經（1521～1575）	字長濟，後更字玄緯，號羅浮外史，又號九霞山人	南直隸無錫人，七試不第，讀書作文，放遊山水，官廣東鹽課副提舉。	顧起經有《報范司馬》和《再報范司馬》。	顧起經《九霞山人集》、《類編王右丞詩文集》，天一閣收藏。
顧起綸（1516～1587）	字玄言，後更名更生，字仲長	南直隸無錫人，禮部尚書顧可學之子，顧起經從弟，少時即穎異出眾，補博士弟子，入太學，但不第，選為雲南某衛經歷，遷鬱林州同知，謝病歸。	顧起綸官鬱林州州判時，有《承范方伯見訪敝廬緘刺入鬱感而寄酬》一首（《句漏集》卷一），時范欽任廣西布政使。	顧起綸的《澤秀集》、《昆明集》、《句漏集》和《赤城集》等天一閣收藏。
沈謐（1501～1553）	字靖夫，號雲石	浙江秀水人，嘉靖八年進士，由行人選刑科給事中，遷山東按察僉事，乞歸，復除江西按察僉事，擢湖廣參議，未任卒。	范欽有《贈沈靜夫大參》。	沈謐的《雲石先生詩集》，天一閣收藏。

沈啓源 （1526 〜1591）	字道初， 號霓川	沈謐之子，嘉靖三十八年進 士，授南京工部員外郎，歷 四川、山東參議等，官至陝 西按察副使。沈氏父子喜藏 書，其藏書樓名「芳潤」， 而其藏書「不拘拘宋元舊 刻，惟求紙版精明，足供披 覽」（《國朝獻徵錄》卷九十 四）。	范欽有《挽沈參議 母二首》。	
馮嶽 （1495 〜1581）	字望之， 號貞所	浙江慈谿人，嘉靖五年進 士，授工部主事，歷刑部郎 中、延平知府、山東按察副 使、河南參政、江西按察 使、布政使，順天府尹、湖 廣巡撫等，官至南京刑部尚 書。	范欽有《壽馮貞所 司寇》、《夜往慈谿 臨馮貞所陳海洲 即事》。	
陳茂義	字喻之， 號海洲	浙江慈谿人，嘉靖八年進 士，授工部主事，改南京兵 部員外郎，陞廣西布政司參 議。晚年歸鄉。	范欽有《聞陳海洲 訃》。	
周天球 （1514 〜1595）	字公瑕	南直隸長洲人，工書畫。	范欽有《周山人公 瑕遊次武林使問 因答》。	
程應魁	字孟孺	江西玉山人，工詩善書，不 仕，嘗遊吳越，造訪范欽， 曾加入范欽的詩社。	范欽有《貽程應魁 茂才》、《孟孺臥病 寶雲寺走簡》、《訊 孟孺》、《送程孟孺 歸玉山四首》等。	程應魁有《元遊 稿》，天一閣收 藏。
張之象 （1507 〜1587）	字月鹿， 一字玄超 ，號王屋	南直隸長洲人。爲諸生，屢 試不第，便發憤讀書，作爲 詩文。曾做過浙江按察司知 事，不理政事，以吏隱自 命，隆慶元年棄官歸里。	范欽有《酬張王 屋》。	張之象《翔鴻 集》、《題橋集》、 《避暑集》、《剪綵 集》、《叩頭蟲賦》 等，天一閣收藏。
吳孺子	字少君	浙江蘭谿人。	范欽有《吳少君見 過》、《詒吳少君時 寓寶雲寺》、《送吳 山人遊天台二 首》。	
汪道昆 （1525 〜1593）	字伯玉， 號南明	南直隸歙縣人，嘉靖二十六 年進士，授義烏縣令，嘉靖 三十年入爲南京工部主 事，官至兵部右侍郎，萬曆 三年告歸。	汪道昆有《范少司 馬》（《太函集》卷 九十七）。	

	王穉登 （1535 ～1612）	字百穀， 一作伯穀	南直隸長洲人。十歲能詩， 鋒芒早露，名滿吳會。屢試 不第。嘉靖末遊京師，客大 學士袁煒家。隆慶初復入京 師，而太學生員已滿，復不 被收納。	范欽有《酬百穀示 東遊諸作》、《王伯 穀偕諸彥夜集》和 《送百穀》。	王穉登《青雀 集》、《燕市集》和 《客越志》等，天 一閣收藏。
	傅應禎	字公善， 號慎所	江西安福人，隆慶五年進 士，授零陵知縣，調溧水， 萬曆三年徵授御史，因疏 言，謫戍定海，萬曆十一年 召復官，擢南京大理寺丞。	范欽有《贈傅侍御 慎所》。	
	薛甲 （1498 ～1572）	字應登， 號畏齋	南直隸江陰人，嘉靖八年進 士，授兵科給事中，官至江 西按察司副使。	范欽於隆慶四年 九月為薛甲《藝文 續稿》作序。	薛甲著有《四書口 義》，編有《大家 文選》，天一閣收 藏。
	徐中行 （1517 ～1578）	字子與， 一作子輿 ，自稱天 目山人	浙江長興人，嘉靖二十九年 進士，授刑部主事，官至江 西布政使。	范欽有《九日薈徐 子與會晉大參追 憶許子春李于鱗 二首》。	徐中行著《青蘿館 詩集》，天一閣收 藏。
	李攀龍 （1514 ～1570）	字于鱗， 號滄溟	山東歷城人，嘉靖二十三年 進士，授刑部主事，官至河 南按察使。		李攀龍著《滄溟先 生集》、《白雪樓詩 集》、《擬古樂 府》，編《古今詩 刪》、《唐詩選》 等，天一閣收藏。
同鄉	王應鵬 （1475 ～1536）	字天宇， 號定齋	正德三年進士，授嘉定知 縣，官至都察院副都御史。	范欽有《金峨寺次 王定齋韻二首》。	王應鵬《定齋文 薈》、《定齋詩集》 等，天一閣收藏。
	萬表 （1498 ～1556）	字民望， 號鹿園	先世定遠人，十七歲襲世職 為寧波衛指揮僉事，遂家於 鄞。正德十六年武進士，擢 都指揮督浙運。嘉靖時歷官 南京大教場坐營官、漕運參 將、南京錦衣衛僉書，晉總 兵，鎮守淮安，以病歸。嘉 靖三十二年，倭寇東南，時 寄居杭州的萬表募少林僧 二百抗倭。三十三年起都督 同知僉書南京中府事，遇箭 傷，請歸。萬表是王守仁弟 子，號稱「儒將」。	范欽有《懷萬總 戎》、《贈萬總兵民 望》。	萬表編有《皇明經 濟文錄》、《灼艾 集》、《山中集》、 《唐詩選玄集》， 著有《玩鹿亭稿》 等，天一閣均收 藏。
	陸鈇 （1494 ～？）	字舉之， 號少石	正德十六年進士，授翰林院 編修，預修《武宗實錄》成， 進修撰，歷湖廣按察司僉 事、江西參議、山東按察副 使。	范欽有《妙高寺次 陸舉之》。	陸鈇修有《山東通 志》，撰有《賢識 錄》、《病逸漫 稿》，天一閣收 藏。天一閣藏《福

				建按察司副使陸公暨妻楊氏行實》，記陸釴父母陸倆夫妻。
豐坊（1494～1566）	字人叔，一字存禮，號南禺，晚改名道生，字人翁	嘉靖二年進士，授刑部主事，調禮部。嘉靖三年隨父豐熙爭大禮，被廷杖，調爲南京吏部考功司主事。嘉靖六年，謫通州同知，致仕歸。	范欽有《和豐南禺八月十六日夜坐》、《和南禺九月初四日遣興》、《對月懷豐南禺》等。豐坊有《底柱行贈憲伯東明先生之江西》。	豐坊著《古易世學》、《古書世學》、《魯詩世學》、《春秋世學》、《書決》，編《空同精華集》等，天一閣均收藏。
舒纓	字振伯	嘉靖十四年進士，官至工部郎中。	嘉靖二十二年，舒纓服官長沙，范欽有《送舒長史振伯》。舒纓《嘉南集》有《袁州留別范東明》。	舒纓《梨洲野乘》、《嘉南集》，天一閣收藏。
楊美益	字以謙	嘉靖二十六年進士，授行人，嘉靖三十三年選山東道御史巡茶陝西，官至太僕少卿。	范欽有《贈楊侍御以謙》。	楊美益《西巡稿》，其子楊承鯤《西青閣詩草》，天一閣收藏。
張時徹（1500～1577）	字維靜，號東沙	嘉靖二年進士，授南京禮部主事，歷兵部員外郎、禮部郎中、江西按察副使、山東臨清兵備副使、福建右參政、山東右布政使、都察院右副都御史巡撫四川、兵部右侍郎、南京兵部侍郎等。官至南京兵部尚書。	范欽《天一閣集》中與張時徹唱和詩有115首，張時徹死後，范欽寫有祭文一篇。張時徹《芝園定集》中也有與范欽的唱和詩8首。二人另有交往書信四篇。	張時徹撰《芝園定集》，修《寧波府志》、《定海縣志》，編《善行錄》、《皇明文苑》，輯《急救良方》、《攝生眾妙方》，編《四明風雅》，刻《陳后岡集》、《豐考功集》等，天一閣均收藏。
屠大山（1500～1579）	字國望，號竹墟	嘉靖二年進士，出知合州，擢南京刑部員外郎，出守吉安，陞山東按察副使，備兵徐州，歷福建布政使、都察院右副都御史巡撫湖廣，陞兵部右侍郎，總制川貴湖廣軍務。後巡撫應天，提督江南諸軍抗倭，失利，致仕歸。	范欽《天一閣集》中與大山的唱和詩有44首。	

周相 （1497 ～1572）	字大卿， 號莓厓， 一作梅厓	嘉靖二年進士，授臨川縣令，徵爲監察御史，嘉靖七年以直言謫廣東韶州經歷，八年擢江西東鄉縣令，嘉靖十一年陞南昌府同知，十三年陞江西按察司僉事，遷至江西參政，致仕歸。後薦起爲廣東按察副使，遷副都御史巡撫江西，嘉靖四十四年再次致仕。	范欽有《山中懷周大卿雜政》、《午日懷周大卿》、《贈周大卿北上三首》、《和周大卿喜得致仕報韻二首》、《次韻聞周大卿得代東歸二首》、《喜大卿至》、《壽莓厓兼促北上》、《贈周梅厓督撫江西三首》、《聞梅厓中丞候代廣信》、《用韻再簡每梅厓》等。	周相《督撫江西奏議》，天一閣收藏。
全元立 （1495 ～1565）	字汝德， 號九山	嘉靖十四年進士，改庶吉士，授翰林院檢討，預修《大明會典》，進修撰，充經筵講官，遷侍講學士掌南京翰林院，陞南京太常寺卿。嘉靖四十一年，遷南京工部右侍郎，抗疏乞歸。	范欽有《簡九山生日出居阿育王寺二首》、《簡全九山司空》、《九山碧山莊》等。	
沈明臣 （1518 ～1596）	字嘉則， 號句章	鄉試屢不中，以詩自豪。嘉靖三十三年與徐渭、余寅入胡宗憲幕府，參與抗倭戰鬥，多獻智策。淪落江海間，往來吳楚閩粵，所交多名士。	范欽有《送嘉則遊吳》、《懷沈嘉則》、《戲簡嘉則》、《送沈嘉則應聘遊楚》、《懷呂中甫沈嘉則》、《和沈嘉則五言絕二十首》、《和沈嘉則七言絕二十首》、《酬嘉則》、《題嘉則樓》等。	沈明臣纂《通州志》，著《用拙集》、《帆前集》、《越草》、《青溪集》、《蓟緱集》、《丁艾集》、《豐對樓詩選》、《沈嘉則詩選》等，天一閣收藏。
沈九疇	字箕仲， 號東霍	沈明臣族子。萬曆五年進士，授刑部主事，官至江西布政使。	范欽有《送諸春元赴試》、《聘沈水部大若女》。	
沈一中 （1544 ～1616）	字長孺， 號大若	沈九疇族弟。萬曆八年進士，授工部主事，官至貴州布政使。		
沈一貫 （1537 ～1616）	字肩吾， 號蛟門	沈一中從弟。隆慶二年進士，選庶吉士，授檢討，官至大學士。	沈一貫有《天一閣集序》。 范欽有《贈沈影泉封君二首》、《贈諭德沈慕聞封君二首》，二人分別是一中之父與一貫之父。	

李生寅	字賓甫，號暘谷	不樂仕進，惟好爲詩。	范欽《天一閣集》中有酬答李生寅的詩12首。	李生寅《李山人詩》，天一閣收藏。
李生時	字孝甫，號遇齋	李生寅之兄。以太學生官太僕丞。	《天一閣集》中有酬答李生時之詩10首。	
李循義（1487～1542）	字時行，號六峰	嘉靖二年進士，官至衡州知府，康熙《鄞縣志》卷十五有傳。	范欽《天一閣集》卷三二《李棟塘詩卷跋》云：「六峰先生文章表見，儒紳誦服，迄今不衰，予幸獲交於都門。」	
汪禮約	字長文	祖汪玉，父汪坦。工詩善書。	范欽有《簡汪仲安》、《山中簡汪仲安》和《懷汪長文時居城寺》。汪坦有《柬東明范公》、《答司馬東明范公》。	
屠	字田仲	屠大山之從子。任職刑部，就官兩月，即上疏請求歸養。	范欽有《送屠田仲四首》、《簡屠田仲》、《酬田仲》、《贈屠田仲》等。	
屠本畯（1535～1602）	字田叔，又字豳叟，號漢陂	屠大山之子，以父任授刑部檢校，遷太常典簿，歷南京工部郎中、福建鹽運同知、辰州知府，落職歸。	范欽有《贈屠田叔》。	屠本畯編《情采編》、《蓮莆集》，著《離騷草木疏補》、《楚騷協韻》，刻《修方涓吉符》等，天一閣收藏。
屠隆（1542～1605）	字長卿，一字緯眞，號赤水	萬曆五年進士，授穎上縣令，調青浦縣令，官至刑部主事。	范欽有《送屠長卿令穎上》。屠隆有《訓范司馬公》、《范司馬公園》等。	
余寅	字君房，改字僧杲，號漢城	萬曆八年進士，授工部主事，官至太常少卿。	范欽有《送君房應詔公車》、《余君房偕楊二子偶過湖上》等。	
葉太叔	字鄭郎	因得沈明臣、張時徹的驚賞，聲名鵲起，沈明臣與之聯姻。		
戴	字仲德			

黃宗欽 （1482 ～1553）	字堯甫， 號濟川居 士	少游王應鵬門下，不第。嘉靖四年補合肥縣丞，攝巢縣治，丁憂歸，服除，補吳江，遷睦寧縣令，嘉靖十三年歸。	范欽有《壽黃公七十序》、《封工部主事黃公墓誌銘》。	
黃元恭	字資理， 一作資禮 ，號省菴	黃宗欽仲子。嘉靖二十六年進士，授工部主事，謫漳州通判，稍遷南京兵部郎中，出爲河南按察僉事，備兵潁州，罷歸。	范欽有《答外弟黃資禮僉憲》、《黃資禮臥病有懷四首》及《和黃資禮六十一歲自賦》等。	
黃元忠	字資睦， 號整菴	黃宗欽從子。以明經通判岳州。	范欽有《立春日簡黃整菴》。	黃元忠《槐稿》，天一閣收藏。
張淵	字惟本， 號纓泉	嘉靖二十六年進士，授興化府推官，攝仙遊令，平遷南京工部主事，出知武昌府，以異等遷山西按察副使備兵紫荊關，陞江西參政，歷廣東、貴州布政使，以積忤時，遂投劾歸里。	范欽有《送張惟本守武昌三首》、《送張惟本叅政江西二首》、《代送張惟本之豫章二首》、《簡纓泉方伯》等。	
袁大誠	字宗正， 號池南	嘉靖三十五年進士，福建巡按御史，後官終僉事。	范欽有《送袁宗正下第》、《簡袁池南》、《重陽日集池南宅二首》。	
張子瑤	字仲玉， 號石里	嘉靖二十年進士，歷南京光祿寺卿、滁州知州等官。		
呂時	字中甫， 自號甬東 野人	初名時臣，世居木阜峰下，爲避仇遠歷齊梁燕趙間十年。曾寓章丘，與李開先論詩。又客青州衡莊王舍。晚客沈宣王宅，年七十卒於河南涉縣客舍中。	范欽《天一閣集》中寫給呂時的詩有十二首。	呂時《甬東山人稾》，天一閣收藏。
吳鑽	字汝震	有詩名，嘗遊河南，與朱睦㮮、徐中行、李先芳、吳國倫、王世貞結交。	范欽有《懷吳汝震》、《吳山人汝震遊汴》、《荅汝震詩寄》、《賦得滕王閣送汝震兼簡徐子與使君》等。	吳鑽《汝震詩集》，天一閣收藏。
包大中	字庸之， 號三川	太學生，官至運司。	范欽有《送包庸之赴長蘆》、《簡包庸之》、《問包庸之疾》、《題包庸之碧岑樓》、《包庸之碧岑樓感賦》、《挽包庸之二首》。	包大中《東征漫稿》，天一閣收藏。

包大炯	字明臣	嘉靖四十年入縣學，歲貢，曾爲官潮陽，還做過益府典儀正。	范欽有《和包明臣賞牡丹》、《送包明臣》和《用韻答包明臣》。	包大炯《越吟》，天一閣收藏。
包大燦	號少東	嘉靖三十五年進士，做過桐城縣令、撫州縣丞、刑部員外郎和兗州府通判等官。	范欽有《賀比部少東包公序》。	包大燦修隆慶《兗州府志》，天一閣收藏。
包檳	字子和，號鹿亭	不仕。	范欽有《壽包子和》、《跋包子和鹿亭圖》。	
柴淶	字季東	嘉靖三十五年進士，官至布政使。	范欽有《送詞部柴季東二首》、《送柴季東長憲關中二首》。	柴淶刻《滇臺行稿》等書，天一閣收藏。
戴鯨	字時鳴，號南江	嘉靖二年進士，知番禺縣，歷南京工、刑二部曹郎，出爲江西按察僉事，謫鄧州通判，歷福建左參議，歸老於家。	范欽有《壽戴南江少衾》和《祭戴南江少衾文》。	戴鯨編《四明雅選》，天一閣收藏。
戴士光（1513～1585）	字子謙，號亭溪	鄞縣戴氏族人。七試七落，遂隱於鄉。（屠隆《棲真館集》卷二八有傳）	范欽有《贈戴子謙》。	
余有丁（1527～1584）	字丙仲，號同麓	嘉靖四十一年進士，授翰林院編修，歷任實錄纂修官、經筵講官、國子監司業、祭酒、禮部侍郎、侍讀學士，萬曆十年以禮部尚書兼文淵閣大學士入閣辦事，加太子太保、武英殿大學士，又加少保，改戶部尚書，。	范欽有《遊余同麓太史舒園》和《祭余文敏公文》。	余有丁《余文敏公集》，天一閣收藏。
聞淵（1480～1563）	字靜中，諡莊簡	弘治十八年進士，授禮部主事，官至吏部尚書。	范欽有《壽聞太宰石公》、《祭聞莊簡公文》、《代聞莊簡公後謝執政啓》。	
王	字惟和	善琴，居柳莊。	范欽有《雪中簡王惟和》、《壽王惟和二首》、《祭王惟和文》。	
周	字廣文		范欽有《酬周廣文》、《寄周廣文》、《送周廣文象賢赴襄藩》、《寄周象賢太霞山房》、《周太霞紀善贊》。	

寧波地方官	孫宏軾（1507～？）	字以瞻，號槐溪	四川資縣人，嘉靖十七年進士，授新河知縣，陞刑部主事，嘉靖二十七年至三十三年任寧波知府，三十四年陞浙江按察副使分巡海道。官至湖廣布政司左參政。	范欽有《賦得長安道送孫槐溪郡伯入覲》、《七綜賀孫郡侯壽》、《贈大桼孫槐溪序》。	
	丘玳	字文玉，號次皐	南直隸六安人，嘉靖十七年進士，歷任溫州知府、戶部主事，嘉靖三十三年出守寧波，修築傾圮的城牆，第二年調衢州知府。	范欽有《贈丘次皐移衢郡序》。	
	張正和	字以禮，號異峯	江西南昌人，嘉靖二十六年進士，出守衢州，嘉靖三十四年調任寧波知府。在任期間，重振法紀，修城練兵，進善黜邪，平冤減賦。三載考績，嘉靖三十六年晉湖廣按察副使。	范欽有《張太守招飲延慶寺次韻》、《贈郡侯張異峯考績序》。	
	曾鎰	字萬甫，號內山	北直隸德州人，嘉靖三十二年進士，嘉靖三十九年任寧波知府，三載任滿，遷陝西苑馬寺少卿。	范欽有《送曾封君東歸序》、《送曾郡侯遷陝西苑馬少卿序》。	
	雷金科	字公憲，號潤溪	福建建安人，嘉靖三十二年進士，歷禮部主事、郎中，因不附嚴嵩，左遷鹽官，嘉靖四十二年擢寧波知府，在任期間，修繕城堡，教習技擊，課藝學生，為官期月便辭官歸隱。	范欽撰《送雷郡侯序》。	
	吳道直	字敬甫，號太恒，一作泰恒	北直隸定州人，嘉靖三十二年進士，嘉靖四十三年守寧，在任三載，陞山東按察副使。	范欽有《吳太守歌贈泰恒使君》、《贈吳憲副太恒之山東序》。	
	徐善慶	字靖甫，一字符禎	江西金溪人，嘉靖三十二年進士，任兵部郎中，忤嚴嵩，歸，十年後起補南京兵部。隆慶元年任寧波知府，在任三年，晉廣東按察副使。	范欽有《贈徐太守靖甫二首》、《送徐憲副之廣東序》。	
	王原相	字召之，號鵬江	廣東番禺人。嘉靖四十一年進士，歷福建建安、閩縣縣令，拜南京監察御史，因忤權貴，隆慶三年出任寧波知府，後備兵蒼梧，官終江西按察使，以疾歸。	范欽有《送王郡侯入覲序》、《贈王郡侯序》、《贈王郡侯考績序》、《送王憲副之蜀序》、《分題候濤山贈王鵬江	

			太守二首》、《分題它山贈王鵬江太守》、《分贈王鵬江太守》、《分題玉几山贈王郡侯鵬江四首》。	
周良賓	字蘋野	福建晉江人，嘉靖四十四年進士，萬曆元年來任寧波知府。	范欽撰《贈蘋野周郡侯考績序》。	
游應乾	字順之，號一川	南直隸婺源人，嘉靖四十四年進士，嘗官南京刑部主事，萬曆四年出守寧波。官至總督倉場、戶部侍郎。	范欽有《贈一川游郡侯序》、《贈游郡侯考最序》、《送郡侯游一川入覲序》、《贈游郡侯晉兩浙都運序》、《麤議贈游都運》。	
李一本	字汝培	河南郟縣人，隆慶二年進士，萬曆八年守寧，在任一年。	范欽有《壽李郡侯母霍太宜人七十序》。	
黎桂	字克芳	江西萬安人，嘉靖三十五年進士，曾從鄒守益學，歷官郎署，以至御史。隆慶元年任寧波府推官。在任三載，陞南京工部。	范欽撰《贈黎屯部序》。	
段孟賢	字汝愚，號蒙岡	江西湖口人。嘉靖四十三年進士，授刑部主事，因忤權貴外遷，後轉溫州府通判。隆慶四年任寧波府同知。在任四年，陞貴州都勻知府。	范欽撰《贈段都勻序》。	
李概	字平甫	湖廣江陵人，舉人，萬曆二年任寧波府同知，在任六載，入京朝覲考察，以治最擢東高州知府。	范欽撰《贈李郡丞擢守高州序》、《賦得黃金臺送李郡丞》、《送李高州序》。	
吳允裕	字天和	廣東南海人，嘉靖元年舉人，嘉靖二十年象山縣令，調東安縣令，嘉靖三十二年遷寧波府通判，復署縣事。	范欽有《送吳別駕入覲四首》。	吳允裕刊發之《寧波府通判論保甲條約》，天一閣收藏。
張錫綱	號滄江	南直隸太倉舉人，嘉靖四十一年通判寧波，次年辭官歸隱。	范欽撰《送張別駕序》。	
梁紹胤		山東東平人，嘉靖十三年舉人，曾任汲縣、襄陽縣令，河南府通判。嘉靖四十二年通判寧波。	梁妻李氏，嘉靖十九年卒，范欽撰《梁令人李氏墓誌銘》。	

徐兆先	號次葵	廣東番禺人，嘉靖十九年舉人，曾任桂陽縣令、荊州通判、吉安通判，隆慶五年任寧波府通判，攝鄞事，督理漕舟。	范欽撰《送徐別駕遷任序》。	
黃應麟	字仁卿，號東野	福建福州人，嘉靖三十一年舉人，曾任番禺博士、宣城縣令、衛輝博士、承天府通判。萬曆六年任寧波府通判。在任僅一年，由於政績突出，量移江西。	范欽撰《贈黃別駕移江右序》、《送黃別駕序》。	
周光鎬（1536～1616）	字國雍，號耿西	廣東潮陽人，隆慶五年進士，隆慶六年授寧波府推官。萬曆元年，任滿三載考績。後歷南京戶部主事，吏部員外郎、郎中，順慶知府，四川按察副使、參政，寧夏巡撫等職。	范欽撰《贈周司理考最序》。	
趙奮	字友石	福建閩縣人，嘉靖四十四年進士，授溫州府教授。隆慶二年遷寧波府推官。隆慶四年陞戶科給事中。	范欽撰《贈郡理趙侯應召序》、《寧波府推官趙君去思碑》。	
葉時新	字惟懷，號柳沙	南直隸休寧人，隆慶五年進士，授承天府推官，丁憂歸，萬曆四年起補寧波，攝鄞、慈兩縣。萬曆八年徵拜戶科給事中。後陞吏科給事中，轉河南府知府、四川按察司副使等。	范欽撰《送司理葉君應召序》、《賦得玉河柳送葉司理柳沙》。	
秦大夔	字舜卿，號春暉	南直隸吳縣人，萬曆八年進士，授寧波府推官，兼攝鄞事。	范欽撰《贈司理秦春暉考績序》、《送秦司理春暉三首》。	
賈淇	字希武，號近皋	河南嵩縣人，嘉靖三十八年進士，授淶水縣令。嘉靖四十一年調鄞，在任三年，陞戶部主事離任。	范欽撰《送賈大尹遷度支序》、《理財篇贈賈君》。	
霍與瑕	字勉衷，號勉齋	廣東南海人，禮部尚書霍韜之子，嘉靖三十八年進士，授慈谿縣令。鄢懋卿總理鹽法，行至浙，獨霍與瑕與淳安縣令海瑞不為賂遺，為鄢所劾罷。冤得白，隆慶元年起補鄞縣令，二年遷南京太僕寺丞，官終廣西僉事。	范欽有《送霍令遷南僕丞》、《口號酬霍大尹勉齋四首》。	

王之臣	字藎夫，號見菴	南直隸休寧人，隆慶二年進士，隆慶三年任鄞縣令，在任三載，隆慶五年陞衢州府同知。	范欽有《贈見菴王大尹丞衢郡序》、《壽王太孺人七十序》。	
劉惠喬	號鳴陽	廣東潮陽人，隆慶五年進士，隆慶六年任鄞縣令。	范欽撰《贈劉大尹膺獎序》、《贈劉大尹考績序》。	
朱維藩	字价卿，號貞石	南直隸淮安衛人，萬曆五年進士。萬曆六年任鄞縣令，詢民疾苦，曾禱金沙井爲民求雨，萬曆七年離任。	范欽撰《朱大尹禱金沙井獲雨二首》、《贈大尹貞石序》。	
楊芳	字以德，號濟寰，一作霽寰	四川巴縣人，萬曆五年進士，授宜黃縣令，萬曆七年調鄞。萬曆十二年，徵拜戶科給事中。	范欽撰《贈大尹楊君序》、《贈濟寰楊大尹上最序》、《贈濟寰楊明府應召序》及《贈濟寰楊大尹入覲四首》。	
楊旦		南直隸休寧人，舉人，嘉靖三十八年任奉化縣令。	范欽撰《贈奉化楊大尹序》。	
毛德京		廣西富川人，舉人，嘉靖三十年任象山縣令。在任七年，治兵築城，以抗倭賊。嘉靖三十七年遷台州知府。	范欽撰《贈毛大尹遷台郡丞序》。	毛德京修《象山縣志》，天一閣收藏。
胡宗憲（1512～1565）	字汝貞，號梅林	南直隸績溪人，嘉靖十七年進士。歷知益都、餘姚二縣，擢御史，巡按宣、大。嘉靖三十三年任浙江巡按御史，三十四年以都察院右僉都御史巡撫浙江，三十五年陞任兵部左侍郎兼右僉都御史總督閩浙。三十九年二月加太子太保，都察院左都御史兼兵部右侍郎，總督如故。四十年，兼制江西。嘉靖四十一年被逮，四十三年解官歸里，四十四年復入獄，十一月死於獄中。	范欽撰《贈梅林胡公節制江西軍務序》、《贈少保梅林胡公序》。	胡宗憲纂修《浙江通志》，其幕僚鄭若曾編《籌海圖編》、《日本圖說》、《琉球圖說》、《安南圖說》、《朝鮮圖說》、《萬曆海防圖論》、《黃河圖說》等，天一閣收藏。
黃應甲	字汝第，號兩湖	南直隸懷寧人。嘉靖四十一年武進士，曾任廣西都事。萬曆五年任浙江總兵官鎮守寧波，萬曆八年移鎮廣東。	范欽撰《贈黃總戎移鎮廣東序》。	

譚綸 （1520 ～1577）	字子理， 號二華	江西宜黃人，嘉靖二十三年進士，授南京禮部主事。三十四年陞台州知府。三十七年，陞浙江按察司副使巡海，治兵寧波。四十年，丁憂。是年十二月，起復原職。後歷任福建、四川巡撫，兩廣總督。官至兵部左侍郎兼都察院右僉都御史，總督薊、遼、保定軍務。	范欽有《寄譚二華司馬》。	
王春澤 （1515 ～1605）	字以潤， 號印東	福建漳浦人，嘉靖二十六年進士，授戶部主事，歷武昌、大名知府，嘉靖四十年遷浙江按察副使，分巡海道，平奉化、象山、定海倭寇。	范欽撰《贈王憲副印東平倭序》。	
劉應箕	號平川	四川巴縣人，嘉靖二十三年進士，嘉靖四十一年任浙江副使，分巡海道，先後討平麻葉、徐明山等倭賊，斬殺王直義子毛烈，因功陞布政司參政。	范欽撰《贈劉憲副晉大參序》。	
劉宗岱	字見嵩	萬曆元年任浙江副使，分巡海道，於次年春擐甲提兵，出師海上，迎攻由對馬島西來的倭寇，倭賊戰死數百，溺死無算。	范欽撰《劉觀察出師圖序》。	劉宗岱《兩浙海防類考》，天一閣收藏。
艾升實		與倭奴戰有十七年，協總寧波團，操陸兵，兼理海道中軍，折衝樽俎，摧堅陷陣，斬俘倭奴無數，陞遊兵督指揮。	范欽有《贈總督浙東遊兵艾君序》。	
江一麟 （1520 ～1580）	字仲文， 號新泉， 一作新源	南直隸婺源人，嘉靖三十二年進士，歷安吉知府、戶部主事、荊州府典史、福建左參政等職。萬曆元年任浙江右布政使，任浙江武舉鄉試的提調官。萬曆二年遷都察院右副都御史巡撫南贛。萬曆五年十二月，陞戶部右侍郎兼右都御史總督漕運，赴任淮安，成為總河潘季馴的得力助手。萬曆七年，兩河工程竣工。	范欽有《贈少司徒新泉江公序》。	江一麟修有《安吉州志》，天一閣收藏。

附錄三：天一閣散出之明代文獻知見錄

說明：

　　本錄揭示的是天一閣原藏的明代文獻在國內外二十二家圖書館的庋藏情況，每部分暗以經史子集四部爲序進行編排，共計 519 種。本錄文獻一部分由筆者親眼所見，一部分參考諸書而得，一部分還有待進一步查訪核實。這裏需要說明的是，判斷天一閣舊藏的直接的確鑿的證據是藏書印，而范欽藏書是很少鈐蓋印記的，阮元《天一閣書目》中著錄的有范氏藏書印的天一閣藏書不過數十種。直到 1914 年閣書大量失竊以後，范氏後人才在一些遺存書上加蓋「范氏天一閣藏書」印。張壽鏞就曾因明抄本《胡仲子集》無藏書印章而未敢遽斷其爲天一閣舊藏。要判斷各圖書館所藏之某種文獻是否天一閣散出之物，並非易事，得根據明代私家藏書目錄和各種天一閣書目以及明版書的流通情況加上其他相關工具書的著錄情況來進行綜合考察，另一個簡便的辦法是參看該書前後是否有近人的題記和跋語。限於主客觀條件，筆者聞見不周，錯漏難免，此錄所得約爲十之六七。

一、國家圖書館

1. 《院試平苗善後策》一卷附《偏累議》一卷《復議》一卷，一冊，題「湖廣辰州府沅州知州新安李昶頓首上言」，嘉靖刻本，半葉九行，行二十一字，單黑尾，大黑口，四周雙邊，版心鐫「善後策」。詳見本書第四章第六節。

2. 《江西奏議》二卷存卷上，一冊，明唐龍撰，嘉靖刻本。詳見本書第四章第一節。另一部二卷，附錄一卷，陳金等撰。

3. 《郊議錄》一卷，一冊，明章拯撰，明刻本。詳見本書第四章第一節。

4. 《滇臺行稿》四卷，四冊，明徐栻撰，萬曆元年柴淶刻本，半葉十一行，行二十一字，白口，單黑尾，四周單邊，版心上鐫書名，版心下有刻工姓名：「鄒逵」「姜」「用」「良」「余」等。前有提督軍務巡撫浙江右副都御史鄔璉和雲南左布政使陳善二序，末有萬曆元年江西按察使柴淶後序。

5. 《徐蘇傳》二卷，二冊，明李廷貴編，王遜之增輯，永樂二十二年遞修本。本書第四章第三節。

6. 《范運吉傳》一卷，一冊，明徐養正撰，嘉靖刻本。詳見本書第四章第三節。

7. 《陳選傳》一卷，一冊，明田汝成撰，嘉靖二十一年陳光哲刻本。詳見本書第四章第三節。

8. 《正德十二年丁丑同年增註會錄》一卷，一冊，嘉靖刻本，羅振常跋：「《正德丁丑會試同年錄》，天一閣藏書。其序次以年長者居前，以次遞後，亦即序齒也。是書凡三刻，一刻於正德，再刻於嘉靖三年甲申，有舒芬、陳沂二序，三刻於嘉靖十八年己亥（當為十九年庚子），有王暐序，俞變跋，每刻必加增註。由正德十二年迄嘉靖十八年，已二十餘年，其陞遷存沒，隨時增註，自以最後所刻未詳。」

9. 《正德三年進士登科錄》，正德刻本，一冊。

10. 《成化十一年會試錄》，成化刻本，一冊。《北京圖書館古籍珍本叢刊》第 116 冊中以之為影印底本。

11. 《正德三年會試錄》，正德刻本，一冊。

12. 《正德十五年會試錄》，正德刻本，一冊。

13. 《嘉靖二十八年應天府鄉試錄》，嘉靖刻本，一冊。

14. 《嘉靖三十四年應天府鄉試錄》，嘉靖刻本，一冊。

15. 《隆慶元年山東鄉試錄》，隆慶刻本，一冊。

16. 《隆慶四年山東鄉試錄》，隆慶刻本，一冊。

17. 《嘉靖四十三年陝西鄉試錄》，嘉靖刻本，一冊。

18. 《正德二年浙江鄉試錄》，烏絲欄抄本，四冊。

19. 《嘉靖四年浙江鄉試錄》，嘉靖刻本，一冊。

20. 《嘉靖二十五年浙江鄉試錄》，嘉靖刻本，一冊。

21. 嘉靖《吉安府志》十九卷存卷五至十六，六冊，明王昂纂修，嘉靖刻本。
〔註1〕

22. 嘉靖《雩都縣志》二卷《外志》一卷，四冊，明許來學、袁琚纂修，嘉靖二十五年刻本。

23. 正德《博平縣志》八卷，二冊，明胡瑾、鄧恭纂修，正德十二年刻本。

24. 嘉靖《延津縣志》不分卷，一冊，明黃鏜、張宗仁纂修，唐子順增修，明藍絲欄抄本。

25. 正德《長葛縣志》六卷存三卷，一冊，明李璿、車明理纂修，正德十二年刻本。

26. 弘治《河南郡志》四十五卷存二十卷，六冊，明陳宣、喬縉纂修，弘治十二年刻本。

27. 嘉靖《蘄水縣志》四卷，四冊，明盛鳳、蕭璞纂修，嘉靖二十六年刻本。

28. 嘉靖《長沙府志》六卷存卷五，一冊，明潘鎰、張治、徐一鳴纂修，嘉靖十二年刻本。

29. 嘉靖《大埔縣志》九卷，二冊，明陳堯道、吳思立纂修，嘉靖三十六年刻本。

30. 嘉靖《廣西通志》六十卷，十八冊，明林富、黃佐纂修，明嘉靖十年刻藍印本。

31. 嘉靖《四川總志》八十卷，二十冊，明劉大謨、楊慎等纂修，嘉靖刻本。

32. 《雍大記》三十六卷，十冊，明何景明纂修，嘉靖元年刻本。

33. 《甘泉先生岳遊紀行錄》一卷，一冊，明湛若水述，周榮朱紀錄，嘉靖二十四年羅朝嶽一泉書堂刻本，題「門人順德周榮朱記錄、門人茶陵羅朝嶽校正」，半葉十行，行二十一字，白口，單黑尾，四周單邊，版心上鑴「岳遊紀行錄」，版心下鑴「一泉書堂」，前有嘉靖二十四年蔣信、羅朝嶽二序。

34. 《甘泉先生重遊南嶽紀行錄》一卷，嘉靖三十五年周榮朱刻本，一冊，題「門人順德周榮朱編錄、門人南海謝錫命校正」，行款同上。前有嘉靖三十五年周榮朱《刻重遊南嶽紀行錄引》，末有嘉靖三十五年陳惟順《重遊南嶽紀行錄後序》。

35. 《三寶征夷集》一冊，明抄本，鈐「抱經樓藏書印」、「亞東沈氏抱經樓鑒

賞圖書印」、「五萬卷藏書樓印」等印記〔註2〕。

36.《南夷書》一卷，一冊，明張洪撰，明抄本，半葉十一行，行二十字。首葉鈐「翰林院印」滿漢文大官印，書衣有「乾隆三十八年十一月浙江巡撫三寶送到范懋柱家藏南夷書壹部計書壹本」長方木記。扉頁內側書籤題「南夷書」，下有「臣昀臣錫熊恭閱」長方印，又有「總辦處閱定擬存目」戳記。騎籤「翁同龢校定經籍之印」。卷內有「曾在趙元口家」、「虞山翁同龢印」，卷尾有「均齋祕笈」、「救虎閣主」、「紫芝白龜之室」等印記〔註3〕。

37.《福建運司志》三卷存卷二、三，明林大有編，嘉靖刻本，二冊，半葉九行，行二十字，單黑尾，白口，四周雙邊，版心鐫「卷之×」。天一閣遺存之《福建運司志》亦為殘卷，只存卷一，與此版式相同。

38.《河南管河道事宜》一卷，一冊，明商大節撰，嘉靖刻本。詳見本書第四章第二節。

39.《軍政事宜》一卷，一冊，明龐尚鵬撰，萬曆五年福建布政司刻本。《北京圖書館古籍珍本叢刊》第48冊、《續修四庫全書》第852冊均以此為影印底本。

40.《禦倭軍事條款》一卷，一冊，明李遂撰，嘉靖刻藍印本。前面有羅振常題識：「此為四明范氏天一閣藏書，嘉靖刊藍印本。《阮目》政書類有《防禦條款》一卷，當即此書。《薛目》則未載，蓋因原書無書題，其名不易定也。案此雖論防禦事宜，然非平日之軍政條款，乃有軍役時所制定，其指敵方多渾言曰賊，然軍門節制中則三見倭奴，知專為禦倭而設，易以今名，庶乎確當。……」《續修四庫全書》第852冊以此為影印底本。

41.《皇明成化二十三年條例》二卷，明抄本。其整理標點本見《中國珍稀法律典籍集成》乙編第二冊。

42.《兀涯西漢書議》十二卷，明霍韜撰，張邦奇增修，明藍絲欄抄本，半葉十一行，行十八字，白口，四周單邊。正文每卷題「西漢書卷×」，不題撰人，無序跋。首葉鈐「翰林院印」滿漢文大官印，前有粘籤題「兀涯西漢書議」，上鈐「總辦處閱定。擬存目」兩行，下鈐「總擬」二字。又鈐

〔註2〕見萬明：《〈瀛涯勝覽〉校注》書前之書影。
〔註3〕王叔武：《〈南夷書〉箋注並考異》，《雲南民族學院學報》第3期，2001年。

「臣昀臣錫熊恭閱」朱文長方印〔註4〕。天一閣進呈本。《四庫全書存目叢書》史部 281 冊以此爲影印底本。

43. 《畫志》一卷，一冊，明藍絲欄抄本，題「姑餘山人沈與文編」，半葉十行，行十八字，白口，四周單邊。附《評畫竹》二葉半，題「宋石林居士葉夢得撰，明姑餘山人沈與文注」。無序跋。首葉鈐「翰林院印」滿漢文大官印。書衣有「乾隆三十八年十一月浙江巡撫三寶送到范懋柱家藏畫志壹部計書壹本」長方木記。是天一閣進呈原本。又鈐「孫壯藏書印」長方小印。〔註5〕

44. 《玉唾壺》二卷，題「臨淄令王一槐」，明抄本，半葉九行，行二十字，白口，四周單邊。前有自敘。書衣有「乾隆三十八年十一月浙江巡撫三寶送到范懋柱家藏玉唾壺壹部計書壹本」長方進書木記。首葉鈐「翰林院印」滿漢文大官印。卷前又有簽條：「總辦處閱定，擬存目。」卷內又鈐「翁斌孫印」、「翁同龢印」等印記。即天一閣進呈原本。《四庫全書存目叢書》子部 96 冊以此爲影印底本。〔註6〕

45. 《西樵野紀》十卷存卷一至卷五，一冊，明侯甸撰，明抄本，《續修四庫全書》第 1266 冊以此爲影印底本。

46. 《讕言長語》一卷，一冊，明曹安撰，正德十三年趙元刻本，范欽批點，卷末有「蟫隱廬秘籍印」。

47. 《蒲山牧唱》不分卷，一冊，明魏觀撰，成化四年魏銘刻本。

48. 《西菴集》十卷，明孫蕡撰，弘治十六年張習金蘭館銅活字刻本，有「天一閣」、「古司馬氏」二印記。《北京圖書館古籍珍本叢刊》第 100 冊以此爲影印底本。

49. 《閩中稿》一卷，一冊，題「龍珠山人李奎」，明刻本，半葉九行，行十八字，左右雙邊，無尾，版心上鐫「龍珠山房」。《續修四庫全書提要》：「卷中有墨筆評點，乃四明范侍郎（欽）手筆，當爲天一閣故物。錢塘丁氏校刊龍珠山人遺書，僅搜得《龍珠山房集》二卷、《湖上篇》一卷，而不及此書，眞秘笈也。」〔註7〕

50. 《徐徐集》一卷，一冊，題「象山王楨著」，半葉八行，行十八字，左右

〔註4〕 杜澤遜《四庫存目標注》，上海：上海古籍出版社，2007 年，第 1370 頁。
〔註5〕 杜澤遜：《四庫存目標注》，第 1733 頁。
〔註6〕 杜澤遜：《四庫存目標注》，第 1896 頁。
〔註7〕 王雲五主持：《續修四庫全書提要》（十二），第 140 頁。

雙邊，無尾，版心上鐫「徐徐集」，鈐「眞州吳氏有福讀書堂藏書」、「四明張氏約園藏書印」、「張壽鏞印」等印。附《家乘》一卷，有「四明張氏約園藏書印」、「張壽鏞印」、「羅氏藏書」等印，羅振常題識「此書阮、薛二目均列之史部傳記類」云云。

51.《定齋先生詩集》二卷，明王應鵬撰，嘉靖三十九年陸激刻本。

52.《石陽山人蠡海》二卷，明陳德文撰，嘉靖刊藍印本。

53.《雞肋集附錄》一卷，明鄭珞撰，嘉靖刻本。

54.《江皋集》六卷《遺稿》一卷，一冊，題「雲間馮淮會東著」，明刻本，半葉十二行，行二十二字，白口，單黑尾，左右雙邊，版心鐫「江皋集卷×」，前有徐獻忠序。

55.《均奕詩集》一卷《附錄》一卷，明郭鳳儀撰，明刻本。

56.《素軒吟稿》十一卷，明傅倫撰，嘉靖五年刻本。

57.《觀政集》一卷，一冊，明李濂撰，明抄本。《四庫全書存目叢書》集部第 71 冊以之爲影印底本。

58.《樵風》十卷，明湛若水撰，明刻本。

59.《紈綺集》一卷，一冊，明張獻翼撰，嘉靖刻本。

60.《剪綵集》二卷，一冊，明張之象撰，嘉靖刻本，半葉十行，行十八字，白口，左右雙邊。鈐「四明張氏約園藏書之印」、「壽鏞」、「詠霓」等印。

61.《瑞鶴堂近稿》三卷，明朱拱樋撰，一冊，嘉靖刻本，半葉八行，行十六字，白口，單黑尾，四周單邊，版心鐫書名。鈐「張氏壽鏞」、「四明張氏約園藏書之印」。

62.《匡南先生詩集》四卷，題「豫章朱拱樋子深著　柳溪余弼選」，嘉靖刻本，一冊，前有嘉靖二十七年余弼《匡南先生詩集敘》，半葉九行，行十八字，白口，單黑尾，左右雙邊，版心鐫「匡南詩集卷×」。

63.《鄭少白詩集》存卷四至七，一冊，題「閩鄭允璋德卿」，明刻本，半葉十行，行二十一字，白口，單黑尾，四周單邊，版心鐫「少白詩集卷×」。

64.《嘉南集》二卷，一冊，明舒綏撰，嘉靖刻本，半葉十行，行十八字，白口，無尾，四周單邊，版心上鐫書名。鈐「雲輪閣」、「繆荃孫藏」印。

65.《江右稿》二卷，一冊，明李先芳撰，《東岱山房詩錄》之一種，嘉靖刻本，半葉十行，行十八字，白口，單黑尾，四周單邊，鈐「天一閣」、「古司馬氏」二印記，版心鐫「東岱山房詩錄上」。《四庫全書存目叢書》集 119

冊以此爲影印底本。

66. 《鹿原集》十卷，二冊，明藍絲欄抄本，題「玉溪戴欽著」，半葉十行，滿行二十六字，白口，四周單邊，鈐「吳興藥盦」、「沈德壽秘寶」、「抱經樓藏書印」等印記。《四庫全書存目叢書》集部第 72 冊、《北京圖書館古籍珍本叢刊》第 109 冊以此爲影印底本。

67. 《句漏集》四卷，明藍絲欄抄本，題「句吳顧起綸著，錢塘洪梗編」。前有目錄，首葉鈐「翰林院印」滿漢文大官印，又鈐「詩盦書畫印」、「詩里求人盦中取友我裏如何王孟韋柳」、「曾在周叔弢處」等印。〔註 8〕天一閣進呈本。《四庫全書存目叢書》集部第 146 冊以此爲影印底本。

68. 《遊梁集》一卷，一冊，明陳全之撰，嘉靖刻本。

69. 《張禺山戊己吟》三卷附《作詩》一卷《續》一卷，二冊，明張含撰，楊慎評，嘉靖刻本。

70. 《楊升菴詩》五卷，存卷四、五，明楊慎撰，嘉靖刻本。

71. 《撫上郡集》一卷，一冊，明周金撰，嘉靖十四年宋宜刻本。

72. 《越吟》一卷，一冊，明包大中撰，萬曆元年木活字藍印本。

73. 《錫山遺響》十卷，三冊，明莫息、潘繼芳編，正德刻本。《北京圖書館古籍珍本叢刊》第 118 冊以此爲影印底本。

74. 《麗澤錄》二十四卷，八冊，明吳世良編，嘉靖三十六年朱氏玄暢新館刻本。《北京圖書館古籍珍本叢刊》第 115 冊以此爲影印底本。

75. 《題贈錄》十六卷存十五卷，嘉靖刻本。詳見本書第三章第三節。

76. 《南明紀遊詩》一卷，明黃中等撰，嘉靖三十三年刻藍印本。

77. 《廣陵聯句集》一卷，明涂相等撰，嘉靖刻本。

78. 《白岳遊稿》一卷，明沈明臣、吳守淮撰，明刻本，半葉十行，行十八字，白口，左右雙邊。前有「四明林氏大酉山房之印」，末有「林集虛印」、「心齋」二印。封面題字兩行：「陳天珊明經藏本　此書天一閣書目集部有著錄並鈔王寅全序於書目下」。

79. 《皇明古虞詩集》二卷，題「邑人謝讜獻忠甫編」，隆慶刻本，四冊。羅振常題識：「此爲天一閣藏書」云云。鈐「羅振常讀書記」、「上虞羅振常心齋藏書」二印。

80. 《陳建安詩餘》一卷，一冊，明陳德文撰，嘉靖刻藍印本。

〔註 8〕杜澤遜：《四庫存目標注》，第 2933 頁。

81. 《陶情樂府》四卷《續集》一卷《拾遺》一卷，一冊，明楊愼撰，嘉靖三十年簡紹芳刻本。

82. 《桂洲詞》一卷，一冊，明夏言撰，嘉靖十九年石遷高刻本。

83. 《碧山樂府》二卷，一冊，明王九思撰，嘉靖三十四年張書紳刻本。

84. 《沜東樂府》二卷，二冊，明康海撰，嘉靖三年康浩刻本。

二、北京大學圖書館

1. 《聲音文字通》三十二卷，明抄本，存卷一至八、卷十三至十八共十四卷，首葉鈐「翰林院印」滿漢文大官印，即天一閣進呈四庫館原本。〔註9〕

2. 《嘉靖三十一年江西鄉試錄》一卷，明刻本。案今天一閣藏另一部。

3. 《南詔源流紀要》一卷，明蔣彬撰，嘉靖刻本，半葉九行，行十九字，黑口，四周雙邊，有嘉靖十一年自序。

4. 《盧葦奉使錄》一卷《附錄》一卷，明李實撰，嘉靖元年刻本。卷內鈐「譽嘉館印」、「木犀軒藏書」、「李盛鐸印」、「木齋」、「李滂」、「少微」等印。《四庫全書存目叢書》史部第46冊以此爲影印底本。

5. 《炎徼紀聞》四卷，題「豫陽田汝成撰」，明刻本，半葉十行，行二十字，白口，單魚尾，四周雙邊。

6. 嘉靖《霸州志》九卷，明唐交、高濬等纂修。嘉靖二十七年刻本，半葉九行，行二十字，白口，四周單邊。天一閣藏另一部。

7. 《河南管河道事宜》一卷，一冊，明商大節撰，明刻本。詳見本書第二章第二節。

8. 《西樵野紀》十卷存卷六至卷十，一冊，明侯甸撰，明抄本，《續修四庫全書》第1266冊以此爲影印底本。

9. 《宸章集錄》不分卷，一冊，明費宏輯，明綿紙藍絲欄抄本。袁克文跋：「《宸章集錄》一冊，天一閣抄本。此書未見刊刻，頗爲罕秘，且可從考當時朝廷掌故，豈得以明人著作輕之哉？高氏獲於上滬，予以初印《澤存堂叢刻》易得。戊午（1918）春月，寒雲。」《四庫全書存目叢書》集部第292冊以之爲影印底本。

10. 《感樓集》一卷，一冊，明賀甫撰，弘治四年刻本，有「李盛鐸」、「木齋」、「李滂」、「少微」等印。詳見本書第三章第三節。

〔註9〕杜澤遜：《四庫存目標注》，第462頁。

11. 《雷氏白雲樓詩集》三卷，三冊，題「舒州雷鳴春肇元甫著」，隆慶刻本。詳見本書第三章第三節。

12. 《皇甫百泉還山詩》一卷，一冊，明皇甫汸撰，明刻本。詳見本書第三章第三節。

13. 《遊嵩集》一卷，一冊，明喬宇、薛蕙撰，嘉靖刻本。詳見本書第三章第三節。

14. 《詩家直說》一卷，題「臨清四溟子謝榛茂秦甫著　洪都既白子拱搖茂材校正」，明麗澤館刻本，半葉九行，行十八字，白口，四周雙邊，版心下鐫「麗澤館」。

15. 《雨窗敧枕集》十二種，明洪楩輯，清平山堂刻本。

三、清華大學圖書館

1. 《西樵集》二卷，明楊撫撰，嘉靖八年刻本。待訪。

四、首都圖書館

1. 《江西奏議》存卷下，明唐龍撰，嘉靖刻本。待訪。

五、中國科學院圖書館

1. 《朝正倡和》一卷《朝正歸途倡和》一卷《附錄倡和》一卷，明趙鶴輯，正德刻本。待訪。

2. 《聯錦詩集》二卷，明夏宏撰，景泰刻本。待訪。

六、天津市人民圖書館

1. 《明六部纂修條例》不分卷，明抄本。待訪。

七、上海圖書館

1. 《唐餘紀傳》十八卷，明陳霆撰，嘉靖二十三年馮煥刻本，六冊，半葉九行，行十八字，黑口，單白尾，四周雙邊，鈐「天一閣」、「周越然」二印。

2. 《皇明肅皇外史》四十六卷，六冊，明范守己撰，明藍絲欄抄本，半葉九行，行十八字，鈐「天一閣」、「古司馬氏」、「四明盧氏抱經樓藏書印」等印記。

3. 《安楚錄》十卷，明秦金編，明刻本，存卷三至十，前有黃裳題記：「此

天一閣舊藏。《安楚錄》凡二部，合之當缺卷一之二，書根版式猶存，其一題元亨利貞，其一題文行忠信也。藏家中只范氏有此，今亦不完，恐無第三本可補，念之惘然。癸巳（1953）冬日記。」《續修四庫全書》第433冊以此爲影印底本，原缺卷一、卷二據華東師範大學圖書館藏本配補。案今天一閣亦藏有一部，僅存卷二，亦爲殘卷。

4. 《永樂九年進士登科錄》，永樂刻本，半葉十行，黑口，雙魚尾，四周雙邊。

5. 《永樂十三年會試錄》，嘉靖十一年刻本，粗黑口，單魚尾，四周雙邊，鈐「曾留吳興周氏言言齋」、「楊元吉」二印。

6. 《正統元年進士登科錄》，正統刻本，粗黑口，雙魚尾，四周雙邊，鈐「周越然」印。

7. 《弘治五年浙江鄉試錄》，弘治刻本，九行十八字，粗黑口，雙魚尾，四周雙邊。

8. 《弘治十二年進士登科錄》，弘治刻本，黑口，單魚尾，四周雙邊。

9. 《嘉靖二十八年浙江鄉試錄》，包背裝，粗黑口，單魚尾，四周雙邊，鈐「曾留吳興周氏言言齋」、「越然」印。

10. 《嘉靖元年浙江鄉試錄》，粗黑口，雙魚尾，四周雙邊。前有張元濟題識：「是由鄞縣天一閣散出，吾邑鄭端簡公舉是科鄉試第一人，物以人重，余故收之。海鹽張元濟識。」

11. 《嘉靖二年會試錄》，一冊，粗黑口，單魚尾，四周雙邊。前有張元濟題識：「鄭端簡爲吾邑聞人，余既得公《年譜》、《奏議》、《文集》及《吾學編》等書，得以多識前言往行，良以欣幸。公舉嘉靖元年浙江鄉試第一人，天一閣藏書散出，余收得是年鄉試題名錄，公褒然居其首。次年聯捷成進士，余又收得是冊。是雖不能與《紹興十八年同年小錄》、《寶祐四年登科錄》等觀，而自吾邑視之，則不得不謂物以人重，且兩錄並存，尤爲罕有，徵文考獻，洵足珍已。丁卯（1927）孟夏既望張元濟識。」

12. 《嘉靖十六年順天府鄉試錄》，嘉靖刻本。

13. 《嘉靖二十八年浙江鄉試錄》，包背裝，鈐「吳興」、「周越然」印。

14. 《嘉靖二十八年福建武舉鄉試錄》，明嘉靖刻本。

14. 《隆慶元年浙江鄉試錄》，四冊，九行十八字，粗黑口，單魚尾，四周雙邊。

15. 《隆慶二年會試錄》，明隆慶刻本。

16. 《隆慶二年進士登科錄》，明隆慶刻本。

17. 《萬曆四年浙江鄉試錄》，四冊，大黑口，單魚尾，四周雙邊，鈐「天一閣」印。

18. 《萬曆十年江西鄉試錄》，四冊，鈐「天一閣」印。

19. 《恤刑疏草》八卷，明葛木撰，嘉靖九年刻本，四冊，半葉十行，行十八字，下黑口，雙魚尾，四周雙邊。前有嘉靖八年十月唐龍《序》，後有嘉靖十年仲春李士允《後序》和嘉靖九年胡堯時《敘》。此書惟見天一閣書目著錄，阮目云：「蘭谿唐龍序，夷門李士允跋。」與此本同，當爲天一閣佚書。

20. 《新刊三士錄》四卷，明朱拱橺增輯，嘉靖四年刻本。詳見本書第二章第三節。

21. 《崇義錄》三卷，明曾孔化輯，嘉靖刻本。詳見本書第二章第三節。

22. 《家乘》一卷，明王橙編，嘉靖刻本。詳見本書第二章第三節。

23. 《省愆錄》一卷，明胡錠撰，嘉靖三年刻本。詳見本書第二章第二節。

24. 《慈谿縣丈量過田地實總》一卷，明閔明揚撰，隆慶五年刻本。詳見本書第二章第二節。

25. 《明山書院私志》二卷，正德刻本。詳見本書第三章第一節。

26. 弘治《嚴州府志》二十二卷，明李德恢纂修，弘治六年刻嘉靖補印本，半葉十行，行二十二字，黑口，雙魚尾，四周雙邊。

27. 嘉靖《德清縣志》十卷，明郝成性、陳霆纂修，嘉靖四年刻十六年增修本，半葉九行，行二十字，白口，單魚尾，四周單邊。

28. 嘉靖《山陰縣志》十二卷，明許東望、張天復、柳文纂修，嘉靖二十二年刻本。

29. 成化《金華府志》二十卷，明周宗智纂修，成化十六年刻本。

30. 嘉靖《永春縣志》九卷存二卷，明柴鑣、林希元纂修，嘉靖五年刻本，存卷三至卷四，半葉九行，行二十字，白口，無尾，左右雙邊。馮貞群題記：「壬辰（1952）六月訪得，癸巳（1953）十月仍歸天一閣。」書前有黃裳題記。

31. 嘉靖《吉安府志》十九卷，存卷十至十一，明王昂纂修，嘉靖刻本，有黃裳跋。

32. 嘉靖《恩縣志》九卷，明張季霖纂修，嘉靖十七年杜承昌刻本，半葉八行，行二十字，白口，四周雙邊。

33. 嘉靖《杞縣志》八卷，明蔡時雍等纂修，嘉靖二十五年刻本，半葉八行，行二十一字，白口，單魚尾，四周雙邊，存卷五至八。

34. 正德《長葛縣志》六卷，明李璿、車明理纂修，正德十二年刻本，存卷四至六。

35. 嘉靖《鄭州志》六卷，明徐恕、王繼洛纂修，嘉靖三十一年刻本，半葉十行，行二十字，黑口，單魚尾，四周雙邊。

36. 正德《襄陽府志》二十卷，明聶賢、曹璘纂修，正德十一年刻本。

37. 嘉靖《寧國府志》十卷，存卷五至七，明黎晨、李默纂修，嘉靖刻本，半葉九行，行十九字。

38. 嘉靖《光山縣志》九卷，明王家士、沈紹慶纂修，嘉靖刻本，半葉八行，行二十字，白口，單魚尾，雙邊。

39. 萬曆《新昌縣志》十三卷，存卷三至七，明田琯纂修，萬曆刻本。

40. 嘉靖《袁州府志》二十卷，存卷七、十至十二、十九至二十，明嚴嵩修，嘉靖刻本。三冊。

41. 嘉靖《廣東通志》七十卷，存卷五至六、十八至十九，明嘉靖刻本。有黃裳二跋。半葉十行，行二十字，白口，單邊，白棉紙。二冊。

42. 《祥刑要覽》二卷，明吳訥撰，正德十年郭琮刻本。有黃裳跋。半葉十行，行二十一字，白口，單邊。

43. 《諸儒講義》二卷，存卷上，明章懋、董遵編，嘉靖三十七年漢東書院刻本。有黃裳跋。九行十八字，白口，左右雙邊。一冊。

44. 《圓機活法》五十卷，明嘉靖徽州府刻本。有黃裳跋。八行小字雙行二十四字，白口，左右雙邊，皮紙。二十冊。

45. 《菊齋先生文集》十二卷，存卷五至八，明林誌撰，藍絲欄抄本。皮紙。一冊。〔註10〕

46. 《六壬龜甲統宗》不分卷，明刻藍印本，十冊，白口，無尾，四周雙邊，半葉十三行，鈐「天一閣」、「范欽私印」二印。

47. 《參玄集》六卷《續集》一卷《別集》一卷，明竇惟遠輯，藍絲欄抄本，

〔註10〕 以上 37～45 九種，參李開升：《黃裳所藏天一閣藏書考》，《天一閣文叢》第八輯，浙江古籍出版社，2010 年。

十一行二十字，鈐「天一閣」、「古司馬氏」、「四明盧氏抱經樓藏書印」等印記。

48. 《王皆山先生白雲樵唱集》二卷，二冊，明藍絲欄抄本，半葉九行，行二十字，爲天一閣進呈四庫底本，鈐「翰林院印」，有成化十九年黃鎬序，永樂九年莆田林環崇璧序，與《四庫提要》著錄相同。

49. 《太微後集》四卷，明張治道撰，嘉靖刻本。詳見本書第三章第三節。

50. 《澤秀集》存三卷，明顧起綸撰，嘉靖刻本。詳見本書第三章第三節。

51. 《池上編》二卷，明朱曰藩撰，嘉靖刻本。詳見本書第三章第三節。

52. 《石陽山人病詩》一卷，明陳德文撰，嘉靖刻本。詳見本書第三章第三節。

53. 《介立詩集》六卷，明林時撰，明刻本。詳見本書第三章第三節。

54. 《張氏至寶集挽詩》一卷，明張瑄編，弘治元年刻本。詳見本書第三章第三節。

55. 《桂洲詩集》二十四卷，明夏言撰，嘉靖二十五年曹忭、楊九澤刻本。黃裳題識：「此詩集二十四卷至罕傳，僅范氏天一閣目中著錄一本，刊刻精妙，每半葉十八行，行十七字，四周三邊，與舍舊藏蔡汝楠《樞莞集》刊刻全同，嘉靖刊本中之別格也。卷末有杭州府通判羅尙綱監刻二行，可爲杭州刊板之證。此本舊藏潊喜齋潘氏，有『潘氏所藏』一印。前更有『姑目居士』印，不知誰何。」《續修四庫全書》第 1339 冊以此爲影印底本。

56. 《懷賢錄》一卷，四冊，明沈愚輯，正德刻弘治增修本，半葉九行，行十六字，黑口，單黑尾，四周雙邊。羅振常跋：「《懷賢錄》一卷，附《龍洲詞》，明沈愚輯刻，四明范氏天一閣藏書。……天一閣書多罕傳秘籍，此錄各家皆未見著錄，殆爲孤本。吾將集合諸本，重加校訂，爲足本《龍洲詞》，庶不負沈氏傳刻之苦心，亦藝林勝事也。范氏尙有抄本《龍洲全集》，與王本必有異同，惜未及校勘，已歸他人，不無遺憾耳。時己卯仲秋上虞羅振常識於海上。」

57. 《類聚名賢樂府群玉》五卷，一冊，明藍絲欄抄本，半葉十行，行二十字。鈐「許厚基秘笈印」、「懷辛居士」、「博明鑒藏」、「希世之寶」、「餘園藏書」、「霜崖手校」、「嬰安手痕」等印記。前有羅振常題記：「《類聚名賢樂府群玉》五卷，不著編者姓字，皮紙藍絲欄，明時精寫本，四明范氏天一閣藏

書也。……歲甲寅，天一閣藏書散出，適予歸自搏桑，各書多得寓目，珍秘極夥，力不能致，惟此書萬不肯捨，因典質出重資購之。平生喜蓄詞曲，而佳本刻罕覯，今得此孤本，足以嘉矣。乙卯（1915）初秋付裝成，漫題其端。」後有壬戌（1922）吳梅跋：「此爲四明天一閣舊物，范氏書散，遂歸許君博明，以余粗識聲律，屬爲校核。」

58.《陶園後集》一卷，明楊亙輯，明藍絲欄抄本。待訪。

59.《遁甲日用涓吉奇門五總龜》二卷，明郭子晟輯，明刻本。待訪。

八、南京圖書館

1.《蠖菴疏稿》二卷，明屈伸撰，嘉靖刻本。待訪。

2.《督撫疏議》十五卷，明劉堯誨撰，明刻本。待訪。

3.《約言》一卷，明薛蕙撰，嘉靖刻本，題「西原薛蕙著」，半葉九行，行十九字，白口，半葉一框，四周單邊。前有嘉靖乙未李宗樞序，後有呂景蒙序。卷端有黃裳手跋，云爲天一閣藏書。卷內鈐「鄞蝸寄廬孫氏藏書」、「黃裳藏本」、「來燕榭珍藏記」、「恬存讀」、「黃裳百嘉」、「容家書庫」等印記。〔註11〕

4.《田兵部集》六卷，明田汝耒撰，明抄本。

5.《素軒詩》十二卷，明沐昂撰，明刻本。前有八千卷樓主人丁立中題識：「光緒乙未（筆者案：光緒二十一年，1895）春日得此書於汪氏，檢閱各家書目皆不載，及見《天一閣書目》，始知爲《三軒集》之一。……又案《文瑞樓書目》，《素軒集》刻於天順年間，行世已久，嘉靖時故黔國公崑因舊板脫裂，乃輯所未備再梓焉。是無前後此序。殆因書賈因《三軒》不全而割裂之欺，安得使《敬軒》、《繼軒》二集復出，珠聯璧合，同登諸八千卷耶？」《續修四庫全書》第 1354 冊中以之爲影印底本。

6.《關遊稿》一卷，明張大儀撰，明刻本。待訪。

7.《漫遊稿》六卷，明馮世庸撰，明刻本。待訪。

8.《湖湘初集》一卷，一冊，明管大勳撰，萬曆刻本。待訪。

九、浙江省圖書館

1.《古易世學》十七卷，明豐坊撰，明抄本，存卷三至十七，共十冊。

〔註11〕杜澤遜：《四庫存目標注》，第 1826 頁。

2. 《皇明諡法考》一卷，明萬曆烏絲欄抄本，有「范氏子受」、「四明墨海樓蔡氏鈐記」等印。

3. 《適晉稿》六卷，明謝榛撰，明刻本。

4. 《名山百詠詩》二卷，明李瑛等撰，弘治刻本。詳見本書第三章第三節。

十、浙江大學圖書館

1. 《義谿世稿》十二卷，萬曆三年刻本。

十一、中山大學圖書館

1. 《恤刑題稿》十四卷，七冊，明查絳撰，嘉靖刻本。《中山大學圖書館善本書目》：「此抄錄德安知府鄭某嘉靖初至十五年間稅糧條議。」〔註 12〕待查。

2. 《湖廣德安府條議》不分卷，一冊，明藍絲欄抄本。《中山大學圖書館善本書目》：「欽差查絳往河南恤刑事節。」待查。

3. 《六部事例》，明抄本。待查。

十二、廈門市圖書館

1. 《經略疏稿》二卷，明楊博撰，嘉靖刻本。待訪。

十三、廈門大學圖書館

1. 《受菴疏稿》二卷，明周滿撰，明刻本。待訪。

十四、遼寧省圖書館

1. 《守令懿範》四卷，明蔡國熙撰，隆慶四年劉世昌刻本，卷內鈐「天一閣」朱文印記。《四庫全書存目叢書》史部第 95 冊以此爲影印底本。

2. 《朝覲事宜》一卷，明朱裳撰，嘉靖刻本。待訪。

3. 《立齋閑錄》四卷，明宋端儀撰，明藍絲欄抄本。《續修四庫全書》第 1167 冊中據以影印。

4. 《勤有詩集》一卷《文集》一卷，明朱孟烷撰，正統六年楚藩刻本。待訪。

5. 《嘉靖二十二年浙江鄉試錄》，明嘉靖刻本。

〔註 12〕均見《中山大學圖書館善本書目》，廣州，1982 年，第 92 頁。

6. 《嘉靖三十四年應天府鄉試錄》，明嘉靖刻本。

十五、甘肅省圖書館

1. 《國初禮賢錄》一卷，明藍絲欄抄本，首題「國初禮賢錄上」，末題「國初禮賢錄終」，半葉十行，行二十二字，白口，單魚尾，四周單邊。首葉鈐「翰林院印」滿漢文大官印，書衣有「乾隆三十八年十一月浙江巡撫三寶送到范懋柱家藏禮賢錄壹部計書壹本」長方木記。即天一閣進呈四庫原本。首葉又鈐「浚儀」朱文圓印，末鈐「趙弌不窮」白文方印。〔註13〕

十六、臺灣中央圖書館和臺北故宮博物院〔註14〕

1. 《春秋探微》十四卷，十冊，明馬駢撰，明朱絲欄抄本，半葉九行，行二十字，白口，單魚尾，左右雙邊，鈐「天一閣」、「古司馬氏」、「四明盧氏抱經樓藏」等印。〔註15〕

2. 《洪武聖政記》十二卷，十二冊，明藍絲欄抄本，半葉十行，行字數不等，白口，四周單邊。鈐「四明盧氏抱經樓藏書印」、「吳興劉氏嘉業堂藏書印」等。〔註16〕

3. 《憲章錄》四十七卷，十冊，明薛應旂撰，萬曆元年平湖陸光宅刻本，半葉十行，行二十字，白口，單魚尾，鈐「東明草堂印文」、「千古同心之章」、「希古右文」等印。〔註17〕案今閣藏另一部殘，與此版本相同。

4. 《明孝宗敬皇帝實錄》二百二十四卷，四十冊，明李東陽等撰，配補愛日館抄本，徐均過錄，葉德輝題跋，卷一至八、卷一〇二至一〇七配補。

5. 《明世宗肅皇帝實錄》存五百六十二卷，五十一冊，明朱絲欄抄本。

6. 《靖難功臣錄》一卷，一冊，明藍絲欄抄本，半葉九行，行二十二字，首葉鈐「翰林院印」滿漢文大官印，書衣有進書木記，已殘，當是范懋柱家

〔註13〕杜澤遜：《四庫存目標注》，第595～596頁。

〔註14〕二十世紀九十年代，臺灣中央圖書館改名國家圖書館，部分藏書移藏臺北故宮博物院，故在此一併著錄。此部分的著錄款項主要參國立中央圖書館特藏組編輯：《國立中央圖書館善本書目》（增訂二版）。

〔註15〕國立中央圖書館特藏組編：《國家圖書館善本書志初稿‧經部》，臺北：國立中央圖書館，1996年，第147頁。

〔註16〕國立中央圖書館特藏組編：《國家圖書館善本書志初稿‧史部》，臺北：國立中央圖書館，1997年，第157頁。

〔註17〕《國家圖書館善本書志初稿‧史部》，第161頁。

天一閣進呈單本。卷內又鈐「錢犀盒珍藏印」、「犀盒藏本」印記。〔註18〕

7. 《南征錄》一卷，一冊，明張瑄撰，明藍絲欄抄本。王重民《中國善本書提要補編》云：「卷內有：『翰林院印』滿漢文大方印，又有『教經堂錢氏章』、『犀盒藏本』兩印記。書衣有戳記云：『乾隆三十八年十一月浙江巡撫三寶送到范懋柱家藏《南征錄》一部，計書一本。』《四庫存目》即據此本著錄，後為錢氏竊置教經堂中。」〔註19〕

8. 《謇齋瑣綴錄》八卷，二冊，明尹直撰，明藍絲欄抄本，半葉十行，行二十三字，白口，四周單邊，前有序，末有跋，書中有硃校，扉頁有近人莫棠手跋並鈐印，及「吳興劉氏嘉業堂藏書記」。〔註20〕

9. 《定興忠烈王平定交南錄》一卷，一冊，明丘濬撰，明藍絲欄抄本，天一閣進呈原本，有硃校。

10. 《壬午功臣爵賞錄》一卷《壬午功賞別錄》一卷，一冊，明都穆撰，明藍絲欄抄本。

11. 《使琉球錄》不分卷，三冊，明陳侃撰，嘉靖刻本。

12. 《九朝談纂》不分卷，十冊，明藍絲欄抄本。王重民《中國善本書提要補編》：「此即《四庫存目》著錄所據之天一閣舊藏原本，《四庫提要》稱前列所採書目五十餘種，今本已佚，故無翰林院大方印。（第一冊有黃箋云：『此處抽出應熒聞略一段。』即館臣所記）《浙江採進遺書總錄》丁集載之，然不見阮刻《天一閣書目》者，因原書未發回，仍儲內閣，後始為法式善竊出也。卷內有：『詩龕書畫印』、『韓氏藏書』、『玉雨堂印』、『延古堂李氏珍藏』等印記。是書採明代野史，分朝編纂，與《國朝典故》等書，取材相同，而檢閱較便。」〔註21〕《四庫全書存目叢書》子部152冊所據之底本即此。

13. 《革朝遺忠錄》二卷《續錄》一卷，一冊，題「檇李郁袞編輯，高廩校正」，嘉靖四年清江敖英刻本，半葉十行，行二十三字，大黑口，四周單邊。封面有小字兩行：「明嘉興郁袞編輯　寧波范氏藏明刻本」。正文中朱筆點校。扉葉有趙式手跋並附印記。卷內張芹《備遺錄引》首葉鈐「翰林院印」滿漢文大官印，書衣有「乾隆三十八年十一月浙江巡撫三寶送到范懋柱家

〔註18〕杜澤遜：《四庫存目標注》，第843頁。
〔註19〕王重民：《中國善本書提要補編》，第7頁。
〔註20〕《國家圖書館善本書志初稿・史部》，第246頁。
〔註21〕王重民：《中國善本書提要補編》，第6頁。

藏遺忠錄一部計書一本」長方木記。即天一閣進呈原本。卷內又鈐「范伯子子受」白文方印。〔註22〕

14. 《禮科給事中仕籍錄》一卷，一冊，不著撰人，嘉靖刻本。

15. 《大明功臣誠意伯翊運錄》一卷，一冊，明劉廌編，永樂刻本。

16. 《建文二年會試錄》一卷《殿試登科錄》一卷，二冊，明烏絲欄抄本，鈐「上虞羅氏終不忍齋藏書」印。《明代登科錄彙編》（臺灣：學生書局，1969年）輯入。

17. 《永樂十年進士登科錄》。《明代登科錄彙編》輯入。

18. 《成化元年山東鄉試錄》。《明代登科錄彙編》輯入。

19. 《成化五年進士登科錄》。《明代登科錄彙編》輯入。

20. 《成化七年廣西鄉試錄》。《明代登科錄彙編》輯入。

21. 《成化八年進士登科錄》。《明代登科錄彙編》輯入。

22. 《弘治二年山東鄉試錄》。《明代登科錄彙編》輯入。

23. 《弘治二年湖廣鄉試錄》。《明代登科錄彙編》輯入。

24. 《弘治五年應天府鄉試錄》。《明代登科錄彙編》輯入。

25. 《弘治十四年應天府鄉試錄》。《明代登科錄彙編》輯入。

26. 《弘治十五年會試錄》。《明代登科錄彙編》輯入。

27. 《正德十一年浙江鄉試錄》。《明代登科錄彙編》輯入。

28. 《嘉靖七年浙江鄉試錄》。鈐「上虞羅氏終不忍齋藏書」印。羅振常手書題記：「明嘉靖戊子浙江鄉試錄，四明范氏天一閣藏書……」《明代登科錄彙編》輯入。

29. 《嘉靖十年順天府鄉試錄》。《明代登科錄彙編》輯入。

30. 《嘉靖十年山西鄉試錄》。《明代登科錄彙編》輯入。

31. 《嘉靖十年雲貴鄉試錄》。《明代登科錄彙編》輯入。

32. 《嘉靖十四年進士登科錄》。《明代登科錄彙編》輯入。

33. 《嘉靖十六年貴州鄉試錄》。《明代登科錄彙編》輯入。

34. 《嘉靖十七年進士登科錄》。《明代登科錄彙編》輯入。

35. 《嘉靖十七年武舉錄》。鈐「上虞羅氏終不忍齋藏書」印。有羅振常跋。《明代登科錄彙編》輯入。

36. 《嘉靖十九年應天府鄉試錄》。鈐「上虞羅氏終不忍齋藏書」印。羅振常

跋：「原書脫去半頁……」《明代登科錄彙編》輯入。

37.《嘉靖二十年會試錄》。《明代登科錄彙編》輯入。

38.《嘉靖二十八年蘇松鄉試武舉錄》。《明代登科錄彙編》輯入。

39.《嘉靖二十八年應天府鄉試錄》。《明代登科錄彙編》輯入。

40.《嘉靖三十一年山東鄉試錄》。《明代登科錄彙編》輯入。

41.《嘉靖三十一年福建鄉試錄》。《明代登科錄彙編》輯入。

42.《嘉靖三十一年福建武舉鄉試錄》。《明代登科錄彙編》輯入。

43.《嘉靖三十七年江西鄉試錄》。《明代登科錄彙編》輯入。

44.《嘉靖三十七年廣東鄉試錄》。《明代登科錄彙編》輯入。

45.《嘉靖四十三年四川鄉試錄》。《明代登科錄彙編》輯入。

46.《嘉靖四十四年武舉錄》。《明代登科錄彙編》輯入。

47.《隆慶元年陝西鄉試錄》。《明代登科錄彙編》輯入。

48.《隆慶二年進士登科錄》。《明代登科錄彙編》輯入。

49.《萬曆元年雲南鄉試錄》。《明代登科錄彙編》輯入。

50.《萬曆元年貴州鄉試錄》。《明代登科錄彙編》輯入。

51.《萬曆七年河南鄉試錄》。《明代登科錄彙編》輯入。

52.《萬曆七年雲南鄉試錄》。《明代登科錄彙編》輯入。

53.《萬曆八年進士登科錄》。羅振常跋：「萬曆八年登科錄，四明范氏天一閣藏書……」《明代登科錄彙編》輯入。

54.《萬曆十年浙江鄉試錄》。《明代登科錄彙編》輯入。

55.《萬曆十三年山東鄉試錄》。《明代登科錄彙編》輯入。

56.《毓慶勳懿集》八卷，四冊，明郭良編，正德刻本。

57.《朝鮮雜志》一卷，一冊，題「寧都董越尚矩著」，明藍絲欄抄本，半葉九行，行二十字，白口，四周雙邊，首葉鈐「翰林院」滿漢文大官印，書衣有「乾隆三十八年十一月浙江巡撫三寶送到范懋柱家藏朝鮮雜志壹部計書壹本」長方木記，即《存目》所據天一閣本。又鈐「教經堂錢氏章」、「犀盦藏本」、「高世異圖書」、「世異印信」、「尚同讀書」、「尚同點勘」、「蒼茫齋所藏鈔本」、「高氏華陽國士祕笈子孫寶之」、「吳興劉氏嘉業堂藏」、「吳興張氏珍藏」、「希逸」等印記。民國三十年《玄覽堂叢書》據是本影印。〔註23〕《四庫全書存目叢書》史部第 255 冊又據影印本影印。

〔註23〕杜澤遜：《四庫存目標注》，第 1226～1227 頁。

58. 嘉靖《真定府志》三十三卷，十六冊，明雷禮纂修，嘉靖二十八年刻本。

59. 嘉靖《清河縣志》四卷《續錄》一卷，二冊，明孟仲遴纂修，嘉靖三十年刻本。

60. 成化《山西通志》十七卷，十四冊，明胡謐等纂修，成化十年刻本。

61. 嘉靖《清河縣志》四卷，二冊，明吳宗吉等纂修，嘉靖四十四年刻本。

62. 嘉靖《徐州志》十二卷，六冊，明梅守德、徐子龍等纂修，嘉靖刻本。

63. 弘治《湖州府志》二十四卷存七卷，二冊，明王珣等纂修，弘治四年刻本，存卷六、卷七、卷十八至二十二。

64. 嘉靖《崇義縣志》二卷，一冊，明鄭喬纂修，嘉靖三十一年刻本。

65. 嘉靖《冠縣志》五卷，二冊，明姚本等纂修，嘉靖二十四年刻本。

66. 嘉靖《高唐州志》七卷，二冊，明金江等纂修，嘉靖三十二年刻本。

67. 嘉靖《朝城志》八卷，四冊，明謝注纂修，嘉靖十九年刻本。

68. 嘉靖《安吉州志》八卷，二冊，明江一麟纂修，嘉靖三十六年刻本。

69. 《隨志》二卷，二冊，明顏木纂修，嘉靖十八年刻本。

70. 嘉靖《安化縣志》六卷，二冊，明方清纂修，嘉靖二十二年刻本。

71. 隆慶《永州府志》十七卷，六冊，明史朝富等纂修，隆慶五年刻本。

72. 嘉靖《新化縣志》十一卷，四冊，明劉軒纂修，嘉靖二十八年刻本。

73. 萬曆《順德縣志》十卷，二冊，明葉春及纂修，萬曆十三年刻本。

74. 萬曆《西寧縣志》十卷，一冊，明朱潤等纂修，萬曆二十年刻本。

75. 嘉靖《韶州府志》十卷，四冊，明符錫等纂修，嘉靖二十一年刻本。

76. 正德《中牟縣志》七卷，二冊，明韓思忠纂修，正德十年刻本。

77. 嘉靖《臨潁縣志》八卷，二冊，明杜枏、盧鏜纂修，嘉靖八年刻本。

78. 嘉靖《滎陽縣志》二卷，二冊，不著撰人，明藍絲欄抄本。

79. 弘治《睢州志》九卷，二冊，明李孟暘纂修，明藍絲欄抄本。

80. 嘉靖《汜水縣志》六卷，二冊，明蕭佩纂修，明藍絲欄抄本。

81. 嘉靖《柘城縣志》十卷，二冊，明壽濂纂修，明藍絲欄抄本。

82. 嘉靖《裕州志》六卷，二冊，明牛孟耕纂修，嘉靖刻本。

83. 嘉靖《葉縣志》四卷，二冊，明牛鳳纂修，嘉靖二十一年刻本。

84. 嘉靖《淇縣志》十卷，二冊，明劉鉅等修，劉伯璋續修，嘉靖十年刊二十四年增補本。

85. 正德《懷慶府志》十二卷，六冊，明鄭芝同、何瑭纂修，正德十三年刻嘉

靖間補刻本。

86. 嘉靖《濬縣志》二卷，二冊，明王璸纂修，嘉靖八年刊藍印本。

87. 嘉靖《渭南縣志》十八卷，四冊，明南大吉纂修，嘉靖二十年刻本。

88. 嘉靖《陝西通志》四十卷，二十冊，明呂柟、馬理纂修，嘉靖二十一年刻本。

89. 《重修三原縣志》十六卷，四冊，明成化十八年朱昱撰，弘治十七年林洪博重訂，嘉靖十四年刻本。

90. 嘉靖《醴泉縣志》四卷，二冊，明夾璋纂修，嘉靖十四年刻本。

91. 嘉靖《漢中府志》十卷，四冊，明張良知纂修，嘉靖二十三年刻本。

92. 弘治《延安府志》七卷，四冊，明楊懷纂修，弘治十七年刻本。

93. 嘉靖《韶州府志》十卷，四冊，明符錫等纂修，嘉靖二十一年刻本。

94. 正德《大明漳州府志》三十四卷，二十六冊，明周瑛等纂修，正德八年漳州知府陳洪謨刻本。

95. 萬曆《漳州府志》三十三卷，三十冊，明羅青霄等纂修，萬曆元年刻本。

96. 嘉靖《龍巖縣志》二卷，二冊，明湯相等纂修，嘉靖三十七年刻本。

97. 嘉靖《固原州志》二卷，二冊，明楊經纂修，嘉靖十一年刻本。

98. 萬曆《四川總志》二十七卷，二十五冊，明杜應芳等纂修，萬曆四十七年刻本。

99. 嘉靖《保寧府志》十四卷，六冊，明楊思震纂修，嘉靖二十二年刻本。

100. 《重修全遼志》六卷，六冊，明李輔等纂修，嘉靖四十五年刻本。

101. 《太嶽太和山志》十五卷，二冊，明任自垣撰，明刻黑口本。羅振常《天一閣藏書經見錄》：「宣德刊黑口本，皮紙印，一冊。前有宣德六年三月太常寺寺丞任自垣進書表，全書分十五篇十六卷，起於第一篇卷第二，而無第一，目錄同，原稿編次恐有脫落也。止於十二篇，卷第十三以下均缺。」〔註24〕

102. 《泰山志》四卷，四冊，明汪子卿撰，嘉靖三十三年刻本。羅振常《天一閣藏書經見錄》：「前有嘉靖甲寅（1554）吳興沈應龍序，次嘉靖乙卯（1555）臨洮雍焯序，次嘉靖三十三年（1555）新安洪章序。卷末有校正人題名，次有書後，不著名，當是後脫一頁。洪序稱白野汪仲蘇撰，

〔註24〕羅振常著，周子美編：《嘉業堂鈔校本目錄・天一閣藏書經見錄》，上海：華東師範大學出版社，1986年，第115頁。

仲蘇字子卿，歙人。嘉靖刊大字本，四冊。」〔註25〕

103. 《金陵古今圖考》一卷，二冊，明陳沂撰，正德十一年刻本。

104. 《福建省城防禦火患事宜》一卷，一冊，明龐尙鵬撰，萬曆五年刻本。

105. 《大誥》一卷，一冊，明太祖撰，明初黑口本。

106. 《御製大誥續編》一卷，一冊，明太祖撰，洪武十九年內府刻本。

107. 《禮制集要》一卷，一冊，明太祖敕撰，嘉靖間寧藩朱宸洪刻本。

108. 《禮儀定式》一卷，一冊，明李原名等撰，嘉靖二十四年徽藩刻本。

109. 《洪武禮制》一卷，一冊，明初刻本。

110. 《皇明藩府政令》六卷，二冊，明皇甫錄編，明朱絲欄抄本。

111. 《景藩之國事宜》一卷，一冊，明嘉靖四十年順天府刻藍印本，羅振常題記：「明景藩之國事宜，嘉靖本，天一閣藏書。明代諸王達成年，必就國，此則其發程中京師及所過地方供給規制也。……原書爲藍印。余見明正德縉紳錄及嘉靖時禦倭團練章程皆藍印，意者此等官籍時有更改，取藍印色淡便於加墨耶？予既校印《明帝后紀畧》，因此亦爲藩封之掌故，又皆爲范氏藏書，遂同付印，用備乙部參考書之一種。惟其末幅未完，料所闕不多，然無從補之矣。」《叢書集成續編》第 53 冊中據此本影印。

112. 《救荒活民書》三卷《補遺》一卷，宋董煟撰，明朱熊補遺，明河間知府常在刻本。鈐「天一閣」、「古司馬氏」、「抱經樓」、「吳興劉氏嘉業堂藏書印」、「劉承幹字貞一號翰怡」等印記。〔註26〕

113. 《燕王令旨》一卷，一冊，明成祖朱棣撰，明朱絲欄抄本。

114. 《宸翰錄》四卷，一冊，明楊一清編，嘉靖六年刻本。

115. 《皇明詔令》二十一卷，十二冊，明嘉靖十八年浙江布政司傅鳳翔刻本。

116. 《魯府招》一卷，一冊，明藍絲欄抄本。傅增湘《藏園羣書經眼錄》：「魯府招詞一冊。明藍格寫本。記魯王觀煊館陶王當淴等控告事，派刑部左侍郎楊志學會同撫按查勘，詳錄各犯供詞及審結罪名，亦嘉靖時刑部案牘之一也。（夏閏枝孫桐守四明時所得天一閣佚書，己巳（1929）三月八

〔註25〕 羅振常著，周子美編：《嘉業堂鈔校本目錄・天一閣藏書經見錄》，第 116 頁。

〔註26〕 杜澤遜：《四庫存目標注》，第 1296 頁。

日持來託售）」〔註27〕

117. 《比部招擬類鈔》不分卷，六冊，明不著編人，明抄本。羅振常《嘉業堂鈔校本目錄》：「比部招擬類鈔不分卷。明抄本。六冊。天一閣舊藏。」〔註28〕

118. 《刑部事宜》不分卷，一冊，明不著編人，明藍絲欄抄本。傅增湘《藏園群書經眼錄》：「刑部事宜一冊。明藍格寫本。大率嘉靖間公牘，三法司外，亦有兵部奏疏，如安南用兵、北邊防秋、北虜修貢數本，于史事有關。（夏閏枝孫桐守四明時得之天一閣者，己巳（1929）三月持來托售。）」〔註29〕王重民《中國善本書提要補編》：「是書錄嘉靖間刑部兵部題稿，原無書題，書根題云：『《刑部事宜》，全』。卷內有：『夏孫桐印』、『觀所尚齋收藏之記』等印記，然望而知爲天一閣舊藏。《天一閣書目》卷二之二頁四十三上，有《刑部事宜》一卷，即此本也。」〔註30〕

119. 《田表聖奏議》一卷，一冊，宋田錫撰，明安磐輯，明朱絲欄抄本，半葉九行，行十九字。前有嘉靖二十一年乙巳關中喬世寧序，嘉靖十一年壬辰嘉州安磐序，嘉靖二十三年甲辰浙江道監察御史嘉州程啓充序。卷內鈐「翰林院印」滿漢文大官印，即進呈四庫原本。又鈐「夢曦主人藏佳書之印」印記。〔註31〕

120. 《密諭錄》七卷《閣諭錄》四卷，十冊，明楊一清撰，明藍絲欄抄本。

121. 《吏部獻納稿》一卷，一冊，明楊一清撰，明嘉靖初刊黑口本。

122. 《關中奏題稿》十卷，六冊，明楊一清撰，嘉靖刻本。

123. 《戶部奏議》二卷，二冊，明王瓊撰，明正嘉間刊黑口本。

124. 《青崖奏議》七卷，四冊，明王萱撰，嘉靖七年王氏家刻本。

125. 《南宮疏略》八卷，四冊，明嚴嵩撰，嘉靖二十六年刻本。

126. 《嘉靖奏對錄》十三卷，四冊，明嚴嵩撰，嘉靖刻本。

127. 《箬溪疏草》六卷，六冊，明顧應祥撰，明嘉靖間刻本。

128. 《奏謝錄》三卷，一冊，明夏言撰，明嘉靖間刊黑口本。

129. 《督撫江西奏議》存三卷，三冊，明徐栻撰，萬曆元年江西按察副使邵

〔註27〕傅增湘：《藏園羣書經眼錄》（第二冊），第487頁。
〔註28〕羅振常著，周子美編：《嘉業堂鈔校本目錄・天一閣藏書經見錄》，第21頁。
〔註29〕傅增湘：《藏園羣書經眼錄》（第二冊），第487頁。
〔註30〕王重民：《中國善本書提要補編》，第55頁。
〔註31〕杜澤遜：《四庫存目標注》，第675頁。

夢麟刻本。

130. 《閱視三鎮奏議》存一卷，一冊，明吳百朋撰，萬曆刻本。

131. 《應郎中審錄疏略》一卷《林郎中審錄疏略》一卷，一冊，明藍絲欄抄本。王重民《中國善本書提要補編》著錄《審錄疏略》不分卷：「按原書無總題，亦不著撰人姓氏，卷內有《應郎中審錄疏略》、《林郎中疏略》、《刑部尚書錢》及《河南清吏司疏題》等目，疑為刑部檔冊之殘存者。」
〔註32〕

132. 《欽恤錄》存一卷，一冊，明不著編人，明藍絲欄抄本，存卷下。王重民《中國善本書提要》：「卷內有『天一閣』、『老屋三間賜書萬卷』、『歙西長塘鮑氏知不足齋藏書印』、『獨志堂印』等印記」〔註33〕。

133. 《疑獄集》四卷《補》六卷，四冊，五代和凝、和㠓撰，明張景續補，嘉靖十四年浙江按察使李崧祥刊公牘紙印本。

134. 《祥刑要覽》三卷，二冊，明吳訥撰，嘉靖刻本，十行二十字，細黑口，四周單邊，鈐「劉承幹字貞一號翰怡」、「吳興劉氏嘉業堂藏書印」等印記。有甲寅四月既望莫棠題記，謂柳蓉村得天一閣書二十許種，此蓋其一。〔註34〕

135. 《百泉子緒論》一卷，明皇甫汸撰，嘉靖刻本。王重民《中國善本書提要》：「此本有『翰林院印』，封面鈐：『乾隆三十八年十一月浙江巡撫三寶送到范懋柱家藏《百泉子緒論》一部，計書一本』關防，《四庫》底本也。」〔註35〕1930年北平圖書館圖書展覽會曾將此書展出，《國立北平圖書館館刊》第四卷第五號載：「四庫底本，有翰林院方印」。

136. 《竹下寱言》一卷，明王文祿撰，嘉靖刻本。王重民《中國善本書提要》：「原題：『海鹽王文祿世廉著。』按此為原刻本，萬曆初收入《百陵學山》，不但版刻不同，內容亦多改易矣。卷內有：『翰林院印』滿漢文大方印，封面戳記云：『乾隆三十八年十二月浙江巡撫三寶送到范懋柱家藏《竹下寱言》一部，計書一本。』」〔註36〕1930年北平圖書館圖書展覽會曾將此書展出，《國立北平圖書館館刊》第四卷第五號載：「四庫底本，有翰林

〔註32〕王重民：《中國善本書提要補編》，第46頁。
〔註33〕王重民：《中國善本書提要》，第159頁。
〔註34〕杜澤遜：《四庫存目標注》，第1567頁。
〔註35〕王重民：《中國善本書提要》，第323頁。
〔註36〕王重民：《中國善本書提要》，第322頁。

院方印」。

137. 《東巢雜著》一卷《策斷》一卷，明倪復撰，明烏絲欄抄本。

138. 《山樵暇語》十卷，一冊，明俞弁撰，明藍絲欄抄本。王重民《中國善本書提要》：「原書不著撰人姓氏，封面有戳記云：『乾隆三十八年十一月浙江巡撫三寶送到范懋柱家藏《山樵暇語》壹部，計書壹本。』卷內有：『翰林院印』滿漢文大方印，檢《存目》正有是書，題爲：『浙江范懋柱家天一閣藏本』，亦正相合。」〔註37〕

139. 《存心錄》存二卷，一冊，明劉三吾等撰，洪武刻本，存卷十、十一。

140. 《原始秘書》十卷，明抄本，六冊，題「涵虛子臞仙製」，半葉十行，行二十二字，白口。有永樂元年（1411）自序，署「時在洪武改元之二年庚辰十一月初九日涵虛子書於燕山之旅邸」。洪武係建文之誤。鈐「天一閣」、「古司馬氏」、「信陵君後」等印。〔註38〕扉頁有毓川手書題記。

141. 《碧里鳴存》一卷，一冊，明董穀撰，嘉靖刻本。

142. 《遁甲日用涓吉奇門五總龜》二卷，四冊，不著撰人，明刊黑口本。

143. 《臞仙肘後經》二卷，二冊，明朱權撰，明刊黑口本。

144. 《範圍數》六卷，二十冊，首卷首行題「起例門」，不題撰人，半葉九行，行字不等，白口，四周雙邊，版心上刻「範圍」。扉頁有羅振常手跋：「此書乃天一閣藏本……」〔註39〕

145. 《觀化集》一卷，一冊，明朱約佶撰，嘉靖謝應奎刻本。

146. 《西菴詩集》十卷，二冊，明孫蕡撰，弘治十六年金蘭館活字本。〔註40〕

147. 《恒軒遺稿》存三卷，二冊，明韓經撰，韓陽編，正統刻本，存卷一至卷三。

148. 《海叟詩》三卷，一冊，明袁凱撰，明范欽等校刻本，清林佶手錄何大復序。

149. 《狀元任先生遺稿》二卷，一冊，明任亨泰撰，正德十年慈谿顧英湖廣

〔註37〕王重民：《中國善本書提要》，第345頁。

〔註38〕國立中央圖書館特藏組編：《國家圖書館善本書志初稿・子部》，臺北：國立中央圖書館，1998年，第358頁。

〔註39〕杜澤遜：《四庫存目標注》，第1695頁。

〔註40〕以下明人文集部分主要依天一閣書目、王重民《中國善本書提要》及《補編》、羅振常《天一閣藏書經見錄》、《續修四庫全書提要》（十二）等書綜合考定。

刻本。羅振常《天一閣藏書經見錄》:「前有正德乙亥（1515）慈谿顧英刊書序，後有正德辛未（1511）江東陳鎬書後，末頁有襄陽衛指揮使魯鍾督刊一行。」〔註41〕

150. 《松雨軒集》八卷，二冊，明平顯撰，嘉靖十九年（1540）錢塘錢氏重刊本。羅振常《天一閣藏書經見錄》:「前有宣德五年（1430）張洪序，次景泰元年（1450）柯暹序，次嘉靖十九年邑人陳霆序於水南書院，蓋重刊也。八卷後附賦三篇。」〔註42〕

151. 《巢睫集》四卷，一冊，明曾棨撰，明藍絲欄抄本。羅振常《天一閣藏書經見錄》（頁177）和王重民《中國善本書提要》（頁560）均著錄。

152. 《古廉李先生文集》十卷，四冊，明李時勉撰，吳節編，景泰七年姚堂刻本。羅振常《天一閣藏書經見錄》云「前有遺像附贊，次景泰七年（1456）大理寺右少卿弋陽李奎文曜序」。〔註43〕

153. 《默菴詩集》四卷，三冊，明曹義撰，成化四年句容曹氏家刻本。

154. 《和杜詩》三卷，一冊，明張楷撰，明刊黑口本。

155. 《呆齋存稿》二十四卷，六冊，明劉定之撰，弘正間刻本。

156. 《竹嚴先生文集》十二卷，二冊，明柯潛撰，明光澤堂抄本。《續修四庫全書提要》:「此本綿紙藍格，版心鐫有光澤堂三字，乃四明范氏天一閣故物，前後無序跋，有文無詩，凡一百二十九首。」〔註44〕

157. 《和杜律》一卷，一冊，明郁文博撰，成化十三年刻本。《續修四庫全書提要》:「此本卷中有墨筆塗乙處，則出范侍郎欽手筆，當為天一閣故物也。」〔註45〕

158. 《定軒存稿》十六卷《附錄》一卷，四冊，明黃孔昭撰，明烏絲欄抄本。

159. 《東山詩集》二卷，二冊，明劉大夏撰，嘉靖五年屠應塤河南重刻本。《續修四庫全書提要》:「此天一閣故物，乃屠應塤重刻本也。」〔註46〕

160. 《滄州詩集》十四卷，四冊，明張泰撰，弘治間刻本。

〔註41〕羅振常著，周子美編:《嘉業堂鈔校本目錄・天一閣藏書經見錄》，第176頁。
〔註42〕羅振常著，周子美編:《嘉業堂鈔校本目錄・天一閣藏書經見錄》，第176頁。
〔註43〕羅振常著，周子美編:《嘉業堂鈔校本目錄・天一閣藏書經見錄》，第177頁。
〔註44〕王雲五主持:《續修四庫全書提要》（十二），第56頁。
〔註45〕王雲五主持:《續修四庫全書提要》（十二），第60頁。
〔註46〕王雲五主持:《續修四庫全書提要》（十二），第63頁。

161. 《愧齋文粹》五卷《附錄》一卷，二冊，明陳音撰，陳須政選，嘉靖二年莆田陳氏刻本。

162. 《雲松詩略》八卷，二冊，明魏俌撰，蕭贇編，歐陽德評點，弘治七年石城縣儒學集資刻本。

163. 《未軒集》存一卷，一冊，明黃仲昭撰，明藍絲欄抄本。

164. 《使東日錄》一卷，一冊，明董越撰，正德九年寧都董氏家刻本。

165. 《邵半江詩》五卷，二冊，明邵珪撰，正德十年宜興邵天和夷陵刻本。羅振常《天一閣藏書經見錄》云是書前有像，附郡人南京吏部尚書王儼贊，後有正德十年（1515）邵天和跋，附清江寄寄亭記，程敏政撰；送邵君文敬知思南序，李東陽撰；南園別意，倪岳撰。〔註47〕

166. 《邃菴集》一卷《續集》一卷，二冊，明楊一清撰，正德六年陝西按察使馮汝陽刻本。羅振常《天一閣藏書經見錄》：「前有正德六年禮部尚書湖東費宏序，後有正德辛未門生高陵呂柟跋，續後有正德辛未朱應登跋。」〔註48〕

167. 《菊菴集》十二卷，二冊，明毛超撰，嘉靖十四年（1535）吉水毛氏家刻本。羅振常《天一閣藏書經見錄》：「前有瀧江彭傑序，後有嘉靖乙未周鳳跋，稱滇南太守菊菴毛先生，又有刊書者不肖孫伯溫跋。無撰人名。」〔註49〕

168. 《雁蕩山樵詩集》十五卷，六冊，明章玄應撰，嘉靖三十五年刻本。《續修四庫全書提要》：「此集傳世至罕，東甌詩僅摘錄數首，萬曆《溫州志》稱玄應著有《曼亭集》，而不及此集。《千頃堂書目》載《雁蕩山樵集》，卷數與此本吻合。輓近孫貽讓《溫州經籍志》僅據《天一閣書目》著錄，蓋亦未見原書。此即天一閣故物，孫氏沒齒而未見者，人間殆無第二本也。」〔註50〕

169. 《明太保費文憲公詩集》十五卷，六冊，明費宏撰，嘉靖間鉛山知縣黃中刻本。《續修四庫全書提要》：「此編前後無序跋，卷首題後學鉛山知縣黃中刊行，次男懋良類編，冢孫延之校正。……此天一閣故物，他本有

〔註47〕 羅振常著，周子美編：《嘉業堂鈔校本目錄‧天一閣藏書經見錄》，第178頁。
〔註48〕 羅振常著，周子美編：《嘉業堂鈔校本目錄‧天一閣藏書經見錄》，第198～199頁。
〔註49〕 羅振常著，周子美編：《嘉業堂鈔校本目錄‧天一閣藏書經見錄》，第183頁。
〔註50〕 王雲五主持：《續修四庫全書提要》（十二），第68頁。

題摘題合雜文刊行爲二十卷者，則在此本行世之後矣。」〔註51〕

170.《逸窩詩集》二卷，二冊，明彭孔堅撰，弘治十年龍泉彭氏刻本。

171.《山齋吟稿》二卷，一冊，明鄭岳撰，嘉靖十七年柯維熊校刻本。

172.《崆峒集》二十一卷，四冊，明李夢陽撰，明刊十行本。羅振常《天一閣藏書經見錄》載有二本，均無序跋，有詩無文，一本有「天一閣」長方印、「古司馬氏」方印，一本「末頁陰面，有吳郡沈植刊於繁露堂一行」。〔註52〕王重民《中國善本書提要》：「按此本無序跋，亦無校刻人姓氏，藏書家又殊少著錄。惟《天一閣見存書目》卷四頁十上載此本，凡兩部。」〔註53〕

173.《空同精華集》三卷，一冊，明李夢陽撰，丰坊編，嘉靖四十四年屠本畯刻本。羅振常《天一閣藏書經見錄》載之。

174.《嘉靖集》一卷，一冊，明李夢陽撰，嘉靖間吳郡朱整校刻本。阮元《天一閣書目》云：「集內無序文、目錄，乃元年、二年、三年所作詩。首頁有『堯鼎』二字圖章。」

175.《心齋稿》六卷，八冊，明李麟撰，正德間四明李氏刻本。

176.《息園存稿詩》十四卷，七冊，明顧璘撰，嘉靖間刻本。羅振常《天一閣藏書經見錄》載之。

177.《具區集》三卷，一冊，明趙鶴撰，葛澗選，嘉靖間江都葛氏刻本。羅振常《天一閣藏書經見錄》載之。

178.《唐伯虎集》二卷，一冊，明唐寅撰，嘉靖姑蘇袁袠編刻本。《續修四庫全書提要》：「此集刊於嘉靖甲午，首有胥臺山人袁袠序文，知即袠所刻也。爲本書第一刻本。所收詩文，皆銘心絕品，故卷帙頗寥寥也。……此爲四明范氏天一閣故物，半葉十行，行十八字，紙墨精湛，觸手如新，尚是最初印本。寅以才藝傾動三吳，流風餘韻，至今猶膾炙人口，此雖戔戔小冊，安得不以球璧視之，固非以其罕見爲重也。」〔註54〕

179.《何氏集》二十六卷，八冊，明何景明撰，嘉靖間義陽書院刻本。

180.《鈐山堂詩鈔》二卷，一冊，明嚴嵩撰，周雨選，孫偉評，嘉靖十九年昆山盧楩校刻本。

〔註51〕王雲五主持：《續修四庫全書提要》（十二），第73頁。
〔註52〕羅振常著，周子美編：《嘉業堂鈔校本目錄·天一閣藏書經見錄》，第179頁。
〔註53〕王重民：《中國善本書提要》，第580頁。
〔註54〕王雲五主持：《續修四庫全書提要》（十二），第82頁。

181. 《振秀集》二卷，一冊，明嚴嵩撰，顧起綸等選，嘉靖三十五年顧氏昆明刻本。《續修四庫全書提要》：「此本半葉九行，行十八字，初印精湛，刊工極有法度，與奇字齋所刊《王右丞詩集》，紙墨殊無二致，乃四明范氏故物，世殆無第二本也。」〔註55〕

182. 《南還稿》一卷，一冊，明嚴嵩撰，嘉靖間刻本。

183. 《箬溪歸田詩選》一卷，一冊，明顧應祥撰，楊慎評選，嘉靖二十八年雲南知府陳光華刻本。

184. 《太白山人詩》存三卷，二冊，明孫一元撰，嘉靖間刻本。羅振常《天一閣藏書經見錄》：「前有太白山人傳，嘉靖丙戌北郡李夢陽撰，分上下卷，存上卷，有太白山人印。」〔註56〕

185. 《顧滄江詩集》五卷，二冊，明顧文淵撰，嘉靖三十五年仁和顧言刻本。羅振常《天一閣藏書經見錄》著錄二卷，一冊：「前有正德壬申刑部尚書致仕王鑑之序，刑部郎中前翰林院庶吉士長洲張勉學序，每卷題仁和滄江顧文淵著，次南京水部郎中外孫許嶽校編，末嘉靖丙辰其孫言跋。」〔註57〕

186. 《碧溪詩集》存四卷，二冊，明張鈇撰，明刻本。

187. 《傳響集》十二卷《附錄》一卷，四冊，明崔澂撰，嘉靖間松陵崔氏家刻本。

188. 《怡齋詩集》二卷，二冊，明朱成鍏撰，嘉靖間刻本。

189. 《升菴選禺山七言律詩》一卷，一冊，明張含撰，楊慎選，嘉靖三十九年錫山華雲刻本。

190. 《韓五泉詩》四卷《附錄》二卷，二冊，明韓邦靖撰，嘉靖十六年刻本。

191. 《定齋王先生文畧》一卷，一冊，明王應鵬撰，明藍絲欄抄本。

192. 《編苕集》八卷，四冊，明黃卿撰，嘉靖二十一年江西刻本。羅振常《天一閣藏書經見錄》：「第一卷賦，餘詩，四冊。」〔註58〕

193. 《升菴南中集》六卷，二冊，明楊慎撰，嘉靖二十四年刻本。羅振常《天一閣藏書經見錄》著錄三部，一部七卷，一部六卷，六卷本較七卷本多出嘉靖二十四年孔天胤序，一部亦七卷，但附《南中續集》四卷「前有嘉靖

〔註55〕王雲五主持：《續修四庫全書提要》（十二），第88頁。
〔註56〕羅振常著，周子美編：《嘉業堂鈔校本目錄·天一閣藏書經見錄》，第182頁。
〔註57〕羅振常著，周子美編：《嘉業堂鈔校本目錄·天一閣藏書經見錄》，第178頁。
〔註58〕羅振常著，周子美編：《嘉業堂鈔校本目錄·天一閣藏書經見錄》，第184頁。

　　　　庚戌（1610）張含序，次己酉（1609）王廷表序，續集行書大字。」〔註59〕

194. 《南中續集》四卷，一冊，明楊慎撰，嘉靖間影刊手稿本。《續修四庫全
　　　書提要》：「此本乃天一閣故物，尚是嘉靖間永昌初刻本，筆勢飛舞，蓋
　　　據手蹟上版，尤可寶矣。」〔註60〕

195. 《安寧溫泉詩》一卷，一冊，明楊慎撰，嘉靖間滇中刻本。阮元《天一
　　　閣書目》：有「《溫泉詩》一首、《高嶢十二景詩》十二首」。

196. 《龍石詩集》八卷，二冊，明許成名撰，嘉靖四十二年刻本。羅振常《天
　　　一閣藏書經見錄》載之，云前有嘉靖四十二年蘇祐序。〔註61〕

197. 《東石近藁》三卷，二冊，明王蓂撰，嘉靖三十一年黃文龍編刻本。

198. 《鷗汀漁嘯集》二卷，二冊，明頓銳撰，嘉靖三十四年刻本。

199. 《漸齋詩草》二卷，二冊，明趙漢撰，嘉靖三十四年平湖趙氏家刻本。

200. 《汪白泉先生選稿》十二卷，五冊，明汪文盛撰，楊慎選，嘉靖崇陽汪
　　　宗伊校刊本。

201. 《後齋遺稿》二卷，一冊，明陳憲撰，嘉靖二十一年陳照鄞縣刻本。羅
　　　振常《天一閣藏書經見錄》載之。

202. 《石磯集》二卷，一冊，明孫繼芳撰，嘉靖二十九年華容孫氏刻本。

203. 《與泉先生集》存一卷，一冊，明徐漸撰，嘉靖二十九年刻本。

204. 《張太微詩集》十二卷《後集》四卷，八冊，明張治道撰，嘉靖陝西巡
　　　撫劉天和刻本。

205. 《嘉靖集》八卷《拾遺》一卷，明張治道撰，嘉靖三十一年孔天胤刻本。

206. 《鶴江先生頤貞堂稿》六卷，一冊，明蔡昂撰，許谷編，明刻本。

207. 《在澗集》存九卷，二冊，明顧可久撰，嘉靖間刻本，全二十卷存首九
　　　卷。

208. 《林榕江先生集》三十卷，十冊，明林炫撰，林世壁編，嘉靖二十七年
　　　閩縣林氏家刻本。

209. 《遊蜀吟稿》二卷，二冊，明劉天民撰，嘉靖十六年咸寧司馬泰刻本。

210. 《定軒公存稿》一卷，一冊，明彭大治撰，隆慶六年桂林知府彭文質刊
　　　藍印本。

〔註59〕羅振常著，周子美編：《嘉業堂鈔校本目錄‧天一閣藏書經見錄》，第181頁。
〔註60〕王雲五主持：《續修四庫全書提要》（十二），第90頁。
〔註61〕羅振常著，周子美編：《嘉業堂鈔校本目錄‧天一閣藏書經見錄》，第185頁。

211. 《南覽錄》不分卷，一冊，明崔桐撰，嘉靖刻本。

212. 《宣爰子詩集》二卷《附錄》一卷，二冊，明江暉撰，明刻本。《續修四庫全書提要》：「此集傳本至罕，錢塘丁氏傳錄天一閣本重刊之，此即天一閣舊藏本，海內未見有第二帙也。」〔註62〕羅振常《天一閣藏書經見錄》載之。

213. 《拘虛集》五卷，四冊，明陳沂撰，嘉靖間任卿重刻本。

214. 《淮漢燼餘稿》四卷，二冊，明顏木撰，嘉靖間刻本。王重民《中國善本書提要》云此書卷內有「天一閣」、「古司馬氏」等印記，「考《天一閣見存書目》卷四頁二十四下猶載其目，則是集之散出，蓋在光、宣間矣」。〔註63〕

215. 《燼餘錄》六卷，六冊，明顏木撰，明朱絲欄抄本。王重民《中國善本書提要》：「按刻本《淮漢燼餘稿》較此本少三之一，而所載詩文，兩本均至嘉靖二十年。余因疑此抄本為原稿，而付梓時依此本刪選，故刻本詩文較少也。」〔註64〕

216. 《筆峰文集》不分卷，一冊，明王鳳靈撰，明烏絲欄抄本。王重民《中國善本書提要》：「不分卷，亦無書題，為吳興蔣氏舊藏；蔣氏顏曰《筆鋒文集》，遂因之。凡贈送文三十首，敘集文、壽文各十五首，祭文三十首。」〔註65〕

217. 《研岡集》存二十卷，五冊，明杜柟撰，嘉靖間刻本。

218. 《允菴先生詩集》六卷，二冊，明張遙撰，嘉靖四十三年信豐知縣張翊元編刻本。羅振常《天一閣藏書經見錄》載之。

219. 《柳溪遺稿》存五卷，二冊，明錢如畿撰，嘉靖三十五年桐鄉錢氏家刻本。

220. 《謝子象詩集》十五卷《附錄》一卷，四冊，明謝承舉撰，嘉靖二十一年上元謝少南京師刻本。1931年北平圖書館圖書展覽會曾將此書展出。

221. 《崑崙山人集》八卷，二冊，明張詩撰，嘉靖二十年方九敘校刻本。

222. 《東樂軒詩集》六卷，二冊，明朱拱檟撰，嘉靖三十年刻本。

223. 《種蓮歲稿》六卷《文略》二卷，四冊，明朱憲㸌撰，嘉靖三十五年遼

〔註62〕王雲五主持：《續修四庫全書提要》（十二），第94頁。
〔註63〕王重民：《中國善本書提要》，第598頁。
〔註64〕王重民：《中國善本書提要》，第598頁。
〔註65〕王重民：《中國善本書提要》，第599頁。

藩刻本。

224. 《瑞鶴堂近稿》一卷，一冊，明朱拱樋撰，嘉靖四十四年無錫俞氏刻本。羅振常《天一閣藏書經見錄》：「雙邊甚闊，書口下有桐岡書院四字。」〔註66〕

225. 《樵雲詩集》一卷，一冊，明朱拱梴撰，嘉靖二十七年刊藍印本。

226. 《篆江存稿》九卷，四冊，明姜恩撰，萬曆四年廣安姜召錢塘刻本。

227. 《歲稿》一卷，一冊，明谷繼宗撰，嘉靖十年傅漢臣刻本。《續修四庫全書提要》：「此集之刊，在繼宗生前，乃嘉靖九、十年間一歲之作，故名歲稿，宜其集外佚詩也。此本書根有明人手書谷少岱集四字，審是四明范氏天一閣故物。《千頃堂書目》著錄，《明志》失收，亦僅存之秘笈也。」〔註67〕

228. 《巖居稿》八卷，二冊，明華察撰，嘉靖三十五年句吳王懋明刻本。羅振常《天一閣藏書經見錄》：前有王慎中序，次嘉靖三十一年（1552）黃佐序。〔註68〕

229. 《玩易堂詩集》六卷，六冊，明楊育秀撰，嘉靖三十七年五台釋惠郎募貲刻本。

230. 《守株子詩稿》二卷，二冊，明沈愷撰，嘉靖間刻本。羅振常《天一閣藏書經見錄》：「前有自序，題雲間守株子沈愷撰，嘉靖刊本，皮紙印。」〔註69〕

231. 《巖潭詩集》十二卷，四冊，明王廷幹撰，嘉靖三十二年代州張定刻本。羅振常《天一閣藏書經見錄》：「前有嘉靖癸丑（1553）吳郡皇甫汸序，每卷第一行題名下，有代州張定刊，宣城梅守德校，二款後有嘉靖乙卯（1555）曾迪跋。集分七稿，如奉使稿寓閩稿等。」〔註70〕

232. 《陭堂摘稿》十六卷，四冊，明許應元撰，嘉靖四十年福建官刻本。羅振常《天一閣藏書經見錄》云，前有嘉靖辛酉（1561）福建布政使司右布政使新安游震得序，後有三臺山人楊元長卿水部稿序。〔註71〕

〔註66〕 羅振常著，周子美編：《嘉業堂鈔校本目錄·天一閣藏書經見錄》，第 194 頁。
〔註67〕 王雲五主持：《續修四庫全書提要》（十二），第 100 頁。
〔註68〕 羅振常著，周子美編：《嘉業堂鈔校本目錄·天一閣藏書經見錄》，第 186 頁。
〔註69〕 羅振常著，周子美編：《嘉業堂鈔校本目錄·天一閣藏書經見錄》，第 191 頁。
〔註70〕 羅振常著，周子美編：《嘉業堂鈔校本目錄·天一閣藏書經見錄》，第 186 頁。
〔註71〕 羅振常著，周子美編：《嘉業堂鈔校本目錄·天一閣藏書經見錄》，第 192 頁。

233.《王柘湖遺稿》二卷，一冊，明王梅撰，明藍絲欄抄本。《續修四庫全書提要》：「此本半葉十行，行十八字，即從刊本迻錄，乃四明范氏天一閣故物，知在明季刊本已罕見，故范侍郎不憚煩瑣爲之傳錄也。」〔註72〕

234.《思補軒漫集》八卷，四冊，明尹臺撰，嘉靖四十年莆田林潤刻本。

235.《寓武林摘稿》六卷，二冊，明吳世良撰，嘉靖間刻本。

236.《大谷詩集》二卷，二冊，明溫新撰，嘉靖三十四年洛陽溫氏刻本。

237.《澗濱先生文集》存三卷《附集》一卷，一冊，明徐文沔撰，嘉靖間刻本。

238.《石屋存稿》六卷《附錄》一卷，二冊，明許應亨撰，嘉靖三十九年許應元建陽刻本。

239.《新刻淮匡倪先生遺稿》二卷，三冊，明倪潤撰，萬曆六年淮海朱維藩編刻本。羅振常《天一閣藏書經見錄》：「題淮郡甲辰進士淮匡倪潤著，丁丑進士門生朱維藩編，萬曆六年朱維藩序，三冊，有四明瑞寶白文印。」〔註73〕

240.《池上編》二卷，一冊，明朱曰藩撰，楊愼批選，嘉靖三十五年三癸亭重刻本。

241.《秉燭堂押歌詩選》一卷《淘沙文選》一卷《竹窗閒談》一卷，二冊，明陳所有撰，萬曆十年雲陽荊光裕滇南刻本。羅振常《天一閣藏書經見錄》載之。

242.《伏闕稿》二卷，一冊，明王世貞撰，明寫刻本。

243.《陽羨諸遊稿》一卷，一冊，明王世貞撰，嘉靖間刻本。羅振常《天一閣藏書經見錄》：「嘉靖刊大字本，一冊。前有嘉靖柔兆攝提格張獻翼序，有詩有文。」〔註74〕《續修四庫全書提要》：「此帙乃天一閣故物，《千頃堂目》失收，亦秘笈也。」〔註75〕

244.《擬古樂府》二卷，一冊，明李先芳撰，嘉靖間刻本。

245.《使金陵稿》一卷，一冊，明李先芳撰，嘉靖間刻本。

246.《濠梁集》一卷，一冊，明李先芳撰，萬曆五年劉長欽刻本。

〔註72〕王雲五主持：《續修四庫全書提要》（十二），第 112 頁。
〔註73〕羅振常著，周子美編：《嘉業堂鈔校本目錄・天一閣藏書經見錄》，第 192 頁。
〔註74〕羅振常著，周子美編：《嘉業堂鈔校本目錄・天一閣藏書經見錄》，第 119 頁。
〔註75〕王雲五主持：《續修四庫全書提要》（十二），第 124 頁。

247. 《東巡雜詠》一卷，一冊，明張佳胤撰，明活字本。羅振常《天一閣藏書經見錄》云無序跋，白口，一冊。〔註76〕

248. 《思則堂續稿》一卷，一冊，明孫鈺撰，隆慶四年密郡翟汝孝校刻本。羅振常《天一閣藏書經見錄》：前有翟汝孝序，後有隆慶庚午（1570）客峰山人鉤跋，作者之兄也。卷中皆詩，隆慶時人也。〔註77〕

249. 《孫山甫督學集》存四卷，二冊，明孫應鰲撰，任瀚評點，明刻本。

250. 《青藜閣初稿》三卷，三冊，明戚元佐撰，明萬曆元年新都胡日新等校刻本。

251. 《雪舟詩集》六卷，二冊，明賈雪舟撰，嘉靖間維揚賈氏刻本。

252. 《翔鴻集》一卷，二冊，明張之象撰，嘉靖三十四年朱大英刻本。

253. 《戲音集》四卷，二冊，明王良樞撰，嘉靖三十年吳興王氏原刻本。

254. 《寓岱稿》不分卷，一冊，明仲言永撰，嘉靖二十四年泰安刻本。羅振常《天一閣藏書經見錄》：「前有嘉靖乙巳（1545）新安汪子卿序，次李攀龍序，次嘉靖二十五年（1546）谷蘭宗序，次嘉靖乙巳門人鄒弘文序，後嘉靖丙午（1546）王克孝序。」〔註78〕

255. 《蒯緱集》二卷，一冊，明沈明臣撰，嘉靖間刻本。

256. 《用拙集》一卷《帆前集》一卷，一冊，明沈明臣撰，隆慶間刻本。

257. 《昆明集》二卷，一冊，明顧起綸撰，楊愼選，皇甫汸評，嘉靖三十四年昆明五華書院刻本。

258. 《燕市集》二卷，一冊，明王穉登撰，隆慶四年靖江朱宅快閣刻本。

259. 《虎泉詩選》存三卷，三冊，明施經撰，嘉靖四十三年刻本。

260. 《耆齡集》一卷，一冊，明馮遷撰，隆慶五年刻本。

261. 《使楚稿》一卷附《鳳山贈別》一卷，一冊，明戴經撰，明藍絲欄抄本。羅振常《天一閣藏書經見錄》：「前詩數十首，次文數首，多遊記。末一首爲奉使辭金記。」〔註79〕《續修四庫全書提要》：「原書不署撰人姓名，四明范氏天一閣藏書，棉紙藍格精寫，書根題戴錦衣詩稿五字……則此書乃戴經作無疑矣。此編乃嘉靖癸丑（1553）奉使蒲圻時作，故以使楚

〔註76〕 羅振常著，周子美編：《嘉業堂鈔校本目錄‧天一閣藏書經見錄》，第188頁。
〔註77〕 羅振常著，周子美編：《嘉業堂鈔校本目錄‧天一閣藏書經見錄》，第203頁。
〔註78〕 羅振常著，周子美編：《嘉業堂鈔校本目錄‧天一閣藏書經見錄》，第187～188頁。
〔註79〕 羅振常著，周子美編：《嘉業堂鈔校本目錄‧天一閣藏書經見錄》，第193頁。

名集。……」〔註80〕

262.《石陽山人建州集》一卷，一冊，明陳德文撰，嘉靖刻本。

263.《盧月漁集》一卷，一冊，明盧澧撰，沈明臣選，隆萬間刻本。

264.《東征漫稿》二卷，一冊，明包大中撰，嘉靖三十六年刻本。羅振常《天一閣藏書經見錄》載之。

265.《后谿詩稿》一卷《文稿》一卷，一冊，明劉世偉撰，明前川毛效直刻本。羅振常《天一閣藏書經見錄》：「萬曆軟體字刊本，皮紙印。前有毛效直后谿劉別駕詩引，文中有曲。」〔註81〕

266.《剪綵集》二卷，一冊，明張之象撰，嘉靖刻本。羅振常《天一閣藏書經見錄》：「前有嘉靖己酉（1549）華亭何良俊序，末有弟子程衛道校刊一行。」〔註82〕《續修四庫全書提要》：「《千頃堂書目》載之象別有《翔鴻》、《聽鶯》、《避暑》、《題橋》、《猗蘭》、《擊轅》、《佩劍》、《林栖》、《隱仙》、《秀林》、《新草》等集，似與此集皆當時別出單行者。此為天一閣故物，僅而獲存。其他諸集，久已無可蹤跡，殊令人有窺豹一斑之憾已。」〔註83〕

267.《湍屋留吟》一卷，一冊，明侯汝白撰，嘉靖四十五年刻本。

268.《李伯文詩集》二卷，二冊，明李奎撰，嘉靖刻本。羅振常《天一閣藏書經見錄》載二部，云：「前有嘉靖甲子（1546）劉子伯序，次高應冕序。」〔註84〕《續修四庫全書提要》：「此天一閣故物，近有錢塘丁氏《武林先哲遺書》重刊本，改題曰龍珠山房詩集，已失其真矣。」〔註85〕

269.《湖上篇》一卷，一冊，明李奎撰，明龍珠山房刻本。羅振常《天一閣藏書經見錄》：「無序跋，書口上方題曰龍珠山房。」〔註86〕《續修四庫全書總目提要》：「此編古今體詩雜廁，乃奎居鄉里日流連湖上景物而作，都六十四首，版心有龍珠山房四字，版式與《閩中稿》略同。首有歸安茅坤序文，坤與奎交相善，奎卒後為撰一長傳以彰其詩名，故此序亦備

〔註80〕王雲五主持：《續修四庫全書提要》（十二），第97頁。
〔註81〕羅振常著，周子美編：《嘉業堂鈔校本目錄‧天一閣藏書經見錄》，第191頁。
〔註82〕羅振常著，周子美編：《嘉業堂鈔校本目錄‧天一閣藏書經見錄》，第187頁。
〔註83〕王雲五主持：《續修四庫全書提要》（十二），第138頁。
〔註84〕羅振常著，周子美編：《嘉業堂鈔校本目錄‧天一閣藏書經見錄》，第181頁。
〔註85〕王雲五主持：《續修四庫全書提要》（十二），第138～139頁。
〔註86〕羅振常著，周子美編：《嘉業堂鈔校本目錄‧天一閣藏書經見錄》，第183頁。

極推崇。……此天一閣故物，棉紙精印，觸手若新。錢塘丁松生丙刊入
《武林先哲遺書》者，則重刊本也。」〔註87〕

270. 《陸子野集》一卷，一冊，明陸郊撰，隆慶刻本。

271. 《金臺乙丑稿》一卷，一冊，明方新撰，柴縈編，明定溪書屋刻本。

272. 《玉芝樓稿》九卷附錄《贈言》一卷，一冊，明曹大同撰，明刻本。

273. 《太乙山人遊蜀詩》十卷，一冊，明張光宇撰，嘉靖刻本。

274. 《兵部集》不分卷，一冊，明吳橄撰，嘉靖刊藍印本。

275. 《適志集》十卷，二冊，明黃鑰撰，嘉靖間刻本。羅振常《天一閣藏書
經見錄》載之。

276. 《陳海樵律詩》二卷，二冊，明陳鶴撰，嘉靖三十年刻本。

277. 《陳山人小集》不分卷，一冊，明陳鶴撰，嘉靖十六年刻本。羅振常《天
一閣藏書經見錄》載之。

278. 《遷江集》二卷，二冊，明余佑撰，嘉靖四十年餘紹芳刻本。

279. 《振衣亭稿》不分卷，一冊，明王孜撰，嘉靖刻本。

280. 《復初山人和陶集》五卷，二冊，明謝承祐撰，嘉靖二十二年刻本。

281. 《綠筠軒唫峽》存二卷，二冊，明朱恬烄撰，萬曆元年沈藩刻本。羅振
常《天一閣藏書經見錄》云前有萬曆癸酉（1573）裴宇序，卷前題皇明
親王西屏道人著。〔註88〕

282. 《槐稿》一卷，一冊，明黃元忠撰，歐大任選，萬曆刻本。羅振常《天
一閣藏書經見錄》云，是書前有萬曆丁丑（1577）丘萬璣序，卷中先詩
次文，詩首署云，國學舊名槐市，因有槐稿之題。〔註89〕

283. 《甬東山人稿》存四卷，一冊，明呂時撰，萬曆九年沈藩勉學書院刻
本。

284. 《越吟》一卷，一冊，明包大烔撰，萬曆元年藍印本。

285. 《京寓稿》一卷，一冊，明倪珣撰，萬曆七年刻本。

286. 《呂季子甬東雜詠》一卷，一冊，明呂兌撰，萬曆十二年刻本。

287. 《李山人詩》二卷，二冊，明李生寅撰，楊承鯤選，萬曆刻本。

288. 《遊襄陽名山詩》一卷，一冊，明顧聖之撰，明刻本。

〔註87〕王雲五主持：《續修四庫全書提要》（十二），第 139 頁。
〔註88〕羅振常著，周子美編：《嘉業堂鈔校本目錄・天一閣藏書經見錄》，第 189 頁。
〔註89〕羅振常著，周子美編：《嘉業堂鈔校本目錄・天一閣藏書經見錄》，第 191 頁。

289.《西清閣詩草》不分卷，三冊，明楊承鯤撰，萬曆刻本。

290.《五言律祖前集》四卷《後集》六卷，二冊，明楊慎編，嘉靖二十一年刻本。

291.《四明雅選》二卷，二冊，明戴鯨編，明朱絲欄抄本。

292.《義谿世稿》十二卷，八冊，明李堅編，丁瑞春續編，萬曆三年刻本。

293.《湖山唱和》二卷，一冊，明謝遷編，嘉靖三年重刻本。

294.《怡椿軒集》二卷，明劉訒編，嘉靖二十七年刻本。

295.《南明紀遊詩集》一卷，一冊，明黃中等撰，嘉靖三十三年刻本。

296.《南北二鳴編》二卷，一冊，明李攀龍、王世貞撰，張獻翼編，明刻本。

297.《江門別言》一卷，一冊，明朱拱樋等撰，嘉靖四十三年刻本。

298.《全懿堂集》二卷《附錄》一卷，二冊，明陳良謨編，嘉靖刻本。

299.《聯錦詩集》三卷，二冊，明夏宏撰，景泰六年刻天順間增刻本。

300.《中麓山人拙對》二卷，二冊，明李開先撰，嘉靖四十三年刻本。

301.《石陽山人蟊海》二卷，一冊，明陳德文撰，明嘉靖刻藍印本。

302.《新編南九宮詞》不分卷，一冊，明蔣孝編，嘉靖末蔣氏三徑草堂刻本。

十七、臺灣歷史語言研究所傅斯年圖書館

1.《條例全文》，明抄本，待考。

2.《嘉靖十四年進士登科錄》，明嘉靖刻本。待考。

3.《嘉靖十四年會試錄》，明嘉靖刻本。待考。

4.《嘉靖二十三年進士登科錄》，明嘉靖刻本，三部，待考。

5.《嘉靖三十八年進士登科錄》，明嘉靖刻本。待考。

6.《嘉靖三十八年會試錄》，明嘉靖刻本。待考。

7.《嘉靖二十二年山東鄉試錄》，明嘉靖刻本。待考。

8.《嘉靖十年浙江鄉試錄》，明嘉靖刻本。待考。

9.《嘉靖三十七年浙江鄉試錄》，明嘉靖刻本。待考。

十八、香港中文大學圖書館

1.《子威先生澹思集》十六卷，明劉鳳撰，明萬曆刻本，四冊，存卷三至五、九至十六，半葉九行，行十八字，左右雙邊，白口，單魚尾。書口上刻「澹思集」，下有刻工。題「長洲劉鳳子威著」。此本刻工為劉溥卿，吳

郡人，皮紙印，刷印清朗，字體工整。有「天一閣」、「沈氏鳴野山房圖籍印」。〔註90〕

十九、美國普林斯頓大學葛斯德東方圖書館

1. 《袖珍小兒方》十卷存卷一至卷六，明徐用宣撰，嘉靖錢宏刻本，四冊，題「古杭錢宏重刊」，半葉十行，行二十四字，單魚尾，白口，四周單邊。前有永樂三年（1405）自序。卷內鈐「翰林院印」滿漢文大官印〔註91〕。

二十、美國哈佛大學哈佛燕京圖書館

1. 《南城召對錄》一冊，明李時撰，黑格抄本，半葉十行，行二十三字，封面有「乾隆三十八年十一月浙江巡撫三寶送到范懋柱家藏南城召對壹部計書壹本」木記，卷一第一頁鈐有「翰林院印」滿漢文大官印，曾藏清宗室盛昱（伯義）家，鈐有「宗室盛昱藏圖書印」。〔註92〕

二十一、美國國會圖書館

1. 《西槎彙草》二卷，明龔輝撰，嘉靖刻藍印本，半葉九行，行二十字。末有嘉靖十二年（1533）曾璵《說木》一篇，嘉靖十二年郟鼎書後。首葉鈐「翰林院印」滿漢文大方印，四庫館底本。王重民云：「按《總目》，知為天一閣舊藏，蓋原書未發回，後為人從翰林院中竊出；右下角收藏印記已剜去，殆出賣時不欲留惡名於人世間耳。輝奉使督木四川事，《提要》已言之，蓋據呂本所撰《龔輝墓誌銘》為說。本稱『《西槎彙草》二卷，其疏若圖，採入《經濟錄》』。此本為原刻藍印，殊為悅目。館臣頗斥其詩，然謂：『仍著錄於政書中，從所重也。』是已能認識是書價值。卷內於採辦林木辦法，圖繪極為明晰，所用各種工具，有助于研究我國古代工藝者不少，此為尤足珍者。」〔註93〕

2. 《重修江南華蓋山志》五卷，一冊，明許雲昇重修，嘉靖刻本，半葉十一行，行二十四字。羅振常云：「前有永樂五年四十三代天師張宇初序，末有嘉靖乙卯題緣贊教道士許雲昇重刊一行，又同施財命工鋟梓題名四行。」

〔註90〕沈津：《書城挹翠錄》，第269～270頁。
〔註91〕沈津：《書城挹翠錄》，第79頁。
〔註92〕沈津：《書城挹翠錄》，第31頁。
〔註93〕王重民：《中國善本書提要》，第181頁。

〔註94〕王重民云：「卷內有：『天一閣』長方印，檢《天一閣書目》史部二，正載此書，云：『《江南華蓋山志》五卷，刊本，不著撰人名氏。』」卷端有永樂五年張宇初序，卷末有「嘉靖乙卯歲季春朔吉旦，題緣贊教道士許雲昇重刊，同施財命工鋟梓。宜邑廌省鈍夫涂舜、南昌南園居士王楠、臨川石泉萬鼎十、省城朴齋張繼武同誌」六行。〔註95〕

3. 《天順七年會試錄》，明天順刻本。

4. 《成化二年會試錄》，明成化刻本。

5. 《成化二十三年會試錄》，明成化刻本。

6. 《弘治六年會試錄》，明弘治刻本。

7. 《正德十一年浙江鄉試錄》，明烏絲欄抄本。

8. 《嘉靖二十二年山東鄉試錄》，明嘉靖刻本。

9. 《嘉靖二十三年進士登科錄》，明嘉靖刻本。

10. 《嘉靖二十五年貴州鄉試錄》，明嘉靖刻本。

11. 《嘉靖三十四年貴州鄉試錄》，明嘉靖刻本。

12. 《嘉靖三十四年陝西鄉試錄》，明嘉靖刻本。

13. 《嘉靖四十一年進士登科錄》，明嘉靖刻本。

14. 《嘉靖四十三年浙江鄉試錄》，明嘉靖刻本。

15. 《閱視三鎮奏議》，明吳百朋撰，明萬曆刻本，存卷二。

二十二、日本大倉集古館

1. 《革除編年》不分卷，明藍絲欄抄本。

2. 《損齋備忘錄》二卷，明梅純撰，明藍絲欄抄本。〔註96〕

〔註94〕羅振常著，周子美編：《嘉業堂鈔校本目錄・天一閣藏書經見錄》，第116頁。

〔註95〕王重民：《中國善本書提要》，第206頁。

〔註96〕參劉玉才：《日藏〈四庫全書〉散本雜考》，《文獻》第4期，2006年，第175頁。

附錄四：天一閣藏明代文獻總目（初稿）

說明：

1. 本目材料來源主要是：康熙抄本《天一閣書目》、《四明天一閣藏書目錄》、阮元《天一閣書目》、劉喜海《天一閣見存書目》、薛福成《天一閣見存書目》、馮貞群《鄞范氏天一閣書目內編》、駱兆平《新編天一閣書目》等以及本書附錄三《天一閣散出之明代文獻知見錄》。爲節省篇幅，不注出處。各目中有誤之處亦徑改。

2. 分類依經、史、子、集四部爲序，明代地方志和科舉文獻的收藏情況參駱兆平《天一閣藏明代地方志考錄》和《新編天一閣書目》等，在此不錄。

3. 書前加星號的爲《明史‧藝文志》所著錄的，二者相比，以突出天一閣藏明代文獻的學術價值。

4. 由於各種原因，筆者先製成此「初稿」，本目錯漏之處留待日後增改。

一、經部

書名和卷數	版本	撰者或編者	備　　　　註
*周易傳義大全二十四卷	刻本	胡廣等	《明志》題作「周易傳義大全」。
*玩易意見二卷	刻本	王恕	
*易圖識漏無卷數	抄本	黃芹	進呈本，四庫存目。
周易贊義七卷	刻本	馬理	進呈本，四庫存目。
葉八白易傳十六卷	抄本	葉山	進呈本。
呆齋周易圖釋三卷	抄本	劉定之	進呈本。
絅菴易詠一卷	刻本	戴錦	

古易世學二卷	抄本	豐坊	
*胡子易演十八卷	抄本	胡經	《明志》題作「易演義」。今閣存殘卷。
*易學本原啓蒙意見四卷	刻本	韓邦奇	
周易古經十二篇	刻本	雷樂	
*書經大全十卷	刻本	胡廣等	
尚書考異五卷	抄本	梅鷟	進呈本,《四庫全書》收錄。
*古書世學六卷	抄本	豐坊	
*尚書疑義六卷	抄本	馬明衡	進呈本,《四庫全書》收錄。《明志》作一卷。《阮目》作刻本,四卷。
書義卓躍六卷	抄本	陳雅言	進呈本,四庫存目。
*尚書直指六卷	抄本	徐善述	進呈本,四庫存目。
*尚書考略無卷數	抄本	韓邦奇	進呈本,四庫存目。《明志》作二卷。
尚書直解十三卷	刻本	張居正	
書經講義會編十二卷	刻本	申時行	今閣存殘卷。
申先生書經主意七卷	刻本	申時行	今閣存殘卷。
書經尊朱約言十四卷	刻本	洪翼聖	
禹貢訓釋一卷 簡備一卷	刻本		阮目:「明嘉靖甲寅(1554)梓」。
禹貢說一卷	刻本	鄭曉	
書經新說十卷	刻本	沈鑿撰,黃繼周集	今閣存殘卷。
尚書摘注六卷	抄本	題「畸人君公甫摘」	今閣存。
洪範圖解一卷	刻本	韓邦奇	
尚書十三卷	抄本	胡士行編	
古逸書三十卷	刻本	潘基慶編	
詩演義十四卷	抄本	梁寅	進呈本,四庫全書收錄。
魯詩世學三十二卷 序傳四卷	抄本	豐坊	
*詩說解頤四十卷	刻本	季本	《明志》作「八卷」。
*毛詩大全二十卷	刻本	胡廣等	《明志》作詩集傳大全。
詩經注疏大全合纂三十卷	刻本	張溥	
*禮記大全十二卷	刻本	胡廣等	
禮記擬題解一卷	刻本		阮目:「山陽彭頤觀吉甫纂定」。

周禮傳十卷 圖說二卷 翼傳二卷	刻本	王應電	進呈本，四庫全書收錄。《明志》無《翼傳》二卷，有《學周禮傳》一卷，《非周禮辨》一卷。
泰泉鄉禮一卷	刻本	黃佐	見阮目。
春秋集傳大全三十七卷	刻本	胡廣等	今閣存殘卷。
*春秋私考三十六卷	刻本	季本	
春秋世學三十二卷	抄本	豐坊	今閣存殘卷。
*春秋經傳辨疑一卷	抄本	童品	
左傳附注五卷	刻本	陸粲	進呈本。
春秋孔義十二卷	刻本	高攀龍	
春秋詞命三卷	刻本	王鏊	
春秋胡傳集解三十卷	刻本	陳喆	
春秋左史捷徑二卷	刻本	劉守泰	
春秋錄疑十六卷	抄本	趙恒	進呈本，四庫存目。
春秋諸傳辨疑四卷	刻本	朱睦㮮	進呈本，四庫存目。
春秋標題要旨一卷	刻本	沈載錫、程吳龍	
響題備覽一冊	抄本		
春秋左傳類解二十卷	刻本	劉績	進呈本。今閣存一部，殘卷。
春秋左傳杜林合注五十卷	刻本	王道焜、趙如源	今閣存殘卷。
春秋類編三十二卷	刻本	秦鏞	進呈本。
春秋探微十四卷	抄本	馬騂	
孝經集解一卷	抄本	熊兆	進呈本，四庫存目。
*經書補注□卷	抄本	黃潤玉	
*四書大全三十四卷	刻本	胡廣	《明志》「三十六卷」。
四書蒙引初稿十四卷	刻本	蔡清	
*四書蒙引六卷	刻本	蔡清	《明志》作「《四書蒙引》十五卷」。
論語大全二十四卷	刻本	胡廣	
*四書口義十二卷 講二卷 緒言四卷	刻本	薛甲	《明志》作「《四書正義》」。
四書直解二十七卷	刻本	張居正等	
四書說約二十卷	刻本	顧夢麟	
學庸口義	刻本	章袞	阮目不著卷數。《明志》有馬森《學庸口義》三卷。
*四書備考二十七卷	刻本	陳仁錫	

四書解略六卷	刻本	姜寶	
讀晦菴四書衍義十四卷	刻本	鄒霆炎	
四書拙講	刻本	唐順之	
四書宗注二十卷	刻本	李之藻	
四書龍門講義	刻本	李之藻	
四書湖南講十冊	刻本	葛寅亮	
樂章音注一卷	刻本	鄧鳴鸞注	
雅樂考二十卷	抄本	韋煥	進呈本。
大樂律呂元聲六卷 律呂考注四卷		李文利	
鐘律通攷六卷	抄本	倪復	進呈本，四庫存目。
古篆一卷	刻本		阮目：「明田不欲翁纂」。
*轉註古音略五卷	刻本	楊慎	進呈本。
同文備考八卷 附聲韻會通韻要粗釋二卷	刻本	王應電	進呈本，四庫全書收錄。今閣存殘卷。
*墨池瑣錄三卷	刻本	楊慎	
石鼓文音釋三卷 附錄一卷	刻本	楊慎	進呈本，四庫存目。
*字彙十卷	刻本	梅膺祚	
聲音文字通三十二卷	刻本	趙撝謙	進呈本，四庫存目。
草書集韻四卷	刻本		
禮部韻略五卷	刻本	毛晃	
*洪武正韻十六卷	刻本	宋濂等	今閣存殘卷。
*古韻餘五卷 附古音餘後語一卷	刻本	楊慎	
說文解字韻譜二卷	刻本	陳鉅	進呈本。
*古音獵要一卷	刻本	楊慎	
九經韻覽十四卷	刻本	華燧	
五車韻瑞一百六十卷	刻本	凌稚隆	
併音連聲字學集要四卷	刻本	毛曾、周恪	
類聚古今韻府續編四十卷	刻本	包瑜	
*詩韻輯略五卷	刻本	潘恩	今閣存二卷。

二、史部

書名和卷數	版本	撰者或編者	備　　　　註
史記題評一百三十卷	刻本	李元陽	今閣存殘卷。
史記評林一百卷	刻本	凌稚隆	今閣存殘卷。
*史記考要十卷	刻本	柯維騏	
漢書評林一百卷	刻本	凌稚隆	今閣存殘卷。
兩漢評林三卷	刻本	湯賓尹	今閣存。
*函史上編八十二卷 下編二十二卷	刻本	鄧元錫	《明志》作「《上編》九十五卷、《下編》二十卷」。今閣存殘卷。
*唐餘紀傳十八卷	刻本	陳霆	《明志》作「二十一卷」。
*宋史新編二百卷	刻本	柯維騏	今閣存殘卷。
*元史二百十卷	刻本	宋濂等	《明志》作「二百十二卷」。今閣存殘卷。
*續藏書二十七卷	刻本	李贄	今閣存凡二本，一本殘。
*通鑑綱目前編三卷	刻本	許誥	今閣存。
*訂正通鑑綱目 前編二十五卷	刻本	南軒	今閣存殘卷。
*續資治通鑑綱目二十七卷	刻本	商輅等	《明志》題「續宋元資治通鑑綱目」。
*綱目集覽正誤二卷	刻本	陳濟	《明志》作「《通鑑綱目集覽正誤》五十九卷」。
資治通鑑節要續編三十卷	刻本	劉剡	今閣存殘卷。
*宋元資治通鑑一百五十七卷	刻本	薛應旂	今閣存殘卷。
*續資治通鑑六十四卷	刻本	王宗沐	《明志》題「宋元資治通鑑」。今閣存殘卷。
*續資治通鑑綱目廣義十七卷	刻本	張時泰	
綱目愚管二十卷	刻本	鄭宣	進呈本。
*世史正綱三十二卷	刻本	丘濬	今閣存。
*諸史會編大全一百十二卷	刻本	金濂	《明志》作「金濂《諸史會編》」。今閣存殘卷。
*元史續編十六卷	刻本	胡粹中	
重訂王鳳洲先生會纂綱鑑四十六卷 續宋元紀二十三卷	刻本	王世貞	今閣存殘卷。
綱鑑正史約三十六卷	刻本	顧錫疇	
古今歷代大統易見錄二卷	刻本	楊士奇	今閣存，蟲蛀，殘破。

歷代紀年甲子圖	刻本	李旻	
歷代世譜十卷	刻本		薛目云「明陳璘刻」。
人代紀要三十卷	刻本	顧應祥	今閣存殘卷。
歷代傳統	抄本		阮目。不著撰人名氏。
龍飛紀略八卷	刻本	吳樸	今閣存殘卷。
*洪武聖政記二卷	抄本	宋濂	
皇明本紀二卷	抄本		羅振常《經見錄》:「記太祖龍興事,不著撰人,不分卷,藍格抄本,然卷末一行則題中卷之二。」
皇明啓運錄八卷	刻本	陳建	《明志》有「邵相《皇明啓運錄》八卷」。
*皇明通紀四十二卷	刻本	陳建	《明志》作「《皇明通紀》二十七卷《續通記》十卷」。
皇明大紀二十八卷	抄本		阮目:「明嘉靖丁未閩嶠吳村序。」
成憲錄十一卷	抄本		進呈本,四庫存目。今閣存殘卷。
*憲章錄四十七卷	刻本	薛應旂	今閣存殘卷。
*昭代典則二十八卷	刻本	黃光昇	今閣存殘卷。
明大政紀□□卷	抄本		《明志》有「雷禮《大政記》三十六卷」。
皇明實錄一冊	抄本	楊士奇、胡廣等	今閣存殘卷。
明高宗實錄□卷	抄本		劉目不著撰人姓名,亦無卷數。
明實錄	抄本		薛目云:明胡廣等撰,始壬辰太祖起兵至洪武十三年正月止,又十七年十月至二十二年十二月止。
明實錄六冊	抄本		薛目云:始太祖壬辰至洪武二十三年。薛目又有胡廣明太祖實錄二百五十七卷。
*明成祖文皇帝實錄一百三十卷	抄本	張輔等	
*明仁宗昭皇帝實錄十卷	抄本	張輔等	
*明宣宗章皇帝實錄一百十五卷	抄本	楊士奇等	
*明英宗睿皇帝實錄六十六卷	抄本	明陳文等	《明志》作「三百六十一卷」。
*明憲宗純皇帝實錄一百九十三卷	抄本	劉吉等	《明志》作「二百九十三卷」。
*明孝宗敬皇帝實錄二百二十四卷	抄本	劉健等	

*明武宗毅皇帝實錄一百九十七卷	抄本	徐光祚等	今閣存殘卷。
*明世宗肅皇帝實錄四百卷	抄本	張居正等	
*明穆宗莊皇帝實錄七十卷	抄本	張居正等	
大明實錄二卷	抄本		
*宋史紀事本末二十六卷	刻本	馮琦撰，陳邦瞻補	今閣存殘卷。
*鴻猷錄十六卷	刻本	高岱	
*承天大志四十卷	刻本	徐階、李春芳等	
*炎徼紀聞四卷	刻本	田汝成	
行邊紀聞一卷	刻本	田汝成	
*漢唐秘史二卷	刻本	朱權編	
*遼小史一卷	刻本	楊循吉	
*金小史八卷		楊循吉	阮著錄爲刻本，劉、薛均著錄爲抄本。
*楚紀六十卷	刻本	廖道南	進呈本，四庫存目。
*滇載記一卷	刻本	楊慎	
*百夷傳一卷	抄本	錢古訓	進呈本，四庫存目。《明志》著錄作者爲「李思聰」。
*皇明政要錄二十卷	刻本	婁性編，儲巏校	
*徵吾錄二卷	刻本	鄭曉	
*今言四卷	刻本	鄭曉	
國朝謨烈輯遺二十卷	刻本	朱當㴐	
明良集十二卷	刻本	霍韜編	進呈本，四庫存目。包括《洪武聖政記》一卷、《北征前錄》一卷、《北征後錄》一卷、《三朝聖諭錄》三卷、《北征記》一卷、《天順日錄》一卷、《燕對錄》一卷，《明志》均著錄。
交泰錄	刻本	龍大有輯	楊士奇《三朝聖諭錄》，李東陽《燕對錄》、《宸章集錄》，共五卷。
*后鑑錄三卷	刻本	謝蕡	
*國初禮賢錄二卷	抄本	劉基	進呈本，四庫存目。見阮目。《明志》作「一卷」。
*國初事蹟一卷	刻本	劉辰	進呈本，四庫存目。
明高皇后傳一卷			不著撰人名氏。進呈本，四庫存目。
（別本）北平錄一卷	抄本		不著撰人名氏。進呈本，四庫存目。
平蜀記一卷			進呈本。

平夏錄一卷		黃標	
*皇朝平吳錄三卷			刻本。
*雲南機務抄黃一卷	刻本	張紞	
*革除遺事節本六卷	刻本	黃佐	進呈本，四庫存目
革除逸史二卷	刻本	朱睦㮮	進呈本，四庫全書收錄。《明志》有「朱睦㮮《遜國記》二卷」。
革朝忠遺錄二卷	抄本	郁袞	
革除編年一冊	抄本		進呈本，四庫存目。
革除遺事十六卷	抄本	符驗	進呈本，四庫存目。
致身錄一冊	刻本	史仲彬	
建文遜國之際月表二卷	刻本	劉廷鑾	
*壬午功臣爵賞錄一卷	抄本	都穆	
*壬午功賞別錄一卷	抄本	都穆	
*永樂聖政記三卷	抄本	張輔	今閣存殘卷。
永樂徵番兵令一卷	抄本		
*金文靖前後北征錄二卷	抄本	金幼孜	
*平定交南錄一卷	抄本	丘濬	進呈本。
仁宗聖政紀一冊	抄本		
宣宗聖政記	抄本		
*天順日錄一卷	刻本	李賢	《明志》作「二卷」。
*三朝聖諭錄三卷	刻本	楊士奇編	
維禎錄一卷附錄一卷	抄本	陳沂	進呈本，四庫存目。
*否泰錄一卷	抄本	劉定之	進呈本，四庫存目。
*正統臨戎錄一卷	刻本	楊銘	進呈本，四庫存目。
*出使錄一卷	刻本	李實	進呈本，四庫存目。《出使錄》，一名「使北錄」或「虛庵奉使錄」。
*北征事跡一卷	刻本	袁彬	進呈本，四庫存目。
復辟錄一卷	抄本	楊暄	
*馬端肅公三紀三卷	刻本	馬文升	進呈本。《西征石城紀》、《撫安東夷紀》、《興復哈密紀》各一卷。
南征錄一卷	抄本	張瑄	進呈本，四庫存目。
平蠻錄七卷	刻本	韓雍等	今閣存。
*平番始末一卷	抄本	許進	進呈本，四庫存目。
*燕對錄一卷	刻本	李東陽	
*治世餘聞錄二卷	抄本	陳洪謨	進呈本，四庫存目。
*繼世紀聞五卷	抄本	陳洪謨	進呈本，四庫存目。

安楚錄十卷	刻本	秦金	今閣存殘卷。
平吳凱旋錄四卷	刻本	朱澤	進呈本。
平粵錄一卷	刻本		
土魯番哈密事蹟一卷 附趙全讞牘一卷	抄本		進呈本，四庫存目。
知罪錄一卷	刻本	黃綰	阮目云「其書蓋議當今繼統之事」。
*御著大狩龍飛錄二卷	刻本	明世宗	
*南城召對錄一卷	抄本	李時	進呈本，四庫存目
*文華盛記一冊	抄本		《明志》有李時「《文華盛記》一卷」。
公侯簿三卷	抄本		進呈本，四庫存目。
*皇明功臣封爵考八卷	刻本	鄭汝璧編	《明志》作「功臣封考」。
明同姓諸王表四冊	刻本	鄭汝璧編	
皇明肅皇外史四十六卷	抄本	范守己	
*欽明大獄錄二卷	抄本		傅增湘《經眼錄》：「明寫本。張璁審理妖賊李福達案題奏等件。天一閣佚書。」羅振常《經見錄》：「前有嘉靖六年賜張璁等敕諭，後有璁等謝表，白口，雙框，大字，綿紙印。」
使琉球錄一卷	刻本	陳侃	進呈本。
*雲中紀變一卷	抄本	孫允中	進呈本，四庫存目。
龍憑紀略一卷	刻本	田汝成	進呈本，四庫存目。
南泰紀略一冊 藤峽紀略一冊	刻本	尹耕	進呈本，四庫存目。
處苗近事一卷	刻本	李愷	進呈本，四庫存目。
*平黔三紀一卷	刻本	趙汝濂	進呈本，四庫存目。
交黎剿平事略四卷	刻本	歐陽必進撰， 方悅民輯	
禦虜安邊策一卷	刻本	張鉉	
李克齋平倭事略一卷	刻本	蔣應奎	
*弇州史料前集三十卷後集七十卷	刻本	王世貞撰，董復表編	今閣存殘卷。
乙未私志一卷	刻本	余寅	進呈本，四庫存目。
院試平苗善後策一卷	刻本	李昶	
治猺近論一卷	抄本		
撫彝節略一卷	刻本		
皇明祖訓一卷			劉目：明洪武年頒，卷首有御製序。

皇明聖訓衍三卷			劉目、薛目：明永樂年頒行。
皇明詔敕一冊	抄本		阮目凡三本：一本洪武元年起，至嘉靖十三年止；一本洪武元年起，至嘉靖二十四年止；一本永樂元年起，至正統十四年止。劉目凡二本：一本洪武元年起，至宣德元年止；一本洪武元年起，至洪熙元年止。薛目凡二本，一本洪武元年起，至宣德元年止；一本永樂元年起，至洪熙元年止。
皇明詔敕五卷	刻本		阮目凡二本：一本永樂二十二年起，至嘉靖二十四年止；一本正德五年起，至嘉靖十二年止。薛目一本永樂二十二年起，至嘉靖二十四年止。羅振常《經見錄》作四卷：「無序跋，皆敕書。自永樂二十二年至嘉靖二十四年。嘉靖刻本，白口，綿紙本，四冊。」
皇明詔制八卷	刻本	霍韜編	進呈本，四庫存目。
皇明詔令二十一卷	刻本	傅鳳翔輯	明洪武初起，嘉靖二十六年止。嘉靖二十七年浙江布政使司校補，濟南黃臣後序。
燕王令旨一篇	抄本		傅增湘《經眼錄》：「燕王令旨奏章一卷。明紅格寫本。皆王起兵時事，可補史乘。」
北京建太廟敕諭奏章一卷	抄本		傅增湘《經眼錄》：「明紅格寫本，九行十八字。前錄敕議，後錄奏疏。署嘉靖十三年八月十五日少保兼太子太保禮部尚書翰林院學士臣夏言等九十八人。後附刊布敕議一篇，列夏言等五人銜名，末有本年十一月初二日南京禮部準禮部咨翻刊。」
皇帝敕諭禮部一卷			見阮目。
聖訓約一卷		伍萬春	見劉目。
秦漢書疏十八卷	刻本	徐紳編刊	
兩漢書疏十六卷	刻本	周瓘編	
大儒奏議六卷	刻本	邵寶編	
*赤城論諫十九卷	刻本	謝鐸編	今閣存殘卷。
*歷代名臣奏議三百五十卷	刻本	黃淮、楊士奇等編	今閣存殘卷。
皇明名臣經濟錄五十三卷	刻本	黃訓編	
皇明名臣經濟錄十八卷	刻本	陳九德編	今閣存序目。

*皇明疏議輯略三十七卷	刻本	張瀚編	今閣存殘卷。
皇明經濟文錄四十一卷	刻本	萬表編	今閣存殘卷。
閣諭錄四卷	抄本	楊一清	進呈本。
皇明兩朝疏鈔本十二卷	刻本	顧爾行編	進呈本，四庫存目。
明疏鈔七十卷	刻本	孫旬編	今閣存殘卷。
名臣邊疆題要十二卷	抄本		阮目：「明成化二年起嘉靖十七年止一百六十六條」。
本朝奏疏不分卷二冊	抄本		今閣存，蟲蛀，水漬。馮目云「首列戶部尚書梁材等爲邊儲利弊疏、廣東道御史傳鎮爲邊情議釁以防欺罔以安人心疏」。
本朝奏疏十二冊	抄本		今閣存一冊。馮目云「首爲湖廣監察御史姚舉核郡邑官員疏」。
國朝奏疏□卷	抄本		今閣存殘頁。馮目云「中有致仕少師兼太子太師吏部尚書華蓋殿大學士張居正謝恩疏」。
錄本摘要七卷	抄本		阮目云「係摘錄明名臣奏疏」。
李給事端本策一卷	刻本	李蕃	李蕃，洪熙元年（1425）上端本十六策。
*少保于公奏議十卷	刻本	于謙	于謙（1398～1457），浙江錢塘人，永樂十九年進士，官至兵部尚書。《明史》卷 170 有傳。
*余肅敏公奏議三卷	刻本	余子俊	《明志》作「六卷」。今閣存殘卷。
*少保林莊敏公奏議八卷	刻本	林聰	林聰（1417～1482）福建寧德人，正統四年進士，授刑科給事中，進吏科都，拜右都御史，官終刑部尚書，慷慨論事，諡莊敏。《明史》卷 177 有傳。
章恭毅公進思錄一冊	刻本	章綸	阮目云「首有氏族實紀」。
章恭毅公奏議一卷	刻本	章綸	阮目云「首尾殘缺」。
張簡肅公奏議三卷	抄本	張敷華	今閣存。
商文毅公疏稾略二卷	抄本	商輅	《明志》有「商輅《奏議》一卷」。進呈本，四庫全書收錄。
*馬端肅公奏議	刻本	馬文升	阮目著錄凡二種：一種二卷，張繪選，正德刻本；一種十六卷，魏尚綸編，嘉靖刻本。
都憲徐公奏議五卷	刻本	徐恪撰，邵寶編	徐恪（1431～1503），南直隸常熟人，成化二年（1466）進士，弘治四年（1491）至七年（1494）以右副都御史巡撫河南。《明史》卷 185 有傳。

關中奏議十八卷	刻本	楊一清	今閣存殘卷。楊一清（1454～1530），原籍雲南安寧，徙南直隸京口，成化八年（1472）進士，官終吏部尚書兼武英殿大學士入閣參預機務。《明史》卷 198 有傳。是集乃其督理陝西馬政、巡撫陝西及三任三邊總制時所上奏疏。《明志》有「楊一清《奏議》三十卷」。
吏部獻納稿十四條		楊一清	楊一清正德六年（1511）二月至十年（1515）正月任吏部尚書時所上疏。
戶部奏議二卷	刻本	王瓊	王瓊（1452～1532）號晉溪，成化二十年（1484）進士，正德八年（1513）至十年（1515）任戶部尚書。《明史》卷198 有傳。
晉溪敷奏十四卷	刻本	王瓊	王瓊，正德十年至十五（1520）任兵部尚書。
蠖菴疏稿二卷	刻本	屈伸	屈伸（1460～1504）號蠖菴，北直隸任丘人，成化二十三年（1487）進士，授禮科給事中，遷兵科都給事中。《明史》卷 180 有傳。
東湖西巡奏疏四冊	抄本	吳廷舉	吳廷舉（1462～1527）號東湖，廣西梧州人，成化二十三年進士，官終右副都御史。《明史》卷 201 有傳。
趙莊靖公奏議八卷	刻本	趙璜	趙璜，江西安福人，弘治三年（1490）進士，官至工部尚書，諡莊靖。《明史》卷 194 有傳。
蠢遇錄二卷	刻本	吳世忠	
恤刑錄二卷	刻本	孫燧	今閣存。阮目作「《審錄編》二卷」。
胡端敏公奏議十卷	刻本	胡世寧	今閣存殘卷。
少保李康惠公奏草十三卷	刻本	李承勛	李承勛（1473～1531）湖廣嘉魚人，弘治六年進士，官終兵部尚書，諡康惠。《明史》卷 199 有傳。
奏議擇稿四卷	刻本	王薑	王薑字惟忠，號罋菴，山東濰縣人，弘治九年進士，嘉靖以右副都御史巡撫河南、江西、陝西等地。
江西巡撫奏議一卷	抄本	陳洪謨	阮目：「右副都御史陳某嘉靖三年、四年奏。」考陳洪謨（1474～1555），弘治九年進士，嘉靖三年至六年以右副都御史巡撫江西。
狒峯奏議二卷	刻本	戴銑	戴銑（？～1507）號狒峯，婺源人，弘治九年進士，為給事中，數有建白。《明史》卷 188 有傳。

督撫河西奏議六卷	刻本	唐澤	唐澤，南直隸歙縣人，弘治十二年進士，嘉靖六年（1527）至十年（1531）以右副都御史巡撫甘肅。
小泉林公奏稿一卷 奏稿續錄一卷	刻本	林庭㭿	林庭㭿（1472～1541）號小泉，福建閩縣人，弘治十二年進士，授兵部主事，官至工部尚書。
梁儉菴疏義十卷	刻本	梁材	鄭曉《今言》云：「戶部尚書梁公材，南京人，弘治己未進士，字大用，號儉菴。清修勁節，始終不渝。爲翊國公郭勛所惡，削籍。初爲縣令，歷知嘉、杭二府，皆有惠政。有《儉菴奏議》四冊。」（中華書局，1984年版，第143頁）
芹溪議稿二卷	刻本	淩相	淩相（1475～1540）號芹溪，通州人，弘治十二年進士，授沂水知縣，徵拜御史，擢廣東僉事，歷四川、雲南布政使，終右副都御史巡撫湖廣。《獻徵錄》卷61有傳。
浚川奏議十卷	刻本	王廷相	今閣存殘卷。王廷相（1474～1544）號浚川，河南儀封人，弘治十五年進士，官終都察院都御史掌院事。《明史》卷194有傳。
青崖奏議七卷 附錄敕書三道	刻本	王萱	王萱（1482～1518）字時芳，號青崖，江西金溪人，弘治十五年進士，選庶吉士，擢刑科給事中，忤劉瑾，致仕，瑾誅，起兵科，爲諫官凡四年，「其在科與視師在蜀前後所上百餘疏，集中錄其大者」（王蓂序，見阮目）。
治齋奏議四本 順天集一卷 南兵集一卷 南臺集一卷 勘彝集一卷 北兵集一卷 吏部集二卷	刻本	萬鏜	萬鏜（1485～1565），號治齋，江西進賢人，弘治十八年進士。《明史》卷202有傳。
奏疏摘錄八卷	刻本	顧應祥	阮目：「顧應祥歷任條陳奏疏。」顧應祥（1483～1565）號箬溪，弘治十八年進士，授饒州府推官，歷廣東僉事，江西副使，陝西苑馬寺卿，山東參政、按察使、布政使，都察院右副都御史巡撫雲南，南京兵部侍郎，終刑部尚書。
箬溪疏草□卷	刻本	顧應祥	

歷官表奏十二卷	刻本	嚴嵩	
南宮奏謝錄三卷	刻本	嚴嵩	嚴嵩，嘉靖十五年至二十一年任禮部尚書。
南宮奏議三十卷	刻本	嚴嵩	
南宮疏略八卷	刻本	嚴嵩	
吳維石奏議二卷	刻本	吳巖	吳巖（1476～1524），字瞻之，一字維石，南直隸吳江人，正德三年（1508）進士，授行人，正德六年選工科給事中，十二年陞戶科，以假歸，十三年復任，十四年陞工科都給事中，十六年陞陝西參政。（《掖垣人鑑》卷十二）
江西奏議二卷	刻本	唐龍	
督撫奏議二卷	刻本	唐龍	唐龍，嘉靖七年至八年任右僉都御史督漕鳳陽。
總制奏議十卷	刻本	唐龍	唐龍嘉靖十年至十四年任兵部尚書，總制陝西三邊軍務。
安南奏議一冊	抄本	毛伯溫	阮目云：「嘉靖間毛伯溫征安南具奏及議處安南事宜，淮右徐樀題。」毛伯溫（1482～1545），江西吉水人，正德三年進士，嘉靖十七年至二十一年任兵部尚書兼右都御史，議征安南事宜。
毛東塘安南疏稿一卷	刻本	毛伯溫	
秀峯石公奏議二卷	刻本	石天柱	石天柱號秀峯，四川岳池人，正德三年進士，歷戶、兵、工科給事中。《明史》卷 201 有傳。羅振常《經見錄》：「前有嘉靖辛亥（1551）楊慎序，後附詩一，行實一（男有忠），行狀云：『先君諱天柱，字秀瞻，秀峰其號也，成化甲午生。』後有嘉靖壬子（1552）昆陽馬負圖跋，嘉靖刊小黑口本，皮紙印，二冊。」
督撫奏疏十六卷	刻本	劉天和	劉天和，湖廣麻城人，正德三年進士，嘉靖九年至十一年以右僉都御史巡撫陝西，嘉靖十五年至十九年總制陝西三邊，改總督。《明史》卷 200 有傳。
撫臺奏議四卷	刻本	潘塤	今閣存殘卷。潘塤，正德三年進士，授工科給事中，陞吏科右，又陞兵科左，又陞兵科都，十一年調開州府同知。嘉靖七年至八年以右副都御史巡撫河南。《明史》卷 203 有傳。

孫毅菴奏議二卷	刻本	孫懋	進呈本，四庫全書收錄。
雲中撫平奏疏稿三卷	刻本	樊繼祖	樊繼祖（1480～1557）正德六年進士，嘉靖十二年（1533）至十五年（1536）任右僉都御史巡撫大同，撫平大同叛卒。
漕河奏議四卷	刻本	王以旂	進呈本，四庫存目。
桂文襄公奏議八卷	刻本	桂萼	桂萼，《明史》卷 196 有傳。
渭厓疏要二卷	刻本	霍韜	霍韜（1487～1540），《明史》卷 197 有傳。
戴兵部奏疏不分卷	刻本	戴金	今閣存。
桂洲奏議二十卷 外集二卷	刻本	夏言	
郊祀奏議二卷	刻本	夏言	
山西按功奏議二卷	刻本	夏言	
奏謝錄三卷	刻本	夏言	
史鹿野雲中奏議四卷	刻本	史道	史道（1485～1554）號鹿野，北直隸涿州人，正德十二年進士，嘉靖十五年（1536）至二十年（1541）以僉都御史巡撫大同。
恤刑疏草八卷	刻本	葛木	
西臺奏議二卷	刻本	王重賢	王重賢，字子尚，北直隸交河人，正德十六年進士，「授即墨知縣，徵入爲浙江道監察御史，諫章屢上，杖闕下。尋謫判壽州，稍轉嘉定知縣，入爲戶部主事，復謫雲南安寧州同知，轉知徐州、濟南同知，終江西按察司僉事」（民國《交河縣志》卷七）。
館省書疏三卷	刻本	鄭一鵬	鄭一鵬，福建莆田人，正德十六年進士，嘉靖初官戶科給事中，轉吏科，遇事敢言。《明史》卷 206 有傳。羅振常《經見錄》：「隆慶刊本，白口，皮紙印，一冊。前有隆慶戊辰希齋柯維騏序，次隆慶二年戊辰林潤序。」（第 123 頁）
羅山奏疏七卷	刻本	張璁	今閣存殘頁。張璁（1475～1539）號羅山，浙江永嘉人，正德十六年進士。《明史》卷 196 有傳。
青瑣疏略二卷	刻本	張逵	今閣存。張逵，《明史》卷 206 有傳。
彭給事奏議三卷	刻本	彭汝寔	彭汝寔，正德十六年進士，授南京吏科給事中，「嘉定四諫」之一。《明史》卷 208 有傳。

謝恩疏一卷	刻本	鄭曉	鄭曉（1499～1566），《明史》卷199有傳。
胡莊肅公奏議三卷 又續一卷	刻本	胡松	胡松（1503～1566），南直隸滁州人，嘉靖八年進士，諡莊肅。《明史》卷202有傳。
安邊疏要一卷	刻本	胡松	
經理三關奏記二卷	刻本	胡松	
督撫江西奏議四卷	刻本	周相	周相（1497～1574），嘉靖四十二年至四十四年副都御史巡撫江西。
李克齋督撫經略（疏）八卷	刻本	李遂撰，劉景紹編	李遂（1504～1566），號克齋，江西豐城人，嘉靖五年進士，嘉靖三十六年冬至三十八年冬以右僉都御史巡撫鳳陽。《明史》卷205有傳。
讞獄稿五卷	刻本	應檟	應檟，浙江遂昌人，嘉靖五年進士，「授刑部主事，惠安張某以贓敗，下部，客有為張私謁者夜遺金七百，峻拒之，嚴駁如法。歷郎中，奉使南直隸，恤刑平反，全活者眾」，官至兵部侍郎，總督兩廣軍務，「所著有《慎獨錄》、《讞獄稿》、《大明律釋義》行世」（光緒《遂昌縣志》卷八）。
審錄疏略一冊	抄本	應檟等	阮目云：「後附林瓊疏略，並正統、正德、嘉靖間題奏覆議十餘條」。今閣存。
總督採辦疏草三卷	刻本	劉伯躍	
撫臺奏議二卷	刻本	楊博	楊博，山西蒲州人，嘉靖八年進士，嘉靖二十五年至二十九年以右僉都御史巡撫甘肅，嘉靖三十二年至三十四年以兵部左侍郎兼右副都總督薊遼、保定，嘉靖三十七年至三十八年總督宣大。《明史》卷214有傳。《明志》有「楊博《獻納稿》十卷、《奏議》七十卷」。
經略疏稿二卷	刻本	楊博	
諫垣奏議四卷	刻本	樊深	
范司馬奏議四卷	刻本	范欽	今閣存。
陝西奏議	刻本	張光祖	阮目不著卷數。張光祖（1505～？）字德徵，號雙溪，南直隸潁川人，嘉靖十一年進士，授鉅鹿知縣，改上虞縣，嘉靖十八年至十九年任陝西巡按御史。

皆山堂稿七卷	刻本	呂光洵	呂光洵（1518～1580），嘉靖二十四年巡按南直隸蘇、松、常、鎮四府，嘉靖四十二年（1563）至隆慶元年（1568）以右都御史巡撫雲南。
周受菴疏稿一本	刻本	周滿	周滿，字謙之，號受菴，嘉靖十一年進士，官終右副都御史。《獻徵錄》卷 58 有傳。
顧太僕寺奏議一卷	刻本	顧存仁	顧存仁（1502～1575），《明史》卷 209 有傳。
臺省疏稿八卷	刻本	張瀚	張瀚（1511～1593），《明史》卷 225 有傳。
刑科給事中奏疏一卷	抄本	龍遾	龍遾，江西永新人，嘉靖十四年進士，授行人，十八年擢刑科給事中，二十一年降福建參議，後遷興化府推官、貴州僉事。同治《永新縣志》卷十六稱其「入諫垣僅歲餘，疏凡數十上，皆天下大計，彈劾不避貴倖」，「所著有《掖垣疏草》」。
觀風輯略一卷	刻本	饒天民	饒天民，字明先，湖廣崇陽人，嘉靖十四年進士，授中書舍人，官河南道監察御史，巡按南直隸。
審錄疏稿三卷	刻本	孫宏軾	孫宏軾，嘉靖十七年（1538）進士，授新河知縣，升刑部主事，官至湖廣布政司左參政。
南陵王奏議一冊	刻本	朱睦㮮	
審錄廣東書冊（題稿）二卷	刻本	林大章	阮目：「嘉靖三十年刑部署郎中事林大章撰，首載敕諭。」大章字章之，福建閩縣人，嘉靖二十年（1541）進士。
御史大夫思質王公奏議二十六卷	刻本	王忬	王忬（1507～1560）號思質，太倉人，嘉靖二十年進士，官至右都御史總督薊遼。《明史》卷 204 有傳。
撫虔奏稿三卷	刻本	陸穩	今閣存殘卷。陸穩（1517～1581），浙江歸安人，嘉靖二十三年（1544）進士，嘉靖三十七年（1558）至四十二年（1563）以右副都御史提督南贛軍務。
馬市奏議一冊	抄本	趙錦等	趙錦（1516～1591），浙江餘姚人，嘉靖二十三年進士，嘉靖三十年至三十一年任兵部尚書。
守揚疏議四卷	刻本	吳桂芳	吳桂芳（1521～1578），江西新建人，嘉靖二十三年進士，嘉靖三十一年起任揚州知府。官至工部尚書，《明史》卷 223 有傳。

南贛督撫奏議五卷	刻本	吳百朋	吳百朋（1519～1578），浙江義烏人，嘉靖二十六年進士，嘉靖四十二年六月至隆慶二年以右僉都御史巡撫南贛。《明史》卷220有傳。
閱視三鎮奏議□卷	刻本	吳百朋	吳百朋，萬曆元年（1573）以兵部右侍郎兼右僉都御史閱視宣大山西邊務。
海防疏一冊	刻本		阮目云：「嘉靖三十四年督察院疏稿。」劉目云：「明楊博撰。」薛目云：「明嘉靖三十四年浙江上。」未詳。
浙江海防兵糧疏一冊	刻本		今閣存。
鳳竹先生奏疏稿二卷	刻本	徐栻	徐栻（1519～1581）號鳳竹，南直隸常熟人，嘉靖二十六年進士，授宜春縣令，歷南京湖廣道監察御史、雲南按察使、都御史巡撫江西、刑部左侍郎等，官終南京工部尚書。
滇臺行稿四卷	刻本	徐栻	
督撫江西奏議四卷	刻本	徐栻	今閣存殘卷。徐栻隆慶五年至六年巡撫江西。
奏對稿	刻本	張居正	康熙目有「四本」。阮目不著卷數，云「不全」。
伏闕稿二卷	刻本	王世貞	王世貞（1526～1590），隆慶元年伏闕為父王忬辨冤，內閣首輔徐階准復官。
兩河經略四卷	刻本	潘季馴	進呈本，四庫全書收錄。
審錄河南題稿十四卷	刻本	查絳	查絳，字汝素，號碧山，浙江上虞人，嘉靖二十九年進士，官欽差大理寺評事。
張賢田奏稿一卷	抄本	張爵	阮目云：「吏部聽選監生張爵撰，嘉靖二十三年癸卯樂天居易鸞跋」。
祖孫臺諫奏疏二卷	刻本	朱栻、朱隆禧	朱栻，南直隸崑山人，成化十七年進士，授蕭山知縣，擢南京監察御史，「遇事敢言，嘗率同列論劾文選郎中貢欽招權納賄，罷之，又因災異上疏言天變不虛，必與人事相關，指摘時弊，言甚剴切。為人簡易沉默，言動不苟，惜未及大用而卒」（嘉靖《崑山縣志》卷十一）孫朱隆禧，嘉靖八年進士，「十三年五月由行人選兵科給事中，十五年陞禮科右、吏科左，十六年陞兵科都，十七年陞應天府丞，十八年考察閑住。後以進藥枕就其家累陞太常寺卿，加陞禮部左侍郎，致仕。」（《掖垣人鑑》卷十三）。

督撫奏議十四卷附南垣疏議一卷	刻本	劉堯誨	劉堯誨，湖廣臨武人，嘉靖三十二年（1553）進士，萬曆元年（1573）至四年進僉都御史巡撫福建，萬曆五年至六年巡撫江西，萬曆六年至九年總督兩廣，晉南京兵部尚書參贊機務，致仕。
審錄廣東案稿二卷	刻本	夏道南	今閣存。夏道南，浙江餘姚人，嘉靖三十八年（1559）進士，授刑部主事，讞獄廣東。
恤刑題稿八卷	刻本	盧漸	盧漸，號一峰，浙江鄞縣人，嘉靖四十四年進士。萬曆四年（1576）以刑部郎中審錄福建。
焚餘集一卷	刻本	管大勳	今閣存。
敬事草十九卷	刻本	沈一貫	
奏疏□卷	抄本		今閣存。馮目云「爲籌邊防疏，水漬腐敗，書名不可考」。
允蟁堂本奏議不分卷	刻本		今閣存二冊。馮目云：「工部尚書曾省吾爲修理皇極門金殿鰲山物料蠲免各省值錢糧等疏」。
*春秋列傳五卷	刻本	劉節	今閣存殘卷。
戰國人才言行錄十卷	刻本	秦瀹	進呈本，四庫存目。
古列女傳八卷	刻本	漢劉向、明黃省曾	
*古今列女傳三卷	刻本	謝縉等	今閣存。
*續高士傳十卷	抄本	皇甫涍	
徐蘇傳二卷	刻本	李廷貴編	
新刊三士錄四卷	刻本	朱拱欀輯	
百將傳續編四卷	刻本	何喬新	
*歷代臣鑒三十七卷	刻本	宣宗瞻基	
*外戚事鑒二卷	抄本	宣宗敕撰	進呈本，四庫存目。
歷代君鑒五十卷	刻本	朱祁鈺	
*帝鑑圖說不分卷		張居正、呂調陽	今閣存。《明志》作「六卷」。
名相贊一卷	刻本	尹直	進呈本，四庫存目。
碩輔寶鑑要覽四卷	刻本	耿定向	羅振常《經見錄》：萬曆精刻本，白皮紙初印，三冊。
守令懿範四卷	刻本	蔡國熙	
*歷代忠義錄十四卷	刻本	王萛	進呈本，四庫存目。《明志》作「十八卷」。
忠孝集一卷	刻本	何自學編	

純孝編四卷	刻本	朱睦㮮編	
*唐忠臣錄一冊	刻本	鄭瑄編	《明志》著錄作「《唐忠臣睢陽錄》二卷」。
*考亭淵源錄二十四卷	刻本	宋端儀撰，薛應旂重修	
*宋遺民錄十五卷	刻本	程敏政	
*南宋名臣言行錄十六卷	抄本	尹直	進呈本，四庫存目。
宋五先生郡邑政績一卷	刻本	李貴	進呈本，四庫存目。
道南書院錄五卷	刻本	金賁亨、黃偉節等編	輯楊時、謝良佐、李侗、朱熹、程顥五先生言行心法。
善行錄八卷續錄二卷	刻本	張時徹編	進呈本。
*皇朝名臣錄贊一卷	刻本	彭韶	《明志》作「二卷」。
皇朝名臣言行通錄十二卷	刻本	尹直	今閣存。
*皇朝名臣言行錄十四卷	刻本	楊廉	《明志》作「四卷」。
*皇明理學名臣言行錄二卷	刻本	楊廉撰，陸崑重編	今閣存殘卷。
*皇朝名臣言行錄十四卷	刻本	徐咸	
*皇明名臣言行錄二十四卷	刻本	徐咸重纂，鄭曉校正	進呈本，四庫存目。《明志》作「《名臣言行錄前集》十二卷、《後集》十二卷」。
*皇朝名臣琬琰錄二十四卷	刻本	徐紘	《明志》作「五十四卷」。
*殿閣詞林記二十二卷	刻本	廖道南	進呈本，四庫全書收錄。
*掾曹名臣錄一卷 續集一卷	抄本	王瓊	進呈本，四庫存目。《明志》著錄作者爲「王鴻儒」。
*皇明獻實四十卷	刻本	袁袠	
*內閣行實二冊	抄本	雷禮	進呈本。《明志》作「《閣臣行實》八卷」。
*皇朝名臣言行錄新編三十四卷	刻本	沈應魁	《明志》著錄作者「沈庭奎」，誤。今閣存殘卷。
*國寶新編一卷	刻本	顧璘	
明儒傳三卷	抄本		阮目云：「其諸儒之傳始於曹端，而終於金鉉，皆有明一代大儒也。」
名臣列傳一冊	抄本		阮目云：「始於陸參政容傳，程敏政撰；終於刑部尚書白昂傳，李東陽撰。」
皇明帝后紀略一卷	刻本	鄭汝璧	
*天潢玉牒一卷	抄本		
勳臣世系不分卷	抄本		今閣存。

*三家世典三卷	抄本	郭勛編	《明志》作「一卷」。傅增湘《經眼錄》：「三家世典一卷。明藍格寫本，十二行二十二字。記明徐達、沐英、郭英世系勳伐。」
*畜德錄一卷		陳沂	進呈本，四庫存目。
循良彙編十二卷	刻本	李仲僎	羅振常《經見錄》：嘉靖刻本，白口本，四冊。
*備遺錄一卷	抄本	張芹	進呈本，四庫存目。《明志》雜史類有「張芹《建文備遺錄》二卷」，傳記類有「張芹《備遺錄》一卷」。
革朝遺忠錄二卷	刻本	郁袞	進呈本，四庫存目。
靖難功臣錄一卷	抄本		進呈本。
拾遺書一卷	抄本	林塾	進呈本，四庫存目。
*群忠錄三卷	刻本	唐龍	阮目云：「係錄宸濠時被劫不屈死者四人事實，並自序。」《明志》：「唐龍《康山群忠錄》一卷、《二忠錄》二卷（紀王褘、吳雲事）」。
雙忠錄二卷	刻本		今閣存。記孫燧、許逵事蹟。
二忠傳一卷	刻本	朱睦㮮編	
開州正祀錄四卷	刻本	潘塤	今閣存殘卷。
*紀善錄一卷	抄本	杜璜	進呈本，四庫存目。
*吳中往哲記二卷	刻本	楊循吉	《明志》作「一卷」。今閣存殘卷。
續吳中往哲記補遺一卷	刻本	黃魯曾	今閣存。
*續吳先賢贊十五卷	刻本	劉鳳	今閣存殘卷。
毗陵人品記四卷	刻本	毛憲、葉金	進呈本，四庫存目。
潤州先賢事實錄六卷	刻本	姚堂	
皇朝中州列女傳一卷	刻本	朱睦㮮	
*皇朝中州人物志十六卷	刻本	朱睦㮮	今閣存殘卷。
國朝祥符鄉賢傳八卷	刻本	李濂	
*國朝祥符文獻志十七卷	刻本	李濂	今閣存殘卷。
青州府樂安縣崇獎孝誼冊不分卷	刻本	樂安縣編	今閣存。
*浦陽人物記二卷	刻本	宋濂	進呈本，四庫全書收錄。《明志》題「浦江人物記」。
*兩浙名賢錄五十四卷	刻本	徐象梅	今閣存殘卷。《明志》著錄作者爲「徐學聚」，誤。
金華賢達傳十二卷	刻本	鄭柏	進呈本，四庫存目。
四明文獻錄一卷	刻本	黃潤玉	進呈本，四庫存目。

*四明文獻志十卷	刻本	李堂編	
*義烏人物志二卷	刻本	金江	進呈本，四庫存目。
紹興名宦鄉賢贊一卷	刻本	王廷	今閣存殘頁。
*莆陽文獻十三卷	刻本	鄭岳	進呈本六冊。前帙十三卷，後帙七十四篇。《明志》作「《莆陽文獻志》七十五卷」。
*廣州人物傳二十四卷	刻本	黃佐	進呈本，四庫存目。《明志》題「廣州人物志」。
*建寧人物傳四卷	刻本	李默	《明志》「三卷」。今閣存殘頁。
殷太子比干錄三卷 微子附錄一卷 箕子附錄一卷 旁證一卷	刻本	曹安	今閣存。
夷齊錄五卷	刻本	張玭	進呈本，四庫存目。
尊聖集四卷	刻本	陳堯道編	進呈本，四庫存目。
素王記事	刻本	王璿輯	
孔子聖蹟圖	刻本	謝秉秀輯	
孔子通記一卷	刻本	潘府	
顏子二卷	刻本	薛應旂輯	
曾子誌一卷	抄本		
關天帝紀四卷	刻本	孫際可等編	今閣存。
晉周平西將軍忠義集一卷	刻本	危山編	記晉周處。
張乖崖事文錄四卷	刻本	顏端、徐瀚編	記宋張詠。進呈本，四庫存目。
范文正公言行拾遺錄一卷 義莊規矩一卷 鄱陽遺事錄一卷	刻本	毛一鷺編	今閣存。
元公年譜一冊	抄本	張元禎編	記宋周敦頤。進呈本。
二程世家年表二卷	刻本	楊廉編	《明志》作「《二程年譜》一卷」。
宋陳少陽先生盡忠錄八卷	刻本	陳沂	記宋陳東。
岳集五卷	刻本	徐階輯	記宋岳飛。
朱仙鎮嶽廟集十二卷	刻本	李濂輯	
*朱子實紀十二卷	刻本	戴銑編	記宋朱熹。今閣存殘卷。
紫陽文公先生年譜五卷	刻本	李默編	今閣存。
考亭朱氏文獻全譜十冊	刻本		阮目云：明朱鍾文跋。
太師徽國公文公年譜五卷	刻本		阮目云「明宣德六年括蒼葉某重刊，丘錫、孫原貞、汪仲魯序，八世孫湛識」。

懷賢錄一卷	抄本	沈愚編	記宋劉過。
忠義錄一卷	刻本	袁珙、袁忠徹	記其高祖宋袁鏞。
劍陽名儒錄二卷	刻本	李璧	記宋黃棠事。進呈本。
臨海仙巖文信公新祠錄二卷	刻本	葉琰編	記宋文天祥。
南山居士年譜二卷	刻本	周季麟	阮目云：正德乙亥（1515）費宏序。
余青陽先生忠節附錄二卷	刻本	張毅輯	記元余闕。
*周顛仙傳一卷	刻本	朱元璋	
袁柳莊傳一卷	抄本	黃潤玉	記明袁珙。
宋氏傳芳錄八卷	刻本	潘章輯	錄宋濂所被制誥敕詩及公卿大夫贈送文辭。
*翊運錄二卷	刻本	劉廌編	輯劉基誥敕奏祭等。
鍾鼎逸事一卷	刻本	李文秀	記沐英。進呈本，四庫存目。
沐英行狀一冊		豐疇	見薛目。
皇明恩命錄四卷	刻本		沐氏誥敕。今閣存殘卷。
楚昭王行實一卷	刻本	楚憲王季堄	記楚昭王楨，有正統八年寧王權序。
王氏家乘一卷	刻本	王楫輯	記其父王渙。
陳芳洲先生年譜一卷	刻本	黃翔	記明陳循。
傅尚書傳一卷	刻本	崔銑	記明傅珪。
章恭毅公年譜一冊	刻本	章玄應編	記其父章綸。羅振常《經見錄》云：「弘治刊大字本，闊黑口，一冊。」（第126頁）
章樸菴狀志銘傳一卷 徵考錄二冊	刻本	章藹編	記其父章拯。
甘泉先生年譜言行錄六卷	刻本	陳讓撰，蔣信續編	記明湛若水。
陽明先生年譜三卷	刻本	錢德洪編次，羅洪先考訂	記明王守仁。今閣存殘卷。
楓山章文懿公年譜二卷	刻本	阮鶚	明章懋年譜。
楓山先生實紀二卷	刻本	章接編	記其父章懋。
天枝旌孝編一冊	刻本	成皐王朱載垙編	
敕賜崇孝祠錄一卷	刻本	朱睦㮮編	《明史》卷116：「父奉國將軍安㳦以孝行聞於朝，璽書旌賚。既沒，周王及宗室數百人請建祠。詔賜祠額曰崇孝。」
楊文敏公年譜四卷	刻本	楊肇編	楊榮年譜。
蹇忠定公年譜一卷	刻本	蹇英	蹇義年譜。今閣存，破損。

奕世增光集八卷	刻本	魏道行編	進呈本。
四朝恩典錄不分卷	刻本	高祖編	記宜春高琬（1445～1529）。今閣存。
商文毅公遺行集一卷	刻本	商汝頤	記商輅。進呈本，四庫存目。今閣存一本。
夏忠靖公遺事一卷	刻本	夏崇文	記夏原吉。進呈本，四庫存目。今閣存一本。
忠烈編十卷	刻本	孫堪等編	記其父孫燧。進呈本，四庫存目。今閣存一卷，蟲蛀。
許忠節公錄六卷	刻本	楊旦	記許逵。今閣存殘卷。
榮忠錄十卷	刻本	何世守	記何遵。今閣存殘卷。
忠義實紀一冊	刻本	楊二和	記劉東圃。今閣存，破殘。
恩綸錄二卷	刻本	張學顏編	
恩遇集一卷	刻本	廖道南	
陳選傳	刻本	田汝成	
邵端峰先生遺範錄一卷	刻本	邵子存	今閣存，破殘。
右副都御史陸公狀不分卷	刻本	葉應驄	今閣存，破殘。
恩命錄不分卷	刻本		記明吳鵬誥敕。今閣存。
儀制司郎中松溪戚府君墓誌行實不分卷	刻本	雷禮、戚元佐	今閣存。
恩卹錄不分卷	刻本		嚴嵩妻卒後卹典。今存殘頁。
屠少司馬竹墟年譜		屠本晙	屠大山年譜。
先公少司馬傳一卷	刻本	胡大愼	記其父胡守中事。今閣存，殘損。
太傅呂文安公葬錄一卷	刻本		呂本（1504～1587）諡文安。劉目作「誥命制文一卷」。
褒忠錄一冊			記錢薇事迹。今閣存，殘破。
雪夜墓歸記二卷	刻本	彭年	記正德間杜遵事。
長洲杜隱君事略不分卷	刻本		一冊，杜遵事略。今閣存二部，蟲蛀。
忠勤錄五卷	刻本	文徵明	阮目錄文徵明識語：「參政張公於徵明初無雅故，然嘗屬人道公平賊事，頗艷之。及是從其子淮得公所記日歷甚詳，因爲詮次如此。」
范孝子傳一卷	刻本	徐養正	記范寅事。
崇孝錄一卷	刻本	錢鳳來輯	記鄞東錢氏。今閣存。
福建按察司副使陸公暨妻楊氏行實不分卷	刻本	唐龍	記鄞縣陸偁及其妻。今閣存。
福建按察司楚亭楊君暨妻舒氏行述一卷	刻本	楊恂	記鄞縣楊德政（1547～1604）及其妻。今閣存。

武林世紀不分卷	刻本		記長洲顧啟明及其妻。今閣存，殘損。
幽光錄不分卷	刻本		記歐陽庸及其妻事。今閣存，殘損。
漢天師世家一卷	刻本	傅同虛編	
表忠記			阮目：「明崇禎甲申冬，周而沛等焚衿文廟，囓指血書。四明沈崇埨記其事。」
招隱十友傳一卷	刻本	樊雙巖	
吳瓊行狀墓誌一卷		諸大綬、張居正	
金鍾李氏譜圖四卷	刻本	李謙	
四明甬東錢氏族譜一冊	刻本	錢若賡重修	
孫氏家乘一卷	刻本		明寶雞知縣孫三傑事迹，崇禎元年刊。
姚氏家乘五冊		姚應期	
統宗譜述類編八卷			南海陳氏宗譜。
張氏世義錄二卷	刻本		明杞人張廷恩世義事跡，并時人題贈詩文。
貞愍錄一卷	刻本		阮目：明嘉靖南城胡世亨之女，全姑李華之妻，旌表章奏并傳記詩辭輯錄，金溪王萲撰序。
毓慶勛懿集八卷	刻本	郭勛輯	
明六部尚書侍郎題名錄一卷	刻本		明洪武元年至嘉靖十三年。今閣存，霉變。
同年敦誼錄一冊	刻本	朱應雲	阮目云：嘉靖戊戌科（嘉靖十七年）。
湛甘泉先生同門錄二卷		趙旻	
恩光世紀八卷	刻本	傅德輝編	今閣存，板結霉變。
世恩錄□卷	刻本		今閣存殘卷。
盧陵曾氏家乘六種三十二卷	刻本	曾孔化編	今閣存殘卷。
*鎮平世系紀二卷	刻本	朱睦㮮	進呈本，四庫存目。
*使交錄十八卷	刻本	錢溥	進呈本，四庫存目。
東祀錄一卷	刻本	李東陽	
歸閒述夢一冊	抄本	趙璜	進呈本，四庫存目。
使西日記二卷	刻本	都穆	進呈本，四庫存目。
南內記一卷	刻本		進呈本，四庫存目。
分類通鑑三卷	刻本		
通鑑集要十卷	刻本	諸燮編	
史鈔二十二卷	刻本	李裕	《明志》著錄書名爲「分類史鈔」。

*讀史備忘八卷	刻本	范理	進呈本，四庫存目。
諸史品節四十卷	刻本	陳深編	今閣存殘卷。
*歷代史纂左編一百四十二卷	刻本	唐順之編	今閣存殘卷。
*歷代志略四卷	刻本	唐珤	
史要編十卷	刻本	梁夢龍編	進呈本，四庫存目。
三才攷二十六卷	刻本	魏顯國	進呈本。
歷朝捷錄二十卷	刻本	顧充編	
史鉞二十二卷	刻本	洪主晏璧	
吳越史十五卷	刻本	陳繼儒輯	
*元史節要二卷	刻本	張九韶	
讀史歌五卷	刻本	陳儒、戚元輔	
古今備要史鑑提綱	刻本	鄭以文	
詩史前編八卷	刻本	陳大魯	
南詔事略二冊	刻本	顧應祥	進呈本，四庫存目。
南詔源流紀要一卷	刻本	蔣彬	
*越嶠書二十卷	抄本	李文鳳	進呈本，四庫存目。
*宋紀受終考三卷	刻本	程敏政	進呈本。
瀛槎談苑十二卷	抄本		題曰釣瀛子，不著名氏。進呈本。
皇明傳信錄七卷	抄本		進呈本。
歲時節氣集解一卷	刻本	洪常	
四時氣候集解一卷	刻本	李泰	阮目又一本作四卷。
日涉編十五卷	刻本	陳堦	今閣存殘卷。
*寰宇通志一百十九卷	刻本	陳循、高穀等	今閣存殘卷。
*大明一統志九十卷	刻本	李賢等	阮目云：「明弘治乙丑（1505）慎獨齋刊行。」
*輿地略一卷	刻本	蔡汝楠	今閣存。《明志》作「十一卷」。
*皇輿考十二卷	刻本	張天復	今閣存殘卷。
一統程途一卷			
廣輿記二十四卷圖一卷	刻本	陸應陽	今閣存殘卷。
大明一統輿圖一卷	刻本	朱思齋	
大明一統賦三卷	刻本	莫旦	今閣存。阮目作「四卷」，云「內第二節及二十二節俱已抽毀」。今閣存。
大明一統賦補一卷	刻本	莫旦	

帝京景物略八卷	刻本	劉侗、于弈正	
兩京賦二卷	刻本		薛「明□佐撰」。《明志》「餘光」。
四都賦一卷	刻本	方詔	阮目云「隆慶戊辰（1568）王交跋」。
*吳興掌故集十七卷	刻本	徐獻忠	今閣存殘卷。
豫章今古記一卷	抄本		進呈本，四庫存目。
*九邊圖論一卷	刻本	許論	《明志》作「三卷」。
*皇明九邊考十卷	刻本	魏煥	《明志》題「九邊通考」。
三鎮并守議一卷	刻本	翁萬達	
兩鎮三關通志十二卷	刻本	尹耕	今閣存。
*全陝邊政考十二卷	刻本	張雨	今閣存殘卷。又一部散出後由原國立北平圖書館收得。
陝西鎮考一卷	抄本		進呈本，四庫存目。
籌邊一得	抄本		阮目不著卷數，云「明嘉靖乙亥（筆者案：嘉靖無乙亥，疑爲己亥，嘉靖十八年）古松易文著，卷首有左綿高第序，又莆陽林應采後序。」劉、薛均作「二卷」。
諸邊考議五卷	抄本	馬汝驤	今閣存三卷乃朱贊卿所贈。
備邊議一卷	刻本		
*山海關志八卷	刻本	詹榮	
西關圖蹟一冊	刻本	錢嵘	
西關志三十二卷	刻本	王士翹	
河西關志二卷	刻本		
六臣注郭氏江賦一卷	刻本	張簡編	
沿海經略總要一冊	抄本		阮目：「撰人名氏無考。前半係論九邊及黃河各水，已殘，後半尚可讀。」劉目、薛目：「明羅通編」。
海防錄一卷		翁大立	
*海防圖論一卷		鄭若曾	進呈本，四庫存目。
江防圖考一卷		鄭若曾	進呈本，四庫存目。
*兩浙海防類考四卷	刻本	謝廷傑	
古今遊名山記二十卷	刻本	何鏜	今閣存殘卷。
海內奇觀十卷	刻本	楊爾曾	進呈本。
遊名山錄四卷	刻本	陳沂	
虎丘山志一卷 總集一卷	刻本	王賓	今閣存殘卷。
*京口三山志十卷	刻本	張萊、高一福	今閣存。

京口三山續志四卷	刻本	徐邦佐等編	今閣存。
金山志四卷	刻本	胡經	
慧山記三卷		邵寶	進呈本，四庫存目。
鄧尉山志一卷	刻本	沈津	進呈本，四庫存目。
*齊雲山志七卷	刻本		阮目「不著撰人名氏」。劉目、薛目「明方漢撰」。今閣存，「明□寅撰」。《明志》著錄作者爲「方漢」。
雲巖史二卷	刻本	江山	今閣存殘卷。
九華山志六卷	刻本	蘇萬民	《明志》有「汪可立《九華山志》二卷」。羅振常《經見錄》：「萬曆己卯（1579）龍宗武序，同年史元熙序，蘇萬民自序，施天麟序，吳瀁序，原六卷缺文翰二卷，萬曆精刊皮紙印，存一冊。」
泰山志四卷	刻本	汪子卿	
重刻蓬萊集一卷	刻本	游璉編	羅振常《經見錄》：「卷中所記，即登州蓬萊閣諸文。」
西嶽華山志一卷	刻本	王處一	
吳山志四卷	刻本	司靈鳳	今閣存。
龍門志二卷	刻本	樊得仁	進呈本，四庫存目，更作三卷。
北嶽編三卷		皇甫汸	《明志》有「婁虛心《北嶽編》五卷」。
天台勝蹟四卷	刻本	潘珹	
龍虎山志三卷	刻本	李仁	今閣存殘卷。
*廬山紀事十二卷	刻本	桑喬	
石鐘山集九卷	刻本	王恕輯	
太嶽志略五卷	刻本	方升	
*太嶽太和山志十五卷	刻本	任自垣	今閣存殘卷。
*衡嶽志九卷	刻本	彭簪	《明志》作「八卷」。今閣存殘卷。
雁山志四卷	刻本	馬仿	
江南華蓋山志五卷	刻本	許雲昇重修	
東山志十九卷	刻本	胡維新修	
西樵志六卷	刻本	周學心	
武夷山志略四卷		徐表然	進呈本，四庫存目。
武夷山志四卷	刻本	勞堪	今閣存。
羅浮山志十四卷	刻本	王希文重修	今閣存。劉、薛又一種爲十二卷，明黎民表纂修。

治河總考四卷	刻本	車璽撰，陳銘續編	今閣存殘卷。
*治河通考三卷		吳山、劉隅	
新河初議一卷	刻本	胡世寧等	進呈本，四庫存目。
膠萊新河議略二卷	刻本	王獻	進呈本，四庫存目。
全吳水略七卷	刻本	吳韶	進呈本，四庫存目。
兩河管見三卷	刻本	潘季馴	進呈本，四庫存目。
治河全書十二卷	刻本	潘季馴	阮目：于愼行序，順治乙亥葉獻章序。
新濬海鹽內河圖說一卷	刻本		進呈本。
新河成疏一卷	刻本	游季勳等編	進呈本，四庫存目。
黃河圖議一卷		鄭若曾	進呈本，四庫存目。
千金堤志八卷	刻本	謝廷諒等	進呈本，四庫存目。
香泉志一冊	刻本	胡永成	今閣存。阮目作四卷，李渭撰，胡松序，乃又一種。
石湖志略一卷 文略一卷	刻本	盧襄	進呈本，四庫存目。
九鯉湖集二卷	刻本	陳君傑輯	阮目：黃懋學、柯一龍同刊，陳光華撰序，卷首有引。
*西湖遊覽志二十四卷	刻本	田汝成	今閣存殘卷。
*西湖遊覽志餘二十六卷	刻本	田汝成	《明志》著錄作者爲「田藝衡」。今閣存殘卷。
*徐州洪志十卷	刻本	陳穆	
*通惠河志二卷	刻本	吳仲	《明志》著錄作者爲「秦金」。羅振常《經見錄》云：「嘉靖刊大字黑口本，皮紙印，一冊。前有工部尚書秦金等進書表，後署嘉靖十二年四月二十七日金等銜名四行。次錄批旨，卷內有圖。」
河南管河道事宜一卷	刻本	商大節	
*潞水客談一卷	刻本	徐貞明	
清泉小志一冊	刻本	黎民表	
董子故里志六卷	刻本	李廷寶	《明志》著錄作者爲「項喬」。今閣存殘卷。
兩程故里志六卷	刻本	程放	
闕里志十三卷	刻本	陳鎬	
陌巷志八卷	刻本	曹伯良	

三遷志六卷	刻本	史鶚	進呈本,四庫存目。
汴京遺蹟志二十四卷	刻本	李濂	
天關精舍志十四卷	刻本	吳純	
廬山天池寺集九卷	刻本		阮目:明江西九江知府馬紀刊行。
江東聖濟廟靈蹟碑一卷	刻本		阮目:明正德贛州戴潤明刊。
山東萊郡海神廟集四卷	刻本	吳道南輯	
攝山棲霞寺志三卷	刻本	金鸞	今閣存。
瑞石山紫陽道院集二卷	刻本	范應虛輯	進呈本。
雪竇寺志十卷	刻本	釋行恂	
嶽麓書院志十一卷	刻本	舒諸	
嶽麓書院禹碑集一卷			阮目:明宋楫校刊。
明山書院私志三卷	刻本		
百泉書院志四卷	刻本	呂顒	
恒嶽甘泉書院志九卷	刻本	周榮朱	
白鹿書院志七卷	刻本		《明志》作「劉俊《白鹿洞書院志》六卷」。
白鷺洲書院志五卷	刻本		
石鼓書院志四卷	刻本	周詔	進呈本,四庫存目。
岳遊紀行錄一卷 重遊南嶽紀行錄一卷	刻本	湛若水	
東遊記不分卷	刻本	于慎行	今閣存。
西巡紀行稿二卷	刻本	崔銑	
異域圖志一卷	刻本	朱權	進呈本,四庫存目。
南夷書一卷	抄本	張洪	進呈本,四庫存目。
朝鮮賦一卷	刻本	董越	進呈本,四庫全書收錄。
朝鮮雜志一卷	抄本	董越	進呈本,四庫存目。
朝鮮志二卷	抄本	蘇贊成	進呈本,四庫全書收錄。
日本考略一卷	刻本	薛俊	進呈本,四庫存目。
日本圖纂一卷	刻本	鄭若曾	進呈本,四庫存目。
朝鮮圖說一卷		鄭若曾	進呈本,四庫存目。
琉球圖說一卷		鄭若曾	進呈本,四庫存目。
安南圖說一卷		鄭若曾	進呈本,四庫存目。
*星槎勝覽四卷	抄本	費信	
*星槎勝覽前後集瀛涯勝覽集	抄本	馬歡撰,費信詩	
三寶征夷集一冊	刻本	馬歡	

*殊域周咨錄二十四卷	刻本	嚴崇簡	今閣存殘卷。
大明官制十六卷	刻本	焦璉重編	《明志》有「《官制大全》十六卷」。
官職會通十四卷	刻本	魏校	
*諸司職掌十卷	刻本		阮目作「三卷」，蓋不全。
嘉靖各部新例十冊	抄本		
*吏部職掌不分卷	刻本	李默撰，黃養蒙等刪定	今閣存殘卷。
吏部職掌八卷	刻本		
吏部例二冊	抄本		見薛目。
吏部四司條例八卷	抄本		
驗封條例五卷	抄本		今閣存吏部四司條例三卷、考工驗封條例三卷，明蹇義編。
*南京戶部通志四卷 分志二十卷	刻本	謝彬	今閣存殘頁。
兵部見行事宜一卷	刻本		羅振常《經見錄》著錄《欽准兵部見行事例》：「題稱河南等處提刑按察司……楊爲傳奉皇諭事，並部議事例，蒙旨批准，乃傳諭於外也。後有嘉靖三十七年四月一行，黑口本，一冊。」
兵部驛傳事例一冊			見薛目。
南京刑部志四卷	刻本	龐嵩、呂欽修	
*留臺雜記八卷	刻本	符驗	《明志》作「西臺雜記」，誤。今閣存殘卷。
南京大理寺志七卷	刻本	林希元	今閣存殘卷。
*翰林記二十卷	抄本	黃佐	
館閣漫錄十卷	抄本	張元汴	進呈本，四庫存目。
*南廱志十八卷	刻本	吳節	
嘉靖南廱志二十四卷	刻本	黃佐	今閣存殘卷。
國子監通志十卷	刻本	邢讓	今閣存殘卷。
國子監續志十一卷	刻本	謝鐸	今閣存殘卷。
皇明太學志十二卷	刻本	郭鑒	今閣存殘葉。
南京太常寺志十三卷	刻本	汪宗元	今閣存殘卷。
南京太僕寺志十六卷	刻本	余胤緒、雷禮	今閣存殘卷。

虔臺志十二卷	刻本	唐胄等輯	進呈本，四庫存目。
鄆臺志略九卷	刻本	葉照等輯	進呈本，四庫存目。
虔臺續志五卷	刻本	談愷等輯	進呈本，四庫存目。
長蘆運司志七卷	刻本	林廷榥	
福建運司志三卷	刻本	林大有	今閣存殘卷。
福建運司續志三卷 續志一卷	刻本	林大有	今閣存殘卷。
*後湖志十卷附歷朝詩文一卷		楊廉、羅欽順校正，萬文彩、李萬實修	《明志》有「趙官《後湖志》十一卷、《後湖廣志》六卷」。
分科事宜一卷			嘉靖十六年纂。見阮目、劉目。
六科仕籍六冊	刻本		
文武敕箚式一卷	抄本		
王憲奏定襲替功次例一卷			見阮目。
為政準則三卷	刻本		羅振常《經見錄》云：「前有嘉靖二年山西布政司右參政李元序，述保定清苑介庵李公，以南京戶部副郎來監督吾淮關鈔法，捐俸重刊此書。次洪武十六年介山云方氏序，次洪武壬申太原王鈍序，二序均雲不知撰人。後有嘉靖二年戶部河南司主事東魯李錄跋。嘉靖刊黑口大字本，一冊。」
*宣宗章皇帝御製官箴一卷	抄本		
牧民心鑑三卷	刻本	朱逢吉、李興校	羅振常《經見錄》：「成化刊闊黑口本，皮紙印，二冊。前有成化十八年鄒平知縣李興序，自謹始至善終凡十三類，一百四條，後有同年鄒平儒學教諭王佐跋。」
吏學指南八卷	刻本	徐元瑞	
牧鑑十卷	刻本	楊昱	
蔣璞山政訓一卷	刻本	譚秉清	今閣存。
醒貪錄一冊	抄本		劉云：其書載有明一代文武官員俸給米石之數。《明志》有「《醒貪簡要錄》二卷」。
開州政迹八卷	刻本	李呈祥輯	
皇明制書十四卷	刻本		洪武元年正月奉旨頒行。今閣存殘卷。
明會典一百八十卷	刻本		正德四年重校本。
*宗藩條例二卷	刻本	李春芳等	

禮部奏議宗藩事宜不分卷	刻本	戚元佐	今閣存。
皇明典章十二冊	抄本		是書纂集明代詔誥，起洪武至嘉靖止。四庫進呈本。
皇明泳化類編一百三十六卷續編三十七卷	刻本	鄧球	
六部條例六冊	抄本		
六部事例六冊	抄本		今閣存三冊。
*經世要略□□卷	刻本	萬廷言	《明志》作「二十卷」。今閣存。
*古今治平略四十卷	刻本	朱健	
大明集禮五十三卷	刻本	徐一夔等	進呈本，四庫著錄。今閣存。
洪武禮制不分卷	刻本		今閣存。
*禮儀定式一卷	刻本	李原名等	今閣存。
*禮制集要一卷	刻本		洪武中制，永樂三年重刊。
明倫大典十二卷	刻本		嘉靖六年纂修。
*明倫大典二十四卷	刻本		阮目云：明大學士楊一清等奉敕纂修。各有後序。凡例五條，首條載是典仿《通鑑》編年，以年繫月，以月繫日，始於正德辛巳三月丙寅，終於嘉靖戊子三月壬申，卷端有嘉靖七年六月御製序文，「欽命之寶」圖章，卷首有「廣運之寶」圖章。
朝覲事宜一卷	刻本	朱裳	
*頖宮禮樂疏十卷	刻本	李之藻	今閣存殘卷。
聖駕臨雍錄一卷	刻本	費闇編	進呈本，四庫存目。
*保和冠服圖說一卷	刻本	張璁	進呈本，四庫存目。
郊議錄一卷	刻本	章拯	
郊廟賦五卷		貢汝成	
大明新定九廟頌一卷	刻本	楊循吉	
釋奠演義一卷			見阮目。
諡苑二卷	刻本	朱睦㮮	進呈本，四庫存目。
續文獻通考二十二卷	刻本	王圻	
續文獻通考纂二十二卷		葉大緯	
菹阼典要四卷	抄本	夏育材	
康濟譜二十四卷	刻本	潘游龍	
御製孝慈錄一卷	刻本		
*稽古定制六冊	刻本		《明志》「六卷」。
儀制總集一卷			見阮目。

五倫書六十二卷	刻本		正統十二年刊行，御製序。
*大禮集議四卷	刻本	席書等編	進呈本，四庫存目。
日本朝貢考略一卷	抄本	張迪	進呈本，四庫存目。
講筵恭紀一卷		衛周祚、李馮銓、金之俊等	
新建伯從祀覆議一冊			
興宮營建圖式一冊			阮目云「明嘉靖間營都宮經始訖工事并圖」。
復古議一卷			劉：明惺庵先生撰。薛作「二冊」，明龐某撰。
存心錄十卷	刻本		羅振常《經見錄》：「嘉靖以前刊本，黑口，五冊。前有自序，不署款，稱聖上每遇祭祀，齋莊誠敬，既極其至，聖心猶不自足，且命臣等作存心錄，以堅誠敬之心。謹與儒臣編次本朝祭祀壇位禮儀，為圖，詳具於前。又以歷代羣書災祥可驗者，條列於後，具述齋戒之義，以備觀覽云云。」
萬代公論	刻本		
資治新書二集□□卷		李漁輯	
敕議一冊			
明景恭王之國事宜一卷	刻本		
宗法一卷	抄本		
歷代封建考			劉：一卷，不著撰人姓名，首末俱有缺頁。薛：二十卷。
明諡法一冊	抄本		
學政錄一卷	刻本		今閣存。
國子監監規一卷	刻本		今閣存。
提督條規一卷	刻本		薛目有：「督學教規一冊，江西督學陸□□撰。」
提學敕書一冊			見阮目。
申飭學政事宜一卷			阮目：嘉靖四十五年纂。
*憲綱一卷	刻本		
風憲事宜一卷	刻本		
*申明憲綱二卷	刻本	王廷相	《明志》有「《申明憲綱錄》一卷」。今閣存一卷。
都察院奏明職掌肅風紀冊不分卷	刻本	王應鵬編	今閣存。

中都儲志十卷			阮目云：「河東條岩張良知撰」。王重民《中國善本書提要》載美國國會圖書館藏此書抄本，「原題『河東張良知撰次』。良知字幼養，山西安邑人。嘉靖七年舉人，官漢中同知，入爲戶部員外郎，嘉靖二十六年，任爲中都監儲部曹使。按明代以陵寢在中都設中都留守司八衛一所，官軍護衛，因建廣儲五倉，以給食，由戶部設分司以主之。是書即良知爲部使時所纂。然官題名載至嘉靖三十七年李守秀，殆爲守秀爲部使時所刻歟？」
布政司議稿三十七卷			嘉靖三十七年纂。羅振常《經見錄》題「江南布政司議稿二卷」：「前有目，目後署嘉靖三十七年份，自三月初七至閏七月初二，共二十四稿，明抄黑口本，二冊，皮紙。」
八閩政議三卷	刻本		進呈本，四庫存目。
西槎彙草一卷	刻本	龔輝	進呈本，四庫存目。
江西賦役紀十五卷	刻本		今閣存殘卷。
河南賦役總令八冊	刻本		
河南議處課糧稿一卷	抄本		
河南派糧告示一卷	抄本		
派徵稅糧則例一卷	刻本		阮目：明撫州府臨川縣刊。
鄞縣丈量田總一卷	刻本	齊禹臣	
慈谿量實田地文冊一卷	刻本		
應天府丈田畝清浮糧便覽總冊	刻本		
蘇松浮賦議一卷		鄭若曾	進呈本，四庫存目。
催徵錢糧降罰事例不分卷	刻本		今閣存。
湖廣德安府條議一卷	抄本		
戶部集議揭帖一卷	抄本		今閣存，殘碎。
食貨志選三卷		余玉崖	
督議邊儲條件一卷			劉、薛：「嘉靖三十七年戶部議」。
海倉議一卷			見阮目。
漕政舉要錄十八卷	刻本	邵寶	進呈本，四庫存目。
漕船志八卷	刻本	席書撰，朱家相增修	
漕運通志十卷	刻本	楊宏、謝純	進呈本，四庫存目。

漕運議單一冊	抄本		今閣存。嘉靖二十一年戶部議。羅振常《經見錄》:「嘉靖三十七年份者,一冊,皮紙。」
漕河撮稿六卷			阮目:嘉靖三年纂。
漕撫奏疏四卷	刻本	潘允端纂	
海運詳考一卷 海運志二卷	刻本	王宗沐	進呈本,四庫存目。
海運圖說一卷		鄭若曾	進呈本,四庫存目。
大明通寶義一卷 廣通寶義一卷	刻本	羅汝芳	進呈本,四庫存目。
*兩浙南關志六卷一卷	刻本	薛喬	羅振常《經見錄》:「嘉靖刊本,白口,二冊。前有嘉靖十二年上海陸深序,後有南京國子監司業歐陽德跋。南關今兩浙征榷竹木之所,在杭城候潮門外,故曰南關。定制,歲命工部主事一人領之,設自成化間,未志也,志之者主事薛君尚遷也。」
北關新志十六卷	刻本	王廷榦	羅振常《經見錄》:「前有嘉靖二十四年南京戶部員外郎陵陽王廷榦序(自序),分上下卷,上又分六卷,下分十卷,共十六卷。後有甲午十月華亭徐階跋。嘉靖刊白口本,二冊。」
荊南榷志十卷	刻本	邵經邦彙次,陳梧增修	羅振常《經見錄》:「嘉靖刊黑口大字本,二冊。前有嘉靖甲申崇陽汪必東希公序,次陳鎣序,次嘉靖丙午陳梧序,題仁和邵經邦彙次,閩陳梧增修。」
滸墅關志四冊	刻本	朱隆禧重修	
淮關條約一卷	刻本	黃日敬	羅振常《經見錄》:「前有莆陽黃日敬序,即撰約者。其約有書南京戶部主事黃,嘉靖刊,白口,綿紙印。」
鹽政志十卷	刻本	朱廷立	
鹽法志十二卷	刻本		阮目云「內有屈大均序、錢謙益跋,俱已抽燬」。
鹽法奏議一卷	刻本		劉、薛:「戴金撰」。
長蘆鹽法志七卷	刻本	方啓	今閣存。
兩浙醝志十四卷		劉仕賢	
河東鹽池錄四卷			劉、薛:「明李鑒撰」。
盧陽荒政錄四卷	刻本	陸夢麟	
救荒活民補遺書三卷	刻本	朱熊	進呈本,四庫存目。

諭解州略一卷	刻本	呂柟	
教民榜一卷	刻本		
王陽明保甲鄉約法一卷			
哨守條約二卷	刻本		今閣存一卷。
兵部續議條例一卷			
兵政紀略一冊	刻本		薛：五十卷，記李復陽經略滇粵兵政事。
蒼梧軍門志三十四卷	刻本	應檟編，劉堯誨重修	
軍政事例六卷	刻本	霍冀輯	
軍政條例五卷	刻本		阮目：始刊於宣德四年，嘉靖八年應山傅增輯重刊，嘉靖十年孫聯泉增輯重刊，有嘉靖三十一年蔡克廉序。
軍政條例續集五卷	刻本	孫聯泉	今閣存殘卷。
軍令一卷	刻本		今閣存。
軍政一卷	刻本		今閣存。
大閱錄二卷	刻本	張居正等	今閣存殘卷。
兵部武選司條例不分卷	抄本		今閣存。
兵部續議條例一卷			劉目：明楊言撰。
寧波府通判諭保甲條約一卷	刻本	吳允裕	今閣存。
營規一卷	刻本		今閣存。
軍政事宜	刻本	龐尚鵬	
龐公欽依捕盜格例一卷	刻本	龐尚鵬	
守城事宜一卷	刻本	龐尚鵬	
防禦火患事宜一卷	刻本	龐尚鵬	
編審事宜一冊	刻本	龐尚鵬	
禦倭軍事條款	刻本	李遂	
浙江總兵肅紀維風冊不分卷	刻本		今閣存。
余肅敏公經略公牘不分卷	刻本	余子俊	今閣存。
申明賞罰一卷	抄本		
*馬政志四卷	刻本	陳講	今閣存殘卷。
*茶馬類考六卷	刻本	胡彥	進呈本。
累朝榜文一冊	抄本		
大明令一卷	刻本		洪武元年御撰。見阮目。
大明律例三十四卷	刻本	劉惟謙等	

大明律	刻本		今閣存卷下。
明律釋義五卷	刻本		洪武三十年御撰。
重增釋義大明律七卷	刻本		今閣存。
律解附例四卷	刻本	劉惟謙	羅振常《經見錄》：「明胡瓊集解，正德刊白口本，四冊。有洪武三十年五月御製序，洪武七年刑部尚書劉惟謙等進表。每卷次行題監察御史臣胡瓊集解，書口則題（例）〔律〕解附例，每律正文後爲解，次爲例，事目皆白文。末有正德辛巳瓊自序，次有正德十六年何孟春書後。」
大明律直引五卷			明洪武三十年御製序。見阮目。
大明律比例一卷	抄本		
律解辨疑一卷	刻本	魏銘	
律條疏議十卷	刻本		阮目：「成化三年錢塘倪謙序，南京吏民重刊。」
讀律瑣言七卷	刻本	雷夢麟	
*御製大誥一卷	刻本		羅振常《經見錄》：「前有洪武十八年御製序，凡七十四條，末葉有御製大誥四大字，徑寸餘。洪武刊本，竹紙，十四行，小字二十四行，一冊。」
*大誥續編八十七條	刻本		阮目：「洪武十九年御製，序闕。」
大誥武臣三十二卷	刻本		阮目：「洪武二十年纂，嘉靖辛卯臣彝識後。」
*大誥武臣一卷	刻本		羅振常《經見錄》：「明太祖御製。前有序不著年月，當是太祖自序。卷首題曰大誥武臣；卷尾則題曰武士訓誡錄。全書用通俗語，分三十二條，皆武人所犯罪惡，逐條加以告誡。後有永樂元年正月成祖序，次有嘉靖癸巳巡按直隸監察御史張惟恕跋，述重梓是書之意。嘉靖刊，皮紙藍印，一冊。」
藩府政令六卷	抄本	皇甫錄編	
條例便覽七卷			阮目：「正德癸酉（1513）陳琳序。」
成化條例三卷	抄本		
歷年條例九卷	抄本		成化元年纂修。
條例全文四十冊	抄本		劉目：成化六年、八年、九年、弘治七年條例，不著卷數。
重修問刑條例六卷	刻本		今閣存殘卷。
西都雜例一卷	抄本		今閣存。
嘉靖新例不分卷	抄本		今閣存。

刑部條例一卷	抄本		劉目：明嘉靖二十年刑部右侍郎撰，不著姓名。
都察院條例一卷	抄本		劉目：明四川巡撫馬撰，不著名。
張文博招一卷	抄本		羅振常《經見錄》：「此書記妖言煽惑及交通北虜事，其首題事由曰：刑部等衙門尚書等官關口等語，□為盤獲奸細事云云。張二十三歲，山西大同府大同縣民籍，此山西案件也。藍格明抄本，一冊。」
靖江王招一卷	抄本		阮目：「明刑部查勘靖江王之軍校趙相違法諸事。」
武定侯招一卷	刻本		今閣存。
劉東山招由一冊	刻本		今閣存。
魯府招一卷	抄本		
比部招議一冊	抄本		
*比部招議二卷	刻本	陳璋	羅振常《經見錄》：「後有嘉靖甲午刑部尚書古渝晶賢序，今少司寇省齋陳公手裁也，公筮仕官刑曹九載，所判悉成帙，凡二卷，黑口本，皮紙印，三冊。」
比部招議類鈔六卷	抄本	唐龍等	
移駁稿五卷	刻本	王廷相	
讞獄記四卷	刻本	何魁	
批駁鈔略一卷	刻本		阮目：「卷面題按吳二字，餘無考。」羅振常《經見錄》：「無序，皆案牘，前刊事由，後刊批詞，嘉靖刻本，一冊。」
*癉惡續錄一卷	抄本		
刑部纂集事例一卷	抄本		羅振常《經見錄》：「前有目錄分四科：憲科、比科、司門科、都官科。所載乃正德嘉靖弘治三朝事，藍格抄本，一冊。」
法司近題事例一卷	抄本		
刑部近題事例一卷	抄本		劉云「明嘉靖十六年刑部稿」，不著撰人姓名並卷數。
省愆錄一卷	刻本	胡錠	
刑部事宜一卷			
船政一卷	刻本		今閣存。
工部為建殿堂修城勸民捐款章程不分卷	刻本		今閣存。

祗役紀略三卷	刻本		
萬軍門勘處夷情一卷		萬鐺	
吳中金石編八卷	刻本	陳緯輯	進呈本，四庫著錄。
寧藩書目一卷	刻本		進呈本，四庫存目。
金石古文十四卷	刻本	楊慎	阮目云：「輯漢魏古文百篇」。
水經注碑目一卷	抄本	楊慎	進呈本，四庫存目。
*金薤琳琅二十卷	刻本	都穆	
*學史十三卷	刻本	邵寶	進呈本，四庫全書收錄。
通鑑博論三卷	刻本	朱權	今閣存殘卷。
宋論三卷	刻本	劉定之	進呈本，四庫存目。
兀涯西漢書議十二卷	抄本	張邦奇	進呈本，四庫存目。
責備餘談二卷	刻本	方鵬	進呈本，四庫存目。
世譜增定二卷	刻本	呂顒	進呈本，四庫存目。
宋元史發微四卷	刻本	陸伷	進呈本。
*政鑑三十二卷	刻本	夏寅	《明志》著錄卷數爲「三十卷」。今閣存殘卷。
世史積疑二卷	刻本	李士寔	
尚論編一卷	刻本	王達善	羅振常《經見錄》：「正德刊小黑口本，一冊。前有正德十六年李昆序，題翰林學士錫山天游子王達善撰，後有正德十六年樾岡胡錠跋，言王爲永樂時人，受知文皇，由助教入翰林，後總裁高廟實錄云云。李序稱此書本集中景仰撮書一篇，皆舉前人往事而訂諍其得失是非者，樾岡題曰尚論篇重梓云云。」
史斷一卷	刻本	朱權	阮目：「自序云：取歷代本末興亡得失之由，撮其捷要而斷之」。
史衡六卷		陳堯	《明志》有「徐明勳《史衡》二十卷」。
*漢唐品藻三十卷	刻本	戴璟	《明志》著錄書名爲「漢唐通鑑品藻」。
*通鑑品藻三十卷	刻本	戴璟	
東水質疑六卷	刻本	胡袞	
宋史筆斷十二卷	刻本		
讀史漫稿一卷	刻本	陳鯨	阮目：「自虞帝迄南宋上下數千年，詩凡若干首。」
讀史歌一卷		戚元輔編	
三史統類臆斷一卷	刻本	范大沖	今閣存。

三、子部

書名和卷數	版本	撰者或編者	備　　　　註
揚子法言十卷	刻本	趙大綱集注	
宋四子鈔釋二十一卷	刻本	呂柟	橫渠張子鈔釋、二程子鈔釋、朱子鈔釋。今閣存殘卷。
二程全書□卷		康紹宗編	
朱子大全私鈔十二卷	刻本	王宗沐編	
諸儒講義二卷	刻本	章懋、董遵編	今閣存殘卷。
諸儒文要八卷	刻本		馮貞群云：「案唐順之、羅欽順均有此作」。
性理要刪□卷	刻本	黃洪憲	今閣存三卷。
*聖學心法四卷	刻本		永樂七年御撰。
*性理大全書七十卷	刻本	胡廣等	
西村省己錄二卷	刻本	顧諒	進呈本，四庫存目。
雜誡一卷	刻本	方孝孺	進呈本，四庫存目。
*夜行燭一卷	抄本	曹端	
讀書札記一卷	抄本	薛瑄	《明志》有「薛瑄《讀書錄》十卷、《續錄》十卷」。
薛文清公要語外篇一冊	刻本	薛瑄	
*大學衍義補一百六十卷	刻本	丘濬	今閣存三部，惟一部完善。
遺言纂要十卷	刻本	陳獻章	《明志》有「陳獻章《言行錄》十卷、《附錄》二卷」。
*居業錄要語四卷	刻本	胡居仁撰，張吉編	今閣存。《明志》作「《居業錄》八卷」。
*楓山語錄一卷	抄本	章懋撰，沈伯咸輯	進呈本，四庫全書收錄。《明志》作「二卷」。
*道一編五卷	刻本	程敏政	
要書八卷	刻本	王守仁撰，陳龍正編	
*陽明先生則言二卷	刻本	王守仁撰，薛侃、黃汝中編	今閣存卷上。羅振常《經見錄》：「嘉靖刊本，二冊。」
良知同然錄二卷	刻本	王守仁	
*涇野子二卷	刻本	呂柟	《明志》作「《涇野子內篇》三十三卷、《語錄》二十卷」。

聖功圖一冊	刻本	霍韜、鄒守益	《明志》不著錄，然《明史》卷二百八十三《鄒守益傳》云：「久之，以薦起南京吏部郎中，召爲司經局洗馬。守益以太子幼，未能出閣，乃與霍韜上《聖功圖》，自神堯茅茨土階，至帝西苑耕稼蠶桑，凡爲圖十三。帝以爲謗訕，幾得罪，賴韜受帝知，事乃解。」
聖訓演三卷	刻本	許讚	今閣存殘卷。
*困知記二卷續記二卷附錄一卷	刻本	羅欽順	今閣存殘卷。《明志》作「《困知記》六卷、《附錄》二卷」。
*遵道錄十卷	刻本	湛若水	
約言十卷	刻本	湛若水	
東石講學錄十一卷	抄本	王崇	進呈本。四庫存目。
心學錄四卷	抄本	王崇	進呈本。四庫存目。《明志》有「王崇《大儒心學錄》二十七卷」。
正學編二卷	抄本	陳琛	進呈本，四庫存目。
愼言集訓二卷	刻本	敖英	
士翼四卷	刻本	崔銑	
世緯一卷	刻本	袁褧	進呈本。
日省錄一卷	刻本	顧起經	
尊聖錄一卷	刻本	陳堯	
東溪漫語一卷	抄本	曹煜	進呈本，四庫存目。
道在編二卷	刻本	陸奎章	
完決一卷	刻本	丁從堯	今閣存。
交山迂論七卷	抄本	王廉	阮目：合其所著《書海通辨》、《三禮纂要》、《左傳鈎玄》及其他論斷爲一編。
教家要略一冊	刻本	姚儒	
消閒錄十卷	刻本	成勇	進呈本，四庫存目。
逸語八卷	抄本	賀隆	進呈本。
成均語錄十卷	刻本	王維城等編	阮目云：「內有錢謙益序，業已抽燬。」
訓蒙大意十八卷	刻本	孫三錫	
友問集十卷	刻本		阮目：「明吉陽某撰，浙省督學院函峰刊，金陵葛清序」。
四明薛氏端室錄	刻本	薛晨編	阮目，不著卷數。
倫理至言四卷	刻本	顏章其輯	

弦所李先生語略一卷	刻本		阮目云：「李德用著，男多見錄。」《明志》有「李多見《學原前後編》八卷」。
警喻錄	刻本		羅振常《經見錄》：「存卷三，題宛陵文臺吳仕期編，門生吳叔序校，浙郡思泉童文舉梓。書口下方有耕野堂字。所錄皆格言論學之類，似萬曆刊本。」
*練兵實紀十二卷	刻本	戚繼光	《明史》作「九卷」。
*劍經一卷	刻本	俞大猷	
塞語一卷	刻本	尹耕	進呈本，四庫存目。
*古今將略四卷	刻本	馮時寧	《明志》著錄作者「馮孜」。
嶺南客對一卷	刻本	題粵西舜山子撰	進呈本，四庫存目。
韓子迂評二十卷	刻本	門無子	
補疑獄集六卷	刻本	張景編	進呈本，四庫全書收錄。
風紀集覽四卷	刻本	傅漢臣	
*祥刑要覽三卷	刻本	吳訥	《明志》作「二卷」。
王恭毅公駁稿二卷	刻本	王概撰，高銓編	
慎刑錄四卷	抄本	王士翹	
法家裒集一冊	抄本	陳永輯	進呈本，四庫存目。
救荒本草四卷	刻本	朱橚	《明志》不著錄，然《明史》卷116《朱橚傳》：「以國土夷曠，庶草蕃廡，考覈其可佐飢饉者四百餘種，繪圖疏之，名《救荒本草》。」羅振常《經見錄》云：「明周藩刊，復刊永樂本，四冊。前有嘉靖四年大梁李濂序，次永樂四年周府左長史臣卞同序，半頁十六行，行二十三四字不等，小字仿元本式，有圖，皮紙印，甚精。」
經世民事錄十二卷	刻本	桂蕚	進呈本，四庫存目。
圖註八十一難經八卷	刻本	張世賢	今閣存殘卷。
薛氏醫案四十冊	刻本	薛己	
薛氏醫錄二卷	刻本	薛己	
*家居醫錄二卷	刻本	薛己	
內科摘要二卷	刻本	薛己	
外科發揮五卷	刻本	薛己	
內外摘要二卷	刻本	薛己	

正體類要二卷	刻本	薛己	
口齒類要一卷	刻本	薛己	
*神農本草經疏三十卷	抄本	繆希雍	《明志》作「《本草經疏》二十卷」。
本草集要八卷	刻本	王綸	今閣存殘卷。
本草權度三卷附錄一卷	刻本	黃濟之	今閣存殘卷。
本草綱目五十二卷	刻本	李時珍	今閣存殘卷。
本草發揮四卷	刻本	徐彥純	今閣存殘卷。
本草摘要一卷	刻本	邵訥輯	
藥性麤評四卷	刻本	許希周	
圖註王叔和脈決四卷	刻本	張世賢	今閣存殘卷。
脈學奇經八卷	刻本	李時珍	
傷寒明理續論六卷（五卷）	刻本	陶華	
傷寒症治明條五卷	刻本	王震編	
傷暑全書一卷	刻本	張鶴騰	
傷寒治例一卷	刻本	劉純	今閣存，焦脆。
傷寒蘊要全書四卷	刻本	吳綬	今閣存殘卷。
易庵先生編注丹溪纂要四卷	刻本	元朱震亨撰，明盧和注	今閣存殘卷。
保生管見一卷	刻本	馮濤	
保生餘錄五卷	刻本	周府	今閣存殘頁。
活人心法二卷	刻本	朱權編	
袖珍方四卷	刻本	李恒編	
新刊扶壽精方二卷	刻本		今閣存一卷。
*玉機微義五十卷	刻本	徐彥純編，劉純續	進呈本。今閣存殘卷。
醫經小學六卷	刻本	劉純	
*醫學綱目四十卷	刻本	樓英	今閣存殘卷。
奇效良方六十九卷	刻本	方賢	今閣存殘卷。
本草權度三卷	刻本	黃濟之	
古單方八卷	刻本	王鑿輯	
明醫雜著二卷	刻本	王綸撰，薛己注，王朝補遺	今閣存一卷。
恕齋原病集一冊	抄本	唐椿	
原病集八卷	刻本	吳良編	
救急易方四卷	刻本	趙季敷編	
*醫學統旨十四卷	刻本	葉文齡	今閣存殘卷。

*醫學正傳八卷	刻本	虞摶	進呈本，四庫存目。
諸症辨疑四卷	抄本	吳球	
醫方選要十卷	刻本	周文采編	
醫方考八卷	刻本	吳崑	
體仁彙編四卷	抄本	彭用光編	
體仁彙編試效要方六卷	刻本	彭用光編	
攝生眾妙方十一卷	刻本	張時徹編	
海藏抽奇一卷	抄本		
二神方一卷	抄本		
易簡經驗方二冊	刻本	邵訥輯	
經驗集方一卷	刻本		今閣存，嚴重蟲蛀。
經驗良方十一卷	刻本	陳仕賢編	進呈本。
經驗奇方一卷 續附一卷	刻本	李日普	今閣存一卷。
藥方類二卷	刻本		今閣存。
驗方集錄一冊	抄本		
醫林類證集要十卷	刻本	王璽	今閣存殘卷。
親驗簡便諸方一卷	刻本	徐陟	今閣存，蛀洞多。
濟生要格□卷	刻本	杜栓	今閣存二卷。
瘄痢神治方一卷	刻本		阮目：萬曆己酉（1606）沈泰鴻序。
痰火點雪二卷	刻本	龔居中	
裴子言醫三卷	刻本	裴一中	
吳梅坡醫經會元保命奇方□卷	刻本	吳嘉言	今閣存殘卷。
程齋醫鈔撮要五卷	刻本	盛端明編	
*醫學集成十二卷	刻本		《明志》著錄作者為「傳滋」。
醫學各種子十卷	刻本	盧復正	
原機啓微集一冊	刻本	倪維德	
雜病治例一卷	刻本	劉純	進呈本，四庫存目。
國醫宗旨四卷	刻本	梁學孟	
醫經八門七卷	刻本	李梴	
醫學指南四卷	刻本	高銘	今閣存殘卷。
習醫鈐法五卷	刻本	陸月	
增刻醫便二卷	刻本		
發明症治十卷	刻本	何經才	今閣存殘卷。

外科精要三卷附錄一卷	刻本	宋陳自明撰，明薛己校注	今閣存殘卷。
*外科心法七卷	刻本	薛己	今閣存殘卷。
外科集驗十一卷	抄本	趙宜眞編	
瘍科選粹一冊	抄本		
癰瘍機要二卷	刻本	薛己	
治療瘰症一卷	抄本		阮目：「卷首載胡來庭家藏」。
針灸聚英四卷	刻本	高武	今閣存殘卷。
允産全書六卷	刻本	陳繼儒輯	
廣嗣全訣二十卷	刻本	陳文治輯	
痘疹正宗五卷	刻本	高武	今閣存殘卷。
袖珍小兒方十卷	刻本	徐用宣輯	進呈本，四庫存目。
保幼大全二十卷	刻本	朱臣編	
保赤全書二卷	刻本	管櫹撰，李時中等增補	
嬰童百問五卷	刻本	魯百嗣學	
活幼便覽二卷	刻本	劉廷爵	今閣存殘卷。
明醫保幼一卷	刻本	王朝	今閣存，脫頁，蟲蛀。
全幼心鑑八卷	刻本	寇平	今閣存殘卷。
秘傳經驗痘疹治法一冊	抄本	黃廉	
痘疹全書十卷	刻本	黃廉編	
痘疹諸家方論二卷續集一卷	刻本	萬邦孚編	今閣存殘卷。
志齋醫論二卷	刻本	高士	進呈本，四庫存目。
東垣珍珠囊二卷	刻本	李景	進呈本。
安老懷幼書四卷	刻本	劉宇編	今閣存。
食品集二卷	刻本	吳祿輯	
養生大要一卷	刻本		阮目：吳某撰，羅賢序。
醫開七卷	刻本	王世相	進呈本，四庫存目。
*醫史十卷	刻本	李濂輯	進呈本，四庫存目。
*大明清類天文分野之書二十四卷	刻本		羅振常《經見錄》：「無序，有凡例，後署洪武十七年歲次甲子閏十月二十七日進，凡例中有臣謹按云云。卷中各地沿革至洪武止。嘉靖前刊，大字黑口，十冊。」
天文會元十二冊	抄本		

算法大全十卷	刻本	吳敬編	
授時曆法撮要一冊	刻本	顧應祥編	《明志》作「《授時曆法》二卷」。
*禽心易見一卷	抄本	池本理	進呈本，四庫全書收錄。
白猿經風雨占候說一卷	抄本	題劉基注	進呈本，四庫存目。
*靈棋經一卷	刻本	明劉基注	進呈本，四庫存目。今閣存。
演禽圖決二冊	抄本	劉基	進呈本，四庫存目。
*天元玉曆祥異賦七卷	刻本	仁宗朱高熾	進呈本。今閣存二部，一為抄本，一為刻本。
十代風水地理十卷	刻本	熊紀達編	進呈本。
*易占經緯五卷	刻本	韓邦奇	進呈本。
範圍數	抄本	趙迎	進呈本，四庫存目，無卷數。
*肘後神經三卷	刻本	朱權	進呈本，四庫存目。《明志》作「寧獻王權《肘後神樞》二卷」。
*陰陽定論三卷	刻本	周視考	今閣存二部，均殘。
遁甲吉方直指一卷	抄本	王巽	進呈本。
遁甲演義不分卷	清抄本	程道生	今閣存。
甘時望奇門得一不分卷	清抄本	甘霖	今閣存。
五行類事九卷	刻本	李淑通	進呈本，四庫存目。
通書捷徑二冊	刻本	樓楷	進呈本，四庫存目。
奇門說要一卷	抄本	郭仰廉輯	進呈本，四庫存目。
參玄集一卷	抄本	竇惟遠	
六壬龜甲統宗不分卷	刻本		
筮篋理數日抄二十卷	刻本	柯珮輯	進呈本。
紀夢要覽二卷	刻本	童軒	進呈本，四庫存目。
*陽宅十書四卷	刻本	王君榮	今閣存。
風水井見四卷	刻本	宋□□	今閣存殘卷。
游年定宅書一卷	刻本	梁志盛	
修方涓吉符一冊	刻本	屠本畯	今閣存，板結。
陰陽備用三元節要三卷	刻本	王履道	今閣存殘卷。
千金口訣二卷	刻本		
新刊千金風水殺法妙訣	刻本		
*劉氏一粒粟葬法一卷	抄本		《明志》有劉基「《一粒粟》一卷」。
經緯選擇全書一冊	抄本	曾嘉璞	
地理大全二十二卷	刻本	范越鳳	今閣存二部，均殘。

書名	版本	作者	備註
地理雪心賦四卷 附諸賢歌訣四卷	刻本	唐卜應天撰，明謝志道注	
地理八山斷一卷	抄本		
地理分合總論三卷	刻本	宋震	
地理發微註解一卷 畫筴圖解一卷	刻本	謝廷柱	今閣存，霉變。
地理眞機十五卷	刻本		今閣存二部。
地理天機會元三十五卷	刻本	顧乃德	
地理括要一冊	刻本	李經綸注	
地理參贊玄機僊婆集十三卷	刻本	張鳴鳳編	今閣存殘卷。
地理大成通書三十六卷	刻本	喻冕	
地理正宗集要八卷	刻本	馬森集注	
地理統會大成二十四卷	刻本	柯珮	今閣存殘卷。
*地理紫囊書八卷	刻本	趙祐	今閣存殘卷。
三才一貫地理眞機二卷	刻本	許胄輯	
地理玉鑰三元二卷	刻本		
地理直說一冊	刻本		
地理心法二卷	刻本	楊芸著，章應成注	
地理眞要一冊	刻本	魯氏	
*人子須知資孝地理心學統宗三十九卷	刻本	徐善繼、徐善述	《明志》作「徐善繼《人子須知》三十五卷」。今閣存殘卷。
天文地理集要二卷	刻本	陸伀編	
造福秘訣三卷	刻本	吳天洪	
周易占法節要二卷	刻本	許本清	
遁甲日用涓吉奇門五總龜三卷	刻本		阮目：「兩卷刊，一卷藍絲欄抄」。今閣存卷下二。
遁甲奇書一卷	抄本		
古今識鑒八卷	刻本	袁忠徹	進呈本，四庫存目。
人象大成一冊	抄本	袁忠徹編	羅振常《嘉業堂鈔校本目錄》：「明抄皮紙本。四冊。天一閣舊藏。莫楚生有跋。」
青雀集二卷	刻本	王穉登	
古今書繪寶鑑六卷 補遺一卷	刻本	元夏文彥編，明韓昂續補	今閣存殘卷。
書訣一卷	抄本	豐坊	進呈本，四庫全書收錄。

*皇明書畫史三卷 元朝遺佚附錄一卷	抄本	劉璋	進呈本，四庫存目。
*中麓畫品一卷	刻本	李開先	進呈本，四庫存目。
畫志一卷	抄本	沈與文	進呈本，四庫存目。
*適情錄二十卷	刻本	林應龍編	進呈本，四庫存目。
秋僊遺譜十二卷	刻本	褚克明編	
弈悟一冊	刻本	周勳編	
弈會吟四卷	刻本	鄭銘	
三教同聲三卷	刻本	張德新編	今閣存。
浙音釋字琴譜二卷	刻本	龔經編釋	今閣存。
九宮譜二冊	刻本	蔣孝編	
泉評茶辨十二卷	刻本		阮目：明虞氏撰，正德己巳虞銓跋。
誠齋牡丹譜一卷	抄本	朱有燉	
異魚圖贊四卷	刻本	楊慎	
吳氏墨記一冊	刻本	吳頤元輯	進呈本。
淮南鴻烈解二十八卷	刻本	劉績	
*霏雪錄二卷	刻本	劉績	
*郁離子二卷	刻本	劉基	
*筆疇二卷	抄本	王達	
尚論編一卷	刻本	王達	
天游別集三卷	刻本	王達	《筆疇》、《尚論編》，舒遴彙刻。 《明志》有「王達《天游集》二十二卷」。
海涵萬象錄四卷	刻本	黃潤玉	進呈本，四庫存目。
*讕言長語一卷	刻本	曹安	《明志》作「二卷」。
閒中今古錄二卷	抄本	陳頎	
龍江夢餘錄四卷	抄本	唐錦	
*蟫精雋十六卷	抄本	徐伯齡	進呈本，四庫全書收錄。《明志》著錄爲「二十卷」。
*菽園雜記十五卷	刻本	陸容	
*青溪暇筆一卷	刻本	姚福	《明志》著錄作「二十卷」。
守溪長語一冊	刻本	王鏊	進呈本。《明志》有「王鏊《守溪筆記》二卷」。
*震澤長語二卷	刻本	王鏊	
*南園漫錄十卷	刻本	張志淳	

空同子一卷	刻本	李夢陽	
祝子罪知錄十卷	抄本	祝允明	
浮物一卷	抄本	祝允明	進呈本，四庫存目。
*兩山墨談十八卷	刻本	陳霆	今閣存殘卷。
*濯纓亭筆記十卷	刻本	戴冠	《明志》作「戴冠《筆記》十卷」。
約言一卷	刻本	薛蕙	今閣存。
眞珠船八卷	刻本	胡侍	
*墅談六卷	刻本	胡侍	進呈本。《明志》著錄書名爲「野談」，誤。
東谷贅言二卷	刻本	敖英	進呈本。
綠雪亭雜言一卷	刻本	敖英	
*七修類稿五十一卷	刻本	郎瑛	
山樵暇語十卷	抄本	俞弁	進呈本，四庫存目。
古言二卷	刻本	鄭曉	進呈本，四庫存目。
逌旃璅言二卷	刻本	蘇祐	
射林八卷	刻本	朱克裕	進呈本，四庫存目。《四庫提要》著錄作者「朱光裕」，誤。
推篷寤語九卷餘錄一卷	刻本	李豫亨	進呈本，四庫存目。
三教歷代會編要略九卷	刻本	林兆恩	
林子一卷	刻本	林兆恩	
厭次瑣談一卷	刻本	劉世偉	進呈本，四庫存目。
*丹鉛總錄三十七卷 續錄十二卷 餘錄十七卷 摘錄十三卷	刻本	楊慎	進呈本，四庫全書收錄。今閣存《摘錄》五卷。《明志》不著《摘錄》。
*藝林伐山二十卷	刻本	楊慎	
*譚苑醍醐九卷	刻本	楊慎	今閣存。
正楊四卷	刻本	陳耀文	今閣存。
玉唾壺二卷	抄本	王一槐	進呈本，四庫存目。
經史通譜二卷	刻本	楊豫孫	阮目：「經譜則譜群經之授受而古今道統亦並附之，史譜則譜歷代之統系而春秋列國亦並附。」
石田隨筆	刻本	沈周	阮目：「綿紙抄本，存卷一、卷二，其三、四兩卷無。凡著書史、立論說及碑誌、篆額、款式、古今廢置事蹟，隨所見而筆之者也。」
*筆精八卷	刻本	徐𤊹	

*水東日記三十八卷	刻本	葉盛	
*雙槐歲鈔十卷	刻本	黃瑜	
*三餘贅筆二卷	抄本	都卬	進呈本，四庫存目。
謇齋瑣綴錄八卷	抄本	尹直	進呈本，四庫存目。《明志》不著錄，《史》卷二百八十二《吳與弼傳》：「直後筆其事於《瑣綴錄》。」
*雙溪雜記一卷	刻本	王瓊	進呈本爲刻本。阮目著錄爲抄本。
*立齋閑錄四卷	抄本	宋端儀	進呈本，四庫存目。
蓬窗類記五卷	抄本	黃暐	進呈本，四庫存目。
*寓圃雜記十卷	抄本	王錡	進呈本，四庫存目。
都公譚纂二卷	刻本	都穆撰，陸采輯	
復齋日記二卷	抄本	許浩	進呈本，四庫存目。
*野記四卷	抄本	祝允明	《明志》著錄書名作「九朝野記」。
*前聞記一卷	抄本	祝允明	
賢識錄一卷	刻本	陸釴	進呈本，四庫存目。
病逸漫記一冊	抄本	陸釴	進呈本。
孤樹裒談	刻本	李默	閣藏《孤樹裒談》有五卷本、四卷本和十卷本三種。
*湧幢小品三十二卷	刻本	朱國楨	今閣存殘卷。
九朝談纂不分卷	抄本		進呈本，四庫存目。
*多能鄙事十三卷	刻本	劉基	
新增格古要論十三卷	刻本	曹昭	
都氏鐵網珊瑚二十卷	刻本	都穆	進呈本，四庫存目。
*便民圖纂十六卷	刻本	陳維一編	《明志》著錄作者爲「鄺璠」。
李氏居室記五卷	刻本	李濂	進呈本，四庫存目。
莝錄三卷	抄本		進呈本，四庫存目。
勸忍百箴考注四卷	刻本	元許名奎撰，明覺澂考注	
十二論一冊	抄本	何景明	進呈本。
*林泉隨筆一冊	刻本	張綸	進呈本。
雅述二卷	刻本	王廷相	今閣存殘頁。
百感錄一卷	抄本	陳相	進呈本，四庫存目。
拘虛晤言一卷	刻本	陳沂	進呈本，四庫存目。
竹下寤言二卷	刻本	王文祿	進呈本，四庫存目。
存愚錄一卷	刻本	張純	進呈本，四庫存目。
百泉子緒論一卷	刻本	皇甫汸	進呈本，四庫存目。

夜燈管測二卷	刻本	沈愷	進呈本，四庫存目。
冬遊記一卷	刻本	羅洪先	進呈本，四庫存目。
張子小言	刻本	張含	
簡籍遺聞二卷	刻本	黃溥	進呈本，四庫存目。
緯略類編三十五卷	刻本		進呈本，四庫存目。
胡文穆公雜著一卷	抄本	胡廣	進呈本，四庫全書收錄。
*古穰雜錄三卷	抄本	李賢	進呈本，四庫存目。
*損齋備忘錄二卷	抄本	梅純	進呈本，四庫存目。
山堂瑣語二卷	刻本	陳霆	進呈本，四庫存目。
正思齋雜記二卷	抄本	劉教	進呈本，四庫存目。
春雨堂隨筆一卷	刻本	陸深	進呈本。《明志》有「陸深《春雨堂稿》三十卷」。
九沙草堂雜言一卷	刻本	萬表	《玩鹿亭稿》卷五為「九沙草堂雜言」，此蓋單行之本。
詢芻錄一卷	刻本	陳沂	進呈本，四庫存目。
東巢雜著二卷	抄本	倪復	
閒居漫稿新得記九卷	抄本	倪復	
郊外農談三卷	刻本	張鈇	進呈本，四庫存目。
*齊民要書一冊	刻本	溫純	
應菴任意錄十四卷	抄本	羅鶴	進呈本，四庫存目。
焦氏筆乘續集八卷	刻本	焦竑	《明志》有「焦竑《筆乘》二十卷」。
蒙泉雜言二卷	抄本		進呈本，四庫存目。
東皋雜記一卷	抄本		進呈本，四庫存目。
之桐紀事一卷	刻本	余漢城	
迂書一卷	抄本		
感時論二卷	刻本	王問	
*勸善書二十卷	刻本	仁孝皇后徐氏	
*昭鑒錄十一卷	抄本		洪武初敕撰。進呈本，四庫存目。
*為善陰騭十卷	刻本	明成祖朱棣	今閣存五卷。
政訓一冊	刻本	彭韶編	進呈本。
聞見類纂小史十四卷	抄本	魏偁	進呈本，四庫存目。
初潭集三十卷	刻本	李贄	今閣存殘卷。
玉壺冰一卷	刻本	都穆	

灼艾集二卷 續集二卷 餘集二卷 別集二卷	刻本	萬表	劉目、薛目著錄「灼艾集十二卷，明王佐編」。
雜抄不分卷	稿本	范欽輯	
考古彙編文集□卷 續集六卷	刻本	傅鈸輯	今閣存殘卷。
諸子纂要大全四卷	刻本	黎堯卿輯	今閣存。
百家類纂四十卷	刻本	沈津編	
布粟集八卷	刻本		進呈本，四庫存目。
*欣賞編十卷	刻本	茅一相編	
諸子彙函二十六卷	刻本	姚希孟編	
*柏齋三書四卷	刻本	何瑭	進呈本，四庫存目。
*今獻彙言八冊	刻本	高鳴鳳編	《明志》著錄作「二十八卷」。今閣存殘卷。
快書五十卷	刻本	閔景賢、何偉然編	
溪堂麗宿集一冊	抄本	曹文炳輯	進呈本，四庫存目。
*簡端錄十二卷	刻本	邵寶	
子彙十二冊	刻本	姚希孟輯	
七子纂要三冊	刻本	史起欽編	
七十二子粹言二卷	刻本		
錦囊全集十五卷	刻本	馮夢龍	
福壽全書六卷	刻本	陳繼儒	
廣仁品二十卷	刻本	李盤輯	
義命彙編十二卷	刻本	李仲選輯	
義命箴規	刻本	吳孟祺	
勸世方言一卷	刻本	劉鑽	
最樂編五卷	刻本	高道淳	
類編名賢彙語二十二卷	刻本	飛來山人編	今閣存殘卷。
今賢彙說十冊	刻本		羅振常《經見錄》：「嘉靖刊，白口，皮紙，十行，行二十二字，書口下有刻工名。每題目皆白文，書題及全文皆低一格，連低格行二十三字，亦有二十四字者。蓋皆明人小說，留為撐頭用也。有一籤題『今賢彙說』，記號為大字。細目刊後。」

史拾廣覽□種□卷	刻本		今閣存三種三卷。
金聲玉振集二十冊	刻本	袁褧編	
*千家姓一冊	刻本		
續編錦囊詩對故事四卷	刻本		
原始秘書八卷	抄本	朱權	進呈本，四庫存目。
*姓原珠璣一冊	刻本	楊信民輯	
*物原一卷	刻本	羅頎	今閣存。
*三才廣志一千一百八十四卷	抄本	吳琯輯	《明志》作「三百卷」。今閣存殘卷。
楮記室十五卷	刻本	潘塤輯	
王制考四卷	刻本	李黼	
中麓山人拙對二卷	抄本	李開先	
*博物策會十七卷	刻本	戴璟	
詩對押韻二冊	刻本	耿純編	
*群書類考二十二卷	刻本	凌翰	
*異物彙苑十八卷	抄本	閔文振輯	《明志》作「《異物類苑》五卷」。
圓機活法五十卷	刻本		今閣存殘卷。
*考古辭宗二十卷	刻本	況叔祺輯	今閣存殘卷。
紀事珠	刻本	劉國翰	
四六雕龍八卷	刻本	王世貞等	
*經濟類編一百卷	刻本	馮琦輯	今閣凡存二種，一種抄本，一種萬曆三十二年刻本，均爲一百卷，且均殘。
名公新編翰苑啓箚雲錦五冊	抄本		
*類雋三十卷	刻本	鄭若庸	今閣存殘卷。
古今名喻八卷	刻本	吳仕期	
*增訂二三場群書備考四卷	刻本	袁黃撰，袁儼注	《明志》作「袁黃《群書備考》二十卷」。阮目云「內《九邊圖考》抽燬」。今閣存。
藝圃萃盤錄	刻本	周汝礪選，蔣以忠纂，蔣以化輯	
*尚友錄二十二卷	刻本	廖用賢	
新編書林摘秀二卷	刻本	管簫	
群珠摘粹一卷	抄本	戴天錫輯	
修辭鑑衡二卷	刻本	劉起宗編	
古學彙纂十卷	刻本	周時雍輯	

手鏡摘覽八卷	抄本	楊循吉	阮目云，殘：「卷首未鈔序文目錄，著書人名無查。明隆慶辛未（1571）方山吳岫卷後跋云，南峯楊公集百家言爲《奚囊手鏡》，以卷篇繁浩，改訂無常，積五十年而竟不成書，末年括爲《摘覽》八卷。」《明志》有「楊循吉《奚囊手鏡》二十卷」。
潛確居類書一百二十卷	刻本	楊仁錫輯	今閣存殘卷。
啓蒙金璧四卷	刻本	吳道南	
崑玉騰輝一卷	刻本	彭恒	
尺牘法言二卷	刻本	高□輯	
*漢魏叢書二百五十卷	刻本	屠隆編	《明志》作「六十卷」。
叢書集要二十八卷	刻本	江之棟輯	
古今說海一百四十二卷	刻本	陸楫等編	
*稗海大觀十九冊	刻本	商濬輯	《明志》著錄作「商濬《稗海》三百六十八卷」。
山海經釋義十八卷	刻本	王崇慶釋義	
東園客談一卷	抄本	孫道易	進呈本，四庫存目。
皇明紀略四卷	刻本	皇甫錄	進呈本，四庫存目。
下陴紀談二卷	刻本	皇甫錄	進呈本，四庫存目。
近峰聞略八卷	抄本	皇甫錄	
*延休堂漫錄三十卷	抄本	羅鳳	進呈本，四庫存目。
剪勝野聞一卷	刻本	徐禎卿	進呈本，四庫存目。
見聞隨錄一冊	抄本	韓邦奇	進呈本，四庫存目。
吏隱錄二卷	刻本	沈津	進呈本，四庫存目。
北窗瑣語一冊	抄本	余永麟	進呈本，四庫存目。
碧里雜存一冊	刻本	董穀	
西吳里語四卷	刻本	宋雷	
故事備要四冊	抄本		
效顰集二卷	刻本	趙弼	進呈本。
冶城客語二卷	抄本	陸采	進呈本，四庫存目。
*西樵野紀十卷	抄本	侯甸	進呈本。
汴京勾異記八卷	刻本	李濂	
索奇志一卷	刻本	顧祖訓編	
漁樵閒話一卷	刻本	朱睦㮮	
*陳眉公秘笈十二冊	刻本	陳繼儒編	

公餘日錄四卷	刻本	李尙實	
談藝錄二卷	刻本	愼蒙編	
*塵談錄二卷	抄本	沈儀	《明志》著錄爲「十卷」。
蘇談一卷	刻本	楊循吉	
述異補遺一卷	抄本	李昌齡編	
紀事文華一冊	刻本	朱寶	
藝苑卮言四卷	刻本	王世貞	
翦燈餘話五卷	刻本	李昌祺	
*解頤新語八卷	刻本	皇甫汸	《明志》著錄作者爲「皇甫循」。
梨洲野乘一冊	刻本	舒纓	進呈本,四庫存目。
一得卮言二卷	刻本	邵應試	
醫貧集一冊	刻本	孫子麟	
豔異編四十五卷	刻本		
夢齋筆談二卷	抄本	鄭景星	
國朝英烈傳六十卷	抄本		今閣存殘卷。
顧氏文房小說四十種	刻本	顧元慶輯	今閣存四種。
*金剛經註附心經註二卷	刻本	釋宗泐注	
楞伽阿跋多寶經注	刻本	釋宗泐、如玘	
*禪宗正脈十卷	刻本	釋如巹	
傳燈要語一卷	刻本		
歸元直指二卷	刻本	釋宗本	
普菴語錄四卷	刻本		阮目:永樂二十一年御製序文。
序贊文十篇	抄本	朱棣	
募緣雜錄一卷	刻本		阮目:四明阿育王寺歷代碑銘記錄。
釋藻集六卷	刻本	楊愼編	
大藏一覽十卷	刻本	陳實原編	
山中集一卷	刻本	萬表編	今閣存,嚴重破殘。
陰符經性命集解一卷	刻本	朱權注	
元始說先天道德經註解五卷	抄本	宋李嘉謀注解,明王宗沐批點	
道德眞經二卷	抄本	朱元璋注	
道德眞經集義六卷	抄本	危大有	
*老子通義二卷	刻本	朱得之	
*老子集解二卷考異一卷	刻本	薛蕙	

道德經解二卷	刻本	薛甲注	
*道德經輯解二卷	刻本	皇甫濂	
道德眞經註二卷	抄本	張嗣成	
道德性命前集二卷	刻本	朱權	
道德性命後集三卷	刻本	孫宸洪	
黃石公素書集解一卷	刻本	朱權	
周易參同契本義一冊	抄本	周瑛	
續仙傳一卷	刻本	唐沈汾撰，明黃省曾贊	
元帝問道一條純陽先生敲爻歌一章	抄本		阮目：明守鉏野叟校正。
劉宋二子四卷	刻本		何賓岩合刻劉基《郁離子》、宋濂《龍門子凝道記》。
諸經品節十卷	刻本	楊起元編	
內煉延壽捷徑秘訣一卷	抄本	何府中	
古仙指南玉書賦一卷	抄本	羅達卿注	
臞仙運化元樞八百六條	刻本	朱權	
救命索一卷	刻本	朱權	
命宗大乘五字決內丹節要一卷	刻本	朱權	
金丹節要二卷	抄本	張三豐	
還丹發祕二卷 附錄一卷	抄本	鄭允璋	
修養要覽一卷	刻本	邵徵	
麻姑集十二卷	刻本	朱廷臣輯	
紀錄類編五卷	刻本	熊劍編	
霞外雜俎一卷	刻本	題鐵脚道人	進呈本，四庫存目。
觀化集一卷	刻本	朱約佶	進呈本，四庫存目。
金精直指一卷	刻本	唐音	
延生至寶二卷	刻本	馮相編	
旌陽石函記一卷	刻本	邵輔注	
陶公還金術三卷	刻本	邵輔注	
曇陽大師傳一卷	刻本	王世貞	今閣存，破殘。

四、集部

書名和卷數	版本	撰者或編者	備　　　　　註
離騷草木疏補四卷	刻本	屠本畯	進呈本，四庫存目。
楚騷協韻十卷 附讀騷大旨一卷	刻本	屠本畯	進呈本，四庫存目。
謝靈運詩集二卷	刻本	黃省曾編	
類編王右丞詩集十卷 文集四卷	刻本	顧起經	
李白詩選十卷	刻本	張含選，楊慎批點	今閣存殘卷。
李翰林分類詩八卷 附賦一卷	刻本	李齊芳等	
杜詩單注十卷	刻本	單復注，陳明輯	
讀杜詩愚得十八卷	刻本	單復	
杜詩選註七卷	刻本	董益輯	
杜詩類集二冊	刻本	姚鳴鳳	
杜詩長古註解二卷	刻本	謝省注	
杜律測旨二冊	刻本	趙大綱	
杜律鈔二卷	刻本	邵寶	
杜工部詩釋三卷	刻本	張綖	今閣存殘頁。
放翁律詩鈔四卷	刻本	朱承爵	
草廬（吳先生）輯粹六卷	刻本	元吳澄撰，明王蓂選	進呈本，四庫存目。
*御製文集二十卷	刻本	朱元璋	《明志》作「明太祖《文集》五十卷、《詩集》五卷」。
宋學士集十卷	刻本	宋濂	《明志》有「《宋學士文集》七十五卷」。宋濂（1310～1381），浙江浦江人。
宋學士全集三十六卷	刻本	宋濂	
*誠意伯劉先生文集二十卷	刻本	劉基	今閣存。《明志》題作「文成集」。劉基（1311～1375）浙江青田人，封誠意伯。
重編誠意伯文集十八卷	刻本	劉基	
*鳳池吟稿八卷	刻本	汪廣洋	今閣存殘卷。《明志》作「十卷」。汪廣洋，字朝宗，南直隸高郵人。

*陶學士先生文集二十卷事蹟一卷	刻本	陶安撰，張祐編	今閣存殘卷。陶安（1312～1368），字主敬，南直隸當塗人。《明史》卷136有傳。
*坦齋詩集九卷	刻本	劉三吾	今閣存。《明志》作「《坦齋集》二卷」。劉三吾，名如孫，以字行，自號坦翁，湖廣茶陵人。
劉翰林斐然稿一卷	抄本	劉三吾	
梅初詩集三卷	刻本	魏觀撰，曾孫魏銘編	《明志》有「魏觀《蒲山集》四卷」。魏觀（1305～1374）號梅初，湖廣蒲圻人。
*胡仲子文集十卷	抄本	胡翰	胡翰（1307～1381），浙江金華人。
*海叟集二卷	刻本	袁凱	《明志》作「《海叟詩集》四卷」。袁凱自號海叟，南直隸華亭人。
在野集一卷	刻本	袁凱撰，張璞校選，朱應祥評點	
*槎翁文集十八卷	刻本	劉崧	劉崧（1321～1381），江西泰和人。
*劉職方詩八卷	刻本	劉崧撰，蕭翀編	今閣存。
*蘇平仲文集四卷	刻本	蘇伯衡撰，林與直編	《明志》作「《蘇平仲集》十六卷」。蘇伯衡，字平仲，浙江金華人。
*滄螺集六卷	刻本	孫作	孫作，字大雅，以字行，江陰人。
*高太史大全集十八卷	刻本	高啓撰，徐庸編	高啓（1336～1374），字季迪，號槎軒，南直隸長洲人。
缶鳴集十二卷	刻本	高啓	
姑蘇雜詠一卷	刻本	高啓	
*槎軒集	刻本	高啓	見阮目，不著卷數。
*眉菴集	刻本	楊基	見阮目，不著卷數。《明志》作「十二卷」。楊基（1326～1378），號眉菴，南直隸吳縣人。
*靜居集	刻本	張羽	見阮目，不著卷數。《明志》作「六卷」。張羽（1333～1385）江西潯陽人，寓居吳興。
*北郭集	刻本	徐賁	《明志》作六卷。徐賁號北郭生。
*春雨軒詩集十卷	刻本	劉彥昺	劉彥昺，名炳，以字行，江西鄱陽人。

*鳴盛集四卷	刻本	林鴻	林鴻，福建福清人，「閩中十才子」之首。
甘白先生詩集六卷	刻本	張適	《明志》有「張適《樂圃集》六卷」。張適（1330～1394），字子宜，南直隸長洲人。
*西菴集十卷	刻本	孫蕡	孫蕡（1334～1389）號西菴，廣東順德人。
*全室外集十卷	抄本	釋宗泐	進呈本。宗泐（1318～1391），臨海周氏子，字季潭，號全室。
園菴集十卷 附錄一卷	刻本	釋居頂	今閣存殘卷。居頂俗姓陳，號圓菴，浙江台州人。
*峴泉集十二卷	抄本	張宇初	《明志》作《峴泉文集》二十卷。張宇初（1361？～1410），張陵第四十三代孫，江西貴溪人，正一派著名道士。
*逃虛子詩集十一卷 類稿補遺八卷	抄本	姚廣孝	進呈本，四庫存目。《明志》作《逃虛子集》十卷、《外集》一卷。姚廣孝（1335～1418）初為僧，名道衍，字斯道，南直隸長洲人。
青城山人詩集一冊	刻本	王汝玉	《明志》有「王汝玉《詩集》八卷」。王汝玉，本名璲，以字行，號青城山人，南直隸長洲人。
*高漫士木天清氣集五卷	抄本	高棅	《明志》作「十四卷」。高棅（1350～1423）號漫士，福建長樂人，「閩中十才子」之一。
白雲樵唱集四卷附錄一卷	抄本	王恭	進呈本，四庫全書收錄。《明志》有王恭《詩集》七卷。王恭號皆山樵者，福建長樂人，「閩中十才子」之一。
詠物新題詩一卷	刻本	瞿佑	《明志》有「瞿佑《存齋樂全集》三卷、《詞》一卷」。瞿佑（1347～1433），字宗吉，號存齋，浙江錢塘人。
香臺集三卷	抄本	瞿佑	羅振常《經見錄》：「有若干題，如嫦娥奔月、神女行雲等，各繫七絕一首，並著其事蹟，至易山樂府止，無序跋，藍格明抄本，一冊。」
謝孔昭詩集一冊	抄本	謝縉	謝縉，字孔昭，南直隸吳縣人，工畫。

冢宰文集一卷	抄本	張紞	進呈本，四庫存目。《明志》有「張紞《鷗庵集》一卷」。張紞，陝西富平人。
蚓竅集五卷	刻本	管時敏	今閣存殘頁。管訥，字時敏，以字行，南直隸華亭人。
重刻松雨軒集二卷	刻本	平顯	平顯，字仲微，浙江錢塘人。
斗南老人詩集四卷	抄本	胡奎	進呈本。見劉目、薛目。胡奎（1335～1409），字虛白，號斗南老人。
*春草齋（文）集十卷　附錄一卷	抄本	烏斯道	今閣存殘卷。烏斯道，浙江慈谿人。
*任狀元遺稿二卷	刻本	任亨泰	任亨泰，洪武二十一年（1366）狀元，由翰林院修撰任詹事府詹事，官至禮部尚書。
會稽懷古詩一卷	刻本	唐之淳	進呈本。唐之淳，字愚士，山陰人，建文初授翰林院侍讀。《明史》卷285有傳。
*雨軒外集八卷	刻本	僧陸溥洽	溥洽（1346～1426），陸游之後。
夢墨堂稿	刻本	時季照	見阮目，不著卷數。時銘，字季照，以字行，浙江慈谿人。
*東里文集二十五卷　詩集三卷　續集六十二卷　代言錄一卷　聖諭錄一卷　奏對錄一卷　附錄四	刻本	楊士奇	楊士奇（1365～1444），名寓，以字行，號東里，江西泰和人。《明史》卷148有傳。
*楊東里詩集三卷	刻本	楊士奇	《明志》作「《東里集》二十五卷、《詩》三卷」。
*泊菴集十六卷	刻本	梁潛	今閣存殘卷。《明志》作「十二卷」。梁潛（1366～1418），字用之，太和人。
泊菴詩集二卷	刻本	梁潛	
*虛舟集五卷	刻本	王偁	王偁（1370～1415）號虛舟，福建永福人，「閩中十才子」之一。
靜齋詩集六卷	刻本	黃約仲	黃約仲，名守，以字行，福建莆田人，官翰林院檢討。

*楊文定詩集八卷	刻本	楊溥	進呈本。《明志》作「楊溥《文集》十二卷、《詩》四卷」。楊溥（1375～1446）湖廣石首人，建文二年（1400）進士，諡文定。
筆花集一冊	抄本	湯舜民	
元宮詞一卷	刻本	朱橚	《明志》不著錄，然《明史》卷一百十六云：「橚好學，能詞賦，嘗作《元宮詞》百章。」
巢睫集四卷	刻本	曾棨	《明志》有「曾棨《集》十八卷」。曾棨（1372～1432）江西永豐人，永樂二年狀元。
李古廉詩十一卷	刻本	李時勉	《明志》有「李時勉《文集》十一卷、《詩》一卷」。李時勉（1374～1450），名懋，以字行，號古廉，江西安福人，永樂二年進士。
運甓漫稿七卷	刻本	李昌祺撰，鄭綱編	李禎（1376～1452），字昌祺，以字行，江西廬陵人，永樂二年進士。
*王文安公詩集五卷　文集六卷	刻本	王英撰，子王祐編集	王英（1376～1450），江西金溪人，永樂二年進士。
*王抑菴文集十三卷	刻本	王直	《明志》作「王直《抑庵集》四十二卷」。王直（1379～1462）號抑菴，江西泰和人，永樂二年進士。
東墅詩集二卷	抄本	周述撰，子周錞編	進呈本，四庫存目。周述（？～1436）號東墅，江西吉水人，永樂二年進士。
蝸濡集一卷	刻本	謝瑾	謝瑾字廷蘭，其先蜀人，徙家浙江鄞縣，永樂四年進士。
石潭存稿二卷	刻本	劉髦撰，子劉定之編	《明志》有《石潭集》五卷。劉髦（1373～1445）江西永新人，永樂六年舉鄉試不仕，教授鄉間，弟子甚眾，稱石潭先生。
*符臺外集不分卷	刻本	袁忠徹	《明志》作「五卷」。袁忠徹（1376～1458），字靜思，浙江鄞縣人。《明史》卷 299 有傳。
*蒟齋先生文集十二卷	抄本	林誌	《明志》作「十五卷」。林誌（1378～1427）號蒟齋，福建閩縣人。永樂九、十年鄉、會試第一，廷試第二，累官右春坊右諭德兼侍讀。

誠齋百詠三卷	刻本	朱有燉撰，鄭義編輯	朱有燉（1379～1439），周定王朱橚長子，太祖朱元璋之孫，洪熙元年（1425）襲封。
勤有文集一冊 詩集一冊	刻本	朱孟烷撰，雷貫編	朱孟烷（1381～1438），楚昭王朱楨第三子，永樂二十二年襲封，諡莊。
*陳芳洲集三卷	刻本	陳循	《明志》作「十六卷」。陳循（1385～1462）號芳洲，江西泰和人，永樂十三年（1415）狀元。
芳洲東行百詠□卷	刻本	陳循	
雞肋集一卷	刻本	鄭珞	
默菴詩集一冊	刻本	曹義	曹義（1368～1461）號默菴，應天府句容人，永樂十三年進士。改庶吉士，授翰林院編修，歷禮部右侍郎，官至南京吏部尚書。
育齋先生詩集十七卷	刻本	高穀撰，卞榮紹輯	《明史》有「高穀《集》十卷」。高穀（1391～1460）號育齋，南直隸興化人，永樂十三年進士。
補拙集六卷	刻本	楊應春	楊應春，四川長壽人，永樂十五年鄉貢入太學，以預修中秘書授戶部主事，陞郎中，歷雲南參政，官至南京太僕寺卿。
河汾詩集八卷	刻本	薛瑄撰，孫薛禃編次	《明志》有「薛瑄《敬軒集》四十卷、《詩》八卷」。薛瑄（1389～1464），山西河津人，永樂十九年進士。
兩溪詩集四卷	刻本	劉球撰，劉鉞、劉釬編	《明志》有「《兩溪集》二十四卷」。劉球（1392～1443），字求樂，江西安福人，永樂十九年進士。
于肅愍公集九卷	刻本	于謙	《明志》有「于謙《文集》二十卷」。
梅讀先生存稿十卷 附錄五卷	刻本	楊自懲撰，子楊守阯編	楊自懲（1395～1451），浙江鄞縣人，正統間官福建泉州府倉副使，贈通議大夫南京吏部右侍郎。
*和李杜詩十三卷	刻本	張楷	《明志》作「十二卷」。張楷（1398～1460），浙江慈谿人。
*和唐詩正音二十八卷	刻本	張楷	

蒲東珠玉詩一卷	刻本	張楷	
*劉文恭公詩集六卷	刻本	劉鉉	劉鉉（1394～1458），南直隸長洲人，諡文恭。
*明宣宗詩文一卷	抄本	朱瞻基	進呈本，四庫存目。《明志》作「宣宗《文集》四十四卷、《詩集》六卷、《樂府》一卷」。
*呆齋存稿二十四卷	刻本	劉定之	劉定之（1409～1469），江西永新人，正統元年狀元。
*呆齋續稿四卷	刻本	劉定之	《明志》作「《存稿》二十一卷、《續稿》五卷」。
轆線集一卷	刻本	史傑	史傑（1410～1491），浙江吳興人，官大河衛百戶。
*道山集六卷	刻本	鄭棠	《明志》作「二十卷」。鄭棠，浙江浦陽人，永樂中官翰林院檢討。
恒軒集	刻本	韓經撰，子韓陽編	阮目不著卷數，薛目作「恒軒遺稿三卷」。韓經，字本常，號恒軒，浙江山陰人，不仕。
鳳鳴後集六卷	刻本	鄭楷	鄭楷，浙江浦陽人，除蜀王府教授，遷長史致仕。
*壽眉集二卷	刻本	朱元振	朱元振，字士誠，號怡閑，宣正間上海人，不仕。
懶仙竹林漫筆	刻本	朱奠培	朱奠培（1418～1491）號竹林懶仙，寧獻王朱權之孫，正統十四年襲封，諡靖。
卞郎中詩集六卷	刻本	卞榮	卞榮（1419～1487），南直隸江陰人，正統十年進士，官戶部郎中。
白沙詩教解十五卷	刻本	陳獻章撰，湛若水輯解	《明志》有「《白沙子》八卷、《文集》二十二卷、《遺編》六卷」。陳獻章（1428～1500），廣東新會白沙里人，世稱白沙先生，正統十二年舉人。
白沙先生詩集十卷	刻本	陳獻章	
*古直先生集十六卷附錄一卷	刻本	劉珝	《明志》作「劉珝《文集》十六卷」。劉珝（1426～1490）號古直，山東壽光人，正統十三年進士。
*竹巖先生文集十二卷	抄本	柯潛撰，柯維祺編	《明志》作「《竹岩集》八卷」。柯潛，字孟時，號竹岩，福建莆田人，景泰二年（1451）狀元。

東石類稿十卷	刻本	王覿	王覿，江西金溪人，景泰二年進士，官至浙江按察使。
東石續集九卷	刻本	王覿撰，黃文龍編	
東石近藁十卷	刻本	王覿	
清風亭稿八卷	刻本	童軒撰，李澄編，劉珝、張弼評，俞澤重評	《明志》有「童軒《枕肱集》二卷」。童軒（1425～1498），江西鄱陽人，景泰二年進士，授南京史科給事中，官至南京吏部尚書。
黎陽王太傅詩選一卷	刻本	王越撰，楊儀選	王越（1423～1498），字世昌，北直隸濬縣人，景泰二年進士。《明史》卷171有傳。
*尹澄江集二十五卷	刻本	尹直	尹直（1427～1511）號謇齋，晚更號澄江，江西泰和人，景泰五年進士。
逸老堂淨稿二十卷	刻本	謝省	謝省（1420～1493）晚號臺南逸老，浙江太平人，景泰五年進士，授兵部主事，遷員外郎，出知保慶。
*草窗集二卷	刻本	劉溥	進呈本，四庫存目。劉溥號草窗，南直隸長洲人，以醫名，「景泰十才子」之首。
和杜律一卷	刻本	郁文博	郁文博，以字行，上海人，景泰五年進士。是編爲官湖廣副使時所作。
沈石田詩稿三卷	刻本	沈周	《明志》有「《石田詩抄》十卷」。沈周（1427～1509）號石田，晚號白石翁，南直隸長洲人。
石田詩選十卷	刻本	沈周	
傳響集十二卷	刻本	崔澂	崔澂（？～1493），字淵父，南直隸吳江人，成化間太學生。
定軒詩集十六卷	抄本	黃孔昭	黃孔昭（1428～1491）號定軒，浙江太平人，天順四年進士，累官南京工部右侍郎。
東園詩集續編八卷	刻本	鄭紀	進呈本。鄭紀，字廷綱，別號東園，福建仙遊人，天順四年進士，官至南京戶部尚書。
愧齋文粹五卷	刻本	陳音撰，陳須政等編	《明志》有「陳音《愧齋集》十二卷」。陳音（1436～1494）號愧齋，福建莆田人，天順八年進士。

*東山集二卷	刻本	劉大夏	《明志》有「劉大夏《奏議》一卷、《詩》二卷」。劉大夏（1436～1516）號東山，湖廣華容人，天順八年進士。
滄洲集十卷	刻本	張泰	張泰，字亨父，南直隸太倉人，天順八年進士，官翰林院修撰。《明志》不著錄，然《史》卷二八六稱：「弘治間，藝苑皆稱李懷麓、張滄洲，東陽有《懷麓堂集》，泰有《滄洲集》也。」
感樓詩一卷	刻本	賀甫	
*羅一峯先生文集十四卷	刻本	羅倫	《明志》作「《一峯集》十卷」。羅倫（1431～1478）號一峯，江西永豐人，成化二年狀元。
程篁墩文粹二十五卷	刻本	程敏政	《明志》有「《篁墩全集》一百二十卷」。程敏政（1445～？），南直隸休寧人，成化二年進士一甲第二名。
*未軒集十卷	抄本	黃仲昭	《明志》作「十三卷」。黃仲昭（1435～1508）號未軒，福建莆田人，成化二年進士。
*莊定山先生集十卷	刻本	莊昶撰，陳常道編	莊昶（1437～1499），南直隸江浦人，成化二年進士。
白洲詩集三卷	刻本	李士寔	李士寔，字若虛，江西新建人，成化二年進士，累官至右都御史致仕，善畫工詩，以附朱宸濠伏法。
張文僖公和唐詩十卷	刻本	張昇	今閣存殘卷。《明志》有「張昇《文集》二十二卷」。張昇（1442～1517），江西南城人，成化五年狀元。
翠渠續稿一冊	抄本	周瑛	《明志》有「《翠渠摘稿》七卷」。周瑛（1430～1518）號翠渠，福建莆田人，成化五年進士。
梅花集詠一卷	刻本	楊光溥撰，劉璋校正	楊光溥，字文卿，山東沂水人，成化五年進士，任刑部主事，歷山西按察司副使。
*邵半江詩五卷	刻本	邵珪	《明志》作「《半江集》六卷」。邵珪，字子敬，南直隸宜興人，成化五年進士，授戶部主事，歷郎中，出爲嚴州知府，遷思南，善書工棋。

桂軒稿十卷 續集六卷	刻本	江源	江源，字一源，號桂軒，廣東番禺人，成化五年進士。
使東日錄一卷	刻本	董越	《明志》有「董越《文集》四十二卷」。
*震澤先生集三十六卷	刻本	王鏊	今閣存殘卷。《明志》作「王鏊《文集》三十卷」。王鏊（1450～1524），南直隸吳縣人。
菊菴集十二卷	刻本	毛超撰，毛伯溫、毛伯淵編	毛超（1430～1513）號菊菴，江西吉水人，成化十三年發解京闈，累官兵部郎中，雲南廣西府知府。
*謝子象詩十五卷	刻本	謝承舉	謝承舉，應天府上元人。
*東田漫稿六卷	刻本	馬中錫	《明志》作「《東田集》六卷」。馬中錫（1446～1512）號東田，北直隸故城人，成化十一年進士。
*雁蕩山樵詩集十五卷	刻本	章玄應撰，孫章朝鳳輯	《明志》作「吳元應《詩集》十五卷」。案吳元應即章玄應。章玄應晚號雁蕩山樵，福建東甌樂清人，成化十一年進士。
王南郭詩集五卷	刻本	王弼	王弼（1449～1498）號南郭，浙江太平人，成化十一年進士，授溧水知縣，遷戶部主事，出知興化府。
*見素詩集十四卷	刻本	林俊	林俊（1452～1527）號見素，福建莆田人，成化十四年進士，歷刑部員外郎。
南海雜詠十卷	刻本	張詡	《明志》有「張詡《東所集》十一卷」。張詡（1455～1514）號東所，廣東南海人，成化二十年進士。
泉齋勿藥集十四卷	刻本	邵寶	邵寶（1460～1527），南直隸無錫人，成化二十年進士。
竹廬詩集三卷	刻本	吳璉	吳璉，字美中，廣東南海人，成化二十年進士。
*古直存稿一卷	刻本	王佐	王佐，號古直，浙江太平人，工詩書畫。
*鳳巢小鳴稿四卷	刻本	劉敔	《明志》作「《鳳巢稿》六卷」。
*費文憲公集十五卷	刻本	費宏	《明志》作「費宏《文集》二十四卷」。費宏（1468～1535），江西鉛山人，成化二十三年狀元。

西巡類稿八卷	刻本	吳廷舉	進呈本，四庫存目。吳廷舉號東湖，廣西梧州人，成化二十三年進士。
北潭稿一冊	刻本	傅珪	傅珪（1459～1515）號北潭，北直隸清苑人，成化二十三年進士。
瓊瑰錄二卷	刻本	蔣冕，李璧編	《明志》有「蔣冕《湘皋集》三十三卷」。蔣冕（1463～1533），廣西全州人，成化二十三年進士。
篆楊名父早朝詩一卷附正文一卷	刻本	楊子器撰，嘉靖四十一年朱拱檜篆書	楊子器（1458～1513），字名父，號柳塘，浙江慈谿人，成化二十三年進士，歷知崑山、高平、常熟諸縣，陞吏部考功主事，晉驗封員外郎，出爲湖廣參議，轉福建提學副使，終河南參政。
怡齋詩集三卷	刻本	朱成鍟	今閣存卷三。
逸窩詩集七卷	刻本	彭孔堅	彭孔堅，龍泉人，成化間貢生。
含春堂稿二冊	刻本	朱祐杬	朱祐杬號純一道人，憲宗第四子，嘉靖帝之生父。成化二十三年封興王，弘治七年之國安陸，諡獻。
恩紀詩集七卷	刻本	朱祐杬	阮目：「弘治壬戌興王純一道人撰，嘉靖五年御製序。」
山齋吟稿三卷	刻本	鄭岳撰，子鄭泓編	《明志》有「《山齋稿》二十四卷」。鄭岳（1468～1539）號山齋，福建莆田人，弘治六年進士。
崆峒集二十一卷	刻本	李夢陽	《明志》有「《空同全集》六十六卷」。李夢陽（1473～1529）號空同子，陝西慶陽衛人，弘治六年進士。
空同詩選四卷	刻本	李夢陽撰，楊慎選	
空同精華集三卷	刻本	李夢陽撰，豐坊編	
嘉靖集一卷	刻本	李夢陽	阮目：「集內無序文、目錄，乃元年、二年、三年所作詩。首頁有『堯鼎』二字圖章。」
何燕泉詩集四卷	刻本	何孟春撰，周南輯	《明志》有「何孟春《疏議》十卷、《文集》十八卷」。何孟春（1474～1536），湖廣郴州人，弘治六年進士。

案垢錄	刻本	何孟春	阮目，不著卷數。
*餘冬序錄十三冊	刻本	何孟春	《明志》作「六十五卷」。
心齋稿六卷	刻本	李麟	李麟，浙江鄞縣人，弘治六年進士。
吳文端公集十六卷	刻本	吳一鵬	吳一鵬（1460～1542）南直隸長洲人，弘治六年進士，諡文端。
*祝氏集略三十卷	刻本	祝允明	祝允明（1460～1526）南直隸長洲人，弘治五年舉人。
熊士選集一冊	刻本	熊卓	熊卓（1463～1509）字士選，江西豐城人，弘治九年進士。
靜芳亭摘稿八卷	刻本	陳洪謨撰，聶璜輯刻	《明志》有「陳洪謨《文稿》二卷」。陳洪謨（1474～1555）湖廣武陵人，弘治九年進士。
黃矩洲詩集八卷 草堂續稿二卷	刻本	黃衷	《明志》有「黃衷《矩齋集》二十卷」，「齋」當爲「洲」之誤。黃衷，字子和，廣東南海人，弘治九年進士。
汲臺集二卷	刻本	陳鳳梧	陳鳳梧（1475～1541），江西泰和人，弘治九年進士。
*顧東橋息園存稿十四卷	刻本	顧璘	《明志》作「《息園文稿》九卷、《詩》十四卷」。顧璘（1476～1545）長洲人，寓居上元，弘治九年進士。
憑几集五卷 又續集二卷	刻本	顧璘	
山中集四卷	刻本	顧璘	
浮湘稿四卷	刻本	顧璘	
具區集	刻本	趙鶴撰，葛澗選	趙鶴，字叔鳴，南直隸江都人，弘治九年進士。
*邊華泉集八卷	刻本	邊貢撰，劉天民編	《明志》作「邊貢《華泉集》四卷、《詩》八卷」。邊貢（1476～1532）號華泉，山東歷城人，弘治九年進士。
*王文成公全書三十八卷	刻本	王守仁撰，錢德洪編	《明志》題作「陽明全書」。今閣存殘卷。王守仁（1472～1528）浙江餘姚人，弘治十二年進士。
陽明先生文錄五卷外集九卷 別錄十卷	刻本	王守仁撰，胡宗憲刻	今閣存殘卷。

陽明文錄三卷	刻本	王守仁	
陽明先生文抄二十卷	刻本	王守仁	
王陽明先生全集二十卷 傳習錄一卷 語錄一卷	刻本	王守仁	
張伎陵集七卷	抄本	張鳳翔	進呈本，四庫存目。張鳳翔號伎陵子，江西洵陽人，弘治十二年進士。
白齋先生詩集	刻本	張琦撰，朱嶔編次批點	張琦號白齋，浙江鄞縣人，弘治十二年進士，授南京大理寺評事，終福建省左參政。
*雙溪詩集八卷	刻本	杭淮	杭淮（1462～1538），南直隸宜興人，弘治十二年進士。
淩溪先生集十八卷	刻本	朱應登	《明志》作「十九卷」。朱應登，字升之，號淩溪，南直隸寶應人，弘治十二年進士。
碧谿賦二卷	刻本	歐陽雲	今閣存。
括菴先生詩集一卷	刻本	錢瓚撰，錢峰輯，錢鳳來編	錢瓚（1455～1529）號括菴，浙江鄞縣人，弘治十二年進士。
唐伯虎集二卷	刻本	唐寅	唐寅（1470～1523）南直隸吳縣人。
唐氏文選十卷	抄本	唐寅	
振衣亭稿四卷	刻本	王孜	今閣存。王孜，字彥衡，號平川子，南直隸蕪湖人。
雲松詩畧八卷	刻本	魏侅撰，蕭贄摘編	魏侅，字達卿，號雲松，浙江鄞縣人，以貢授石城縣訓導。
*康對山集十九卷	刻本	康海	康海（1475～1540），陝西武功人，弘治十五年狀元。
白石詩稿六卷	刻本	林魁	今閣存殘卷《白石野稿》六卷。林魁自號白石山人，福建龍溪人，弘治十五年進士。
*柏齋文集十一卷	刻本	何瑭	何瑭（1474～1543）河南武陟人，弘治十五年進士。
*王氏家藏集四十一卷 又慎言集十三卷 雅述二卷 內臺集九卷	刻本	王廷相	今閣存。《明志》作「《王氏家藏集》五十四卷」。
唐西州存詩五卷	刻本	唐冑	唐冑號西州，廣東瓊山人，弘治十五年進士。

中峯應制稿六卷	刻本	董玘	《明志》有「董玘《文集》六卷」。董玘（1483～1546）會稽人，弘治十八年（1505）一甲第二名。
鄭善夫集十五卷	刻本	鄭善夫撰，汪文盛編	《明志》有「《少谷全集》二十五卷」。鄭善夫（1458～1523）福建閩縣人，弘治十八年進士。
鄭少谷詩十三卷 附錄一卷	刻本	鄭善夫撰，汪文盛編	
*洹詞十二卷	刻本	崔銑	崔銑（1478～1541），河南安陽人，弘治十八年進士。
箬溪歸田詩一卷	刻本	顧應祥	《明志》有「顧應祥《文集》十四卷、《樂府》一卷」。
甘泉子古詩選五卷	刻本	湛若水撰，謝錫命等編	《明志》有「湛若水《甘泉前後集》一百卷」。湛若水（1466～1560）廣東增城人，弘治十八年進士。
樵風十卷	刻本	湛若水	
甘泉先生兩都風詠四卷	刻本	湛若水	
*鈐山堂集十三卷	刻本	嚴嵩	《明志》作「二十六卷」。
鈐山堂詩選七卷	刻本	嚴嵩	
鈐山堂詩鈔二卷	刻本	嚴嵩	
振秀集二卷	刻本	嚴嵩撰，顧起綸選，楊慎評	
南還稿一卷	刻本	嚴嵩	嘉靖四十一年五月被勒令致仕後南歸時所作。
莊渠先生書稿全編四卷	刻本	魏校撰，從子魏參編	《明志》有「《莊渠文錄》十六卷、《詩》四卷」。魏校（1483～1543）南直隸崑山人，弘治十八年進士。
方文襄公遺稿五卷	刻本	方獻夫	《明志》有「《西樵稿》五卷」。
張文定公養心亭集八卷	刻本	張邦奇	《明志》有「張邦奇《全集》五十卷」。張邦奇（1484～1544）浙江鄞縣人，弘治十八年進士。
萬治齋文畧	抄本	萬鏜	阮目，不著卷數《明志》有「萬鏜《治齋文集》四卷」。
徐迪功集六卷 *談藝錄一卷	刻本	徐禎卿	徐禎卿（1497～1511）南直隸吳縣人，弘治十八年進士。

*甫田集四卷	刻本	文徵明	《明志》作「三十五卷」。今閣存爲三卷。文徵明（1470～1559）長洲人。
*大復集三十七卷	刻本	何景明	《明志》作「六十四卷」。何景明（1483～1521），字仲默，號大復，河南信陽人。
何氏集二十六卷	刻本	何景明	
何仲默集十卷	刻本	何景明	
*太白山人漫稿二卷	刻本	孫一元	《明志》作「《太白山人稿》五卷」。孫一元（1484～1520）號太白山人。
*士齋詩集三卷	刻本	鄒賽貞	《明志》作「鄒賽貞《詩》四卷」。鄒賽貞，南直隸當塗人，常德教授鄒謙女，大學士費宏岳母。
張禺山戊己吟三卷 附作詩一卷 作詩續一卷	刻本	張含撰，楊慎批點	張含（1479～1565）號禺山，雲南永昌人，正德二年（1507）舉人。
禺山律選一卷	刻本	張含撰，楊慎選	
艱征集一卷	抄本	張含	
撫上郡集一卷	刻本	周金	周金（1473～1546）南直隸武進人，正德三年進士。
鍾筠溪家藏集三十卷	刻本	鍾芳	進呈本，四庫存目。鍾芳號筠溪，廣東崖州人，改籍瓊山，正德三年進士。
*戴鏊谷集十二卷	刻本	戴冠	戴冠號鏊谷，河南信陽人，正德三年進士。
*戴氏詩集二卷	刻本	戴冠	
編苕集八卷	刻本	黃卿	黃卿，益都人，正德三年進士。
*唐漁石集四卷	刻本	唐龍	唐龍（1477～1546）號漁石子。
峋嶁書堂集一卷	刻本	唐龍	
河岱集三卷	刻本	胡纘宗	《明志》有「胡纘宗《鳥鼠山人集》十八卷、《擬古樂府》四卷、《詩》七卷。胡纘宗（1480～1560）山東泰安人，正德三年進士。
*東塘詩集十卷	刻本	毛伯溫	進呈本，四庫存目。毛伯溫（1487～1545），字汝厲，號東塘，江西吉水人，正德三年進士。

韓五泉詩集四卷 附錄墓誌一卷 傳一卷	刻本	韓邦靖	今閣存殘卷。韓邦靖（1488～1523），字汝慶，號五泉，陝西朝邑人，正德三年進士。
定齋先生詩集二卷	刻本	王應鵬	
定齋文畧二卷	刻本	王應鵬	
棠陵集八卷	刻本	方豪	方豪，號棠陵，浙江開化人，正德三年進士。
漸齋詩草二卷	刻本	趙漢	趙漢號漸齋，浙江平湖人，正德六年進士。
*南雋集二十卷	刻本	汪必東	汪必東（1474～？）湖廣崇陽人，正德六年進士。
*楊升菴詩十卷	刻本	楊慎	
升菴南中集五卷	刻本	楊慎	
*南中集七卷	刻本	楊慎	
南中續集四卷	刻本	楊慎	
*安寧溫泉詩一卷	刻本	楊慎	
節愛汪府君詩集二卷	抄本	汪文盛	進呈本，四庫存目。汪文盛，字希周，號白泉，湖廣崇陽人，正德六年（1511）進士。
汪白泉先生選稿十卷	刻本	汪文盛撰，楊慎選	
石磯集二卷	刻本	孫繼芳	孫繼芳（1483～1541）號石磯，湖廣華容人，正德六年進士。
鷗汀漁嘯集六卷	刻本	頓銳	頓銳，字叔養，北直隸涿鹿人，正德六年進士。
龍石詩集八卷文集六卷	刻本	許成名	許成名，號龍石，山東聊城人，正德六年進士。
龍石集二卷	刻本	許成名	
*東郭先生文集九卷	刻本	鄒守益	《明志》作「《東郭集》十二卷、《遺稿》十三卷」。鄒守益（1491～1562）江西安福人，正德六年進士。
康旻齋集三卷	刻本	康浩	康浩號旻齋，陝西武功人，正德六年進士，康海之弟。
後齋遺稿一卷	刻本	陳憲	陳憲，字伯度，江西餘干人，號後齋，正德六年進士。
與泉先生詩集二卷	刻本	徐漸	徐漸，浙江鄞縣人，正德八年（1513）舉人。

南湖詩集四卷	抄本	張綖	張綖（1487～1543）號南湖，南直隸高郵人，正德八年舉人，歷官武昌通判、光州知州。
入楚吟一卷	刻本	張綖	嘉靖十四年多至十五年多通判昌時所作。
林榕江先生詩集十卷 文集二十卷	刻本	林炫	林炫，字貞孚，福建閩縣人，正德九年（1514）進士。
*薛考功集十卷	刻本	薛蕙	薛蕙（1489～1541）南直隸亳州人，正德九年進士。
薛詩拾遺一卷	抄本	薛蕙撰，孔天胤輯	
薛西原集二卷	刻本	薛蕙	
定軒存稿一卷	刻本	彭大治	彭大治，號定軒，福建莆田人，正德九年進士。
鶴江先生頤貞堂稿六卷	刻本	蔡昂	蔡昂號鶴江，南直隸嘉定人，淮安衛籍，正德九年進士一甲第三名。
旂峯詩十卷	刻本	林春澤撰，陳昌續編	《明志》有「林春澤《人瑞翁集》十二卷」。林春澤（1480～1583）號旂峯，福建侯官人，正德九年進士。
在澗集九卷	刻本	顧可久	顧可久（1485～1563），南直隸無錫人，正德九年進士。
張太微詩集十二卷 後集四卷	刻本	張治道	
嘉靖集八卷	刻本	張治道	
田間次集一卷	刻本	劉天民	劉天民（1486～1541），山東歷城人，正德九年進士。
遊蜀吟稿二卷	刻本	劉天民	
觀政集一卷	抄本	李濂	進呈本，四庫存目。《明志》有「李濂《嵩渚集》一百卷」。李濂號嵩渚，河南祥符人，正德九年進士。是編乃在京觀政時所作。
科場漫筆三卷	刻本	李濂	今閣存。
交遊贈言錄十卷	刻本	李濂撰，子李莘叟編	
明水陳先生集二卷	刻本	陳九川	陳九川（1494～1592），江西臨川人，正德九年進士。
鹿原集一冊	抄本	戴欽	戴欽，字時亮，廣西柳州人，正德九年進士，官至刑部郎中。

石囪先生遺藁六卷	抄本	華愛	今閣存殘卷。華愛（1491～1533）號石囪，浙江鄞縣人，正德九年進士，授南京刑部主事，累官桂林知府。
張碧溪詩集六卷	刻本	張鈇	張鈇，字子威，號碧溪子，浙江慈谿人。
崑崙集八卷	刻本	張詩	張詩（1486～1535）字以言，號崑崙，順天府宛平人，以詩遊縉紳間，南遊吳楚，客於杭。
田兵部集六卷	抄本	田汝𥟖	
田深甫詩集二卷	刻本	田汝耕	
碧里鳴存稿一卷	刻本	董穀	董穀，浙江海寧人，正德十一年舉人，歷知安義、漢陽二縣，罷歸後自號碧里山樵，又曰漢陽歸叟。
屠簡肅公文集十四卷	刻本	屠僑	屠僑（1480～1555）字安卿，號東洲，浙江鄞縣人，以才試御史，官至刑部尚書、都察院右都御史。
舜原和唐七老詩一卷	刻本	楊瞻	楊瞻號舜原，山西蒲州人，正德舉人，授扶溝令，歷御史，終四川僉事。
拘墟集五卷	刻本	陳沂	《明志》有「陳沂《文集》十二卷、《詩》五卷」。
半洲詩集七卷	刻本	張經	張經號半洲，福建侯官人，正德十二年進士。
王彭衙集九卷	刻本	王諷	王諷（1491～1526）號彭衙，陝西西安右衛人，正德十二年進士。
*夢澤集十七卷	刻本	王廷陳	《明志》作「三十八卷」。今閣存二部，均殘。王廷陳號夢澤，湖廣黃岡人，正德十二年進士。
南覽集一卷	刻本	崔桐	《明志》有「崔桐《東洲集》四十卷」。崔桐，南直隸海門人，正德十二年進士。此嘉靖八年視楚學時作。
山藏集六卷	刻本	李士允	李士允字子中，號少泉，河南祥符人，正德十二年進士。
*淮漢燼餘稿四卷	刻本	顏木	《明志》題作「燼餘稿」。
燼餘錄六卷	抄本	顏木	

*桂洲集二十四卷	刻本	夏言	
梓溪文集十卷	刻本	舒芬	《明志》有「舒芬《內外集》十八卷」。舒芬（1484～1527）號梓溪，江西進賢人，正德十二年進士。
少華山人文集十三卷 後集十卷 續集六卷	刻本	許宗魯	《明志》有「許宗魯《全集》五十二卷」。許宗魯（1490～1559）號少華，陝西咸寧人，正德十二年進士。
介立詩集六卷	刻本	林時	
胡蒙谿詩集四卷 文集十一卷 續集六卷	刻本	胡侍	胡侍（1492～1553）號蒙谿，陝西寧夏人，正德十二年進士。
西玄詩集一卷	刻本	馬汝驥	馬汝驥（1493～1543）號西玄，陝西綏德人，正德十二年進士。
泉亭存稿六卷	刻本	吳鼎	吳鼎（1493～1545）號泉亭，浙江錢塘人，正德十二年進士。
王筆峰文一冊	抄本	王鳳靈	王鳳靈（1497～？），字應時，號筆峯，福建莆田人，正德十二年進士，授刑部主事，歷陝西副使，遷廣西參政，未赴，以謗罷歸卒。
亘爰子詩集二卷	刻本	江暉	江暉（1499～1534）號亘爰子，浙江仁和人，正德十二年進士，授翰林修撰，謫廣德州。今閣存。
鄭思齋文集一卷	抄本	鄭洛書	進呈本，四庫存目。鄭洛書（1496～1534）號思齋，福建莆田人，正德十二年進士，官至監察御史。
*玩鹿亭稿八卷	刻本	萬表	
王介塘文略一卷	抄本	王相	進呈本，四庫存目。王相號介塘，浙江鄞縣人，正德十六年進士，官翰林院編修。
田秬山稿一卷	抄本	田頊	進呈本。田頊，號秬山，福建龍溪人，正德十六年進士，官至貴州提學副使。
吳兵部集一卷	刻本	吳檄	吳檄，南直隸桐城人，正德十六年進士，授襄陽府推官，由吏部主事轉兵部武選郎中，出爲湖廣參議。

研岡集三十四卷	刻本	杜枏	杜枏（1489～1538）號研岡，河南臨潁人，正德十六年進士，授戶部主事，官至右僉都御史。
*泰泉集十卷	刻本	黃佐	《明志》作「六十卷」。黃佐（1490～1566）號泰泉，廣東香山人，正德十六年進士。
允菴先生詩集六卷	刻本	張遜	
西樨集二卷	刻本	楊撫	楊撫號二檀，浙江餘姚人，正德十六年進士，歷濟南知府，晚入趙文華幕府，終湖廣提學副使。阮云：「嘉靖丙戌（1526）多，奉命督木西川，自出朝以歷吳越、荊楚、上下三巴之地，每有所感輒發諸聲。」
太乙山人遊蜀詩一卷	刻本	張光宇	張光宇，字道夫，號太乙山人。
玄覽堂詩抄四卷	刻本	潘恩	《明志》有「潘恩《笠江集》二十四卷」。潘恩（1496～1582），南直隸上海人，嘉靖二年進士。
芝園定集五十五卷	刻本	張時徹	
徐少湖先生集七卷	刻本	徐階	徐階（1503～1583）號少湖，南直隸華亭人，嘉靖二年進士。
*蘇門集八卷	刻本	高叔嗣	高叔嗣（1502～1538）號蘇門，河南祥符人，嘉靖二年進士。
篆江存稿九卷	刻本	姜恩	姜恩號篆江，四川廣安人，嘉靖二年進士。
漫遊稿六卷	刻本	馮世雍	馮世雍，湖廣江夏人，嘉靖二年進士，由吏部郎出守臨安、徽州二郡。
葉海峰文一卷	抄本	葉良佩	進呈本，四庫存目。葉良佩，浙江太平人，嘉靖二年進士，官至南京刑部郎中。
兩厓先生文集六卷	刻本	朱廷立	
綠筠軒唫帙二卷	刻本	朱恬烄	朱恬烄，沈憲王胤栘長子，太祖仍孫，自號西屛道人，嘉靖三十年（1551）襲封，諡宣。
越吟一卷	刻本	包大烆	包大烆，字明臣，浙江鄞縣人。此為其官潮陽時所作。

海樵律詩二卷	刻本	陳鶴	《明志》有「陳鶴《詩集》二十一卷」。陳鶴，字鳴野，號鳴軒，一號海樵，浙江山陰人，嘉靖舉人。
陳山人小集不分卷	刻本	陳鶴	
寓岱稿一卷	刻本	仲言永	仲言永，字鶴年，南直隸寶應人，嘉靖四年舉人。嘉靖二十三年任泰安州知州。是集皆其知泰安州時所作詩。
*金子有集一卷	刻本	金大車	《明志》作「二卷」。金大車，字子有，應天府江寧人，嘉靖四年舉於鄉，累上南宮不第，年四十四卒。
石陽山人病詩一卷	刻本	陳德文	
石陽山人蠡海二卷	刻本	陳德文	
石陽山人建州集四卷	刻本	陳德文	
舜澤江西詩一卷	刻本	蘇祐	蘇祐（1492～1571），字允吉，一字舜澤，號穀原，山東濮州人，嘉靖五年（1526）進士。
三巡集一冊	刻本	蘇祐	阮目：「自序稱，初按宣大，繼按江北，繼按江西，有所作輒錄之，故名。」
穀原詩集八卷	刻本	蘇祐	
穀原詩續集一卷	刻本	蘇祐	
陸子餘集八卷	刻本	陸粲	
*巖居稿八卷	刻本	華察	華察（1497～1574）南直隸無錫人，嘉靖五年進士。
海岱集	刻本	張鐸	張鐸，山西壺關人，嘉靖五年進士，選庶吉士，授三原知縣，擢兵部郎中，出為湖州府知府。阮目云：「嘉靖甲辰（1554）有事岱宗，東巡海上，既返，得詩若干首。卷首白世卿、李開元，卷末楊溥均有序。」
*袁永之集二十卷	刻本	袁褧	《明志》作「袁褧《胥臺集》二十卷」。袁褧（1502～1547）南直隸長洲人，嘉靖五年進士。
金陵覽勝詩一卷	刻本	章恩	進呈本，四庫存目。章恩，字符之，浙江山陰人。
谷少岱歲稿一冊	刻本	谷繼宗	谷繼宗號少岱，山東歷城人，嘉靖五年進士，官宜興知縣。

東滙詩集十卷	刻本	呂希周	呂希周號東滙，浙江崇德人，嘉靖五年進士。
*少泉詩集十卷	刻本	王格	王格（1502～1595）號少泉，湖廣京山人，嘉靖五年進士，官至太僕寺少卿。
均奕詩集一卷	刻本	郭鳳儀	
鄭少白詩集五卷	刻本	鄭允璋	
玩易堂詩六卷	刻本	楊育秀	楊育秀，江西貴溪人，嘉靖五年進士。
樊氏集六卷	刻本	樊鵬撰，孔天胤編刻	《信陽集》、《安州集》、《北都集》、《中都集》、《南都集》、《關中集》各一卷，總名《樊氏集》。樊鵬，河南信陽人，嘉靖五年進士，官至陝西按察僉事。
*屠漸山蘭暉堂集十二卷	刻本	屠應埈	《明史》作「八卷」。今閣存二部，一本殘。屠應埈（1502～1546）號漸山，浙江平湖人，嘉靖五年進士。
太史屠漸山文集四卷	刻本	屠應埈	今閣存殘卷。
王遵巖文粹十六卷	刻本	王慎中	《明志》有「《遵巖文集》四十一卷」。王慎中（1509～1559）號遵巖居士，福建晉江人，嘉靖五年進士。
玩芳堂摘稿四卷	刻本	王慎中	今閣存殘卷。
家居集七卷	刻本	王慎中	
關遊稿一卷	刻本	張大儀	張守約，字伯超，號大約，河南確山人，嘉靖五年進士，授中書舍人，歷兵科、吏科給事中，後奉旨爲民。
浮槎稿十二卷	刻本	潘滋	潘滋，字汝霖，婺源人。
汀西詩集六卷	刻本	趙玨	趙玨，字明璧，號汀西，嘉靖間長洲人，以醫名。
還山詩一卷	刻本	皇甫汸	
*皇甫司勳集六十卷	刻本	皇甫汸	今閣存殘卷。
三州集三卷	刻本	皇甫汸	
南中集二卷	刻本	皇甫汸	
岳遊漫稿一卷 附一卷	刻本	皇甫汸	
皇甫司勳慶歷稿六十卷	刻本	皇甫汸	
枕戈雜言	刻本	皇甫沖	

端居集一卷	刻本	楊祐	楊祐（1503～1543），浙江蘭谿人，嘉靖八年進士。
雲石先生詩集三卷	刻本	沈謐	
李中麓閒居集十二卷	刻本	李開先	《明志》題「中麓集」。今閣存殘卷。李開先（1502～1568）號中麓，山東章丘人，嘉靖八年進士。
*重刻校正唐荊川文集十二卷	刻本	唐順之	阮目載二本，另一本：「詩目下自注：此下係翰林時作。」《明志》作「《荊川集》二十六卷」。唐順之（1507～1560）號荊川，南直隸武進人，嘉靖八年會試第一。
陳后岡詩集一卷	刻本	陳束	
*陳后岡文集一卷	刻本	陳束	《明志》作「陳束《文集》二卷」。
守株子詩稿二卷	刻本	沈愷撰，朱煦、朱煥編	
*環溪集二十六卷	刻本	沈愷	今閣存一卷。
沈詩粹選六卷	刻本	沈愷撰，皇甫汸選	
鶴田草堂集三卷	刻本	蔡雲程	蔡雲程（1494～1567），字亨之，號鶴田，浙江臨海人，嘉靖八年（1531）進士，官至刑部尚書。
東白草堂集四卷	刻本	顧存仁	今閣存殘卷。阮目：「嘉靖四十四年皇甫汸題辭云：東白顧給舍示余詩集二編，一曰《使蜀》，志役也；一曰《居庸》，志寓也。」劉、薛又有顧存仁《居庸外編》，不著卷數，當爲《東白草堂集》之一。顧存仁（1502～1575）南直隸長洲人，嘉靖十一年進士。
王巖潭詩集八卷	刻本	王廷幹	
*呂期齋集十四卷	刻本	呂本	《明志》作「十六卷」。
徐徐集一冊	刻本	王梴	
漣漪亭稿十卷	刻本	樊深	
督學存稿二卷	刻本	雷禮	雷禮（1505～1581），江西豐城人，嘉靖十一年進士，官至工部尚書。此爲雷禮督學浙江時所作。

天華詩草□卷	抄本	曾孔化	曾孔化（1486～？），江西廬陵人，嘉靖十一年進士。
文谷漁嬉稿一卷	刻本	孔天胤	
*天一閣集三十二卷	刻本	范欽	今閣存。《明志》作「十九卷」。
陭堂摘稿十六卷	刻本	許應元	
*自知堂集二十四卷	刻本	蔡汝楠	今閣存殘卷。
白石山人詩選二冊	刻本	蔡汝楠	
紀行稿二卷	刻本	王瑛	王瑛，字汝玉，號石沙，南直隸無錫人，嘉靖十一年進士。
藎心堂集二卷	刻本	王尚文	進呈本，四庫存目。王尚文，字寶江，浙江嘉善觀海衛人，嘉靖四十一年武進士。
王柘湖遺藁二卷	抄本	王梅撰，馮汝弼、吳恂編	王梅（1500～？），號柘湖，浙江平湖人，嘉靖十一年進士，選庶吉士，改刑部主事，謫判滁州，卒。
*虛巖山人集六卷	刻本	周詩	周詩號虛巖，南直隸昆山人，精醫。
*多谿外集二卷	刻本	釋方澤	《明志》作「《多谿內外集》八卷」。方澤（1505～？）字雲望，後稱多谿，號無參，俗姓任，浙江嘉善人。
盧月漁集一卷 附挽章一卷	刻本	盧濋	盧濋（1506～1568），字潤之，一字宗潤，號月漁，浙江鄞縣人。三十歲時曾為義烏縣吏，尋棄去。
駱兩溪遺集七卷	刻本	駱文盛撰，蔡汝楠評	《明志》有「駱文盛《存稿》五卷」。駱文盛號兩溪，浙江武康人，嘉靖十四年進士。
外方錄六卷	刻本	薛應旂	《諸生稿》、《進士稿》、《慈谿稿》、《江州稿》、《考功稿》、《南遷稿》各一卷，合《外方錄》六卷。《明志》有「薛應旂《方山集》六十八卷」。薛應旂（1500～1572），南直隸武進人，嘉靖十四年進士。
元湖春詠集二卷	刻本	劉繪	《明志》有「劉繪《嵩陽集》十五卷」。劉繪（1505～1573），河南光州人，嘉靖十四年進士。
施璵川詩集八卷	刻本	施峻	施峻（1505～1561），浙江歸安人，嘉靖十四年進士。

思補軒漫稿八卷	刻本	尹臺	《明志》有「尹臺《洞麓堂集》三十八卷」。
周蹟山詩文三卷	抄本	周天佐	周天佐（1513～？），字子弼，福建晉江人，嘉靖十四年進士，官戶部主事，以諫楊爵獄杖死。
聶泉崖詩鈔稿一冊	刻本	聶靜	聶靜號白泉，江西永豐人，嘉靖十四年進士。
嘉南集三卷 附一卷	刻本	舒纓	
趙太史詩抄二卷	刻本	趙貞吉	《明志》有「趙貞吉《文集》二十三卷、《詩》五卷」。趙貞吉（1508～1576），四川內江人，嘉靖十四年進士。
候蟲鳴一卷	刻本	嚴怡撰，蔡圻選	嚴怡，字士和，南直隸如皋人，嘉靖貢生。
四溟全集七卷	刻本	謝榛	《明志》有「《四溟山人集》二十卷、《詩》四卷」。今閣存殘卷。
四溟全集五卷	刻本	謝榛	
四溟詩集一冊	刻本	謝榛	
遊燕集六卷	刻本	謝榛	
適晉稿六卷	刻本		此集爲謝榛嘉靖四十二年至四十四年遊山西時所作。
*仲山詩選九卷	刻本	王問撰，殷邦靖校選，鄭伯興編	《明志》作「八卷」。王問（1497～1576）號仲山，南直隸無錫人，嘉靖十七年（1538）進士。
原笪齋後集二卷	刻本	王問	
翔鴻集一冊	刻本	張之象	
題橋集一冊	刻本	張之象	
避暑集二卷	刻本	張之象	
*剪綵集二卷	刻本	張之象	《明志》題作「剪綃集」，誤。
叩頭蟲賦一卷	刻本	張之象	今閣存。
新刊賢己集四卷	刻本	李士元	李士元字會宗，號石臺，浙江慈谿人，嘉靖十六年舉人，官銅陵知縣。
*丘隅集十九卷	刻本	喬世寧	今閣存。喬世寧，陝西耀州人，嘉靖十七年進士。

*天目山齋歲編二十四卷	刻本	吳維嶽	《明志》作「《天目山齋稿》二十八卷」。吳維嶽，字峻伯，號霽寰，浙江孝豐人，嘉靖十七年進士。
吳霽環文稿一冊	抄本	吳維嶽	
學詩一冊	刻本	俞憲	俞憲，南直隸無錫人，嘉靖十七年進士。
*白華樓藏稿十一卷	刻本	茅坤撰，姚翼編	
*白華樓續稿十五卷	刻本	茅坤	
大谷集二卷	刻本	溫新	溫新號大谷，河南洛陽人，嘉靖十七年進士。
陳雨湖文集一卷	抄本	陳昌積	《明志》有「陳昌積《文集》三十四卷」。陳昌積（1501～？），號雨湖，江西泰和人，嘉靖十七年進士。
珠川摘稿十四卷	刻本	吳世良撰，羅洪先、唐順之批點，胡漢、余喬編輯	吳世良，浙江遂安縣人，嘉靖十七年進士，知長洲縣，改國子監博士，歷廣德州判官、廣信府通判。
寓武林摘稿二冊	刻本	吳世良	
徙倚軒詩集二卷	刻本	金鑾	今閣存一卷。金鑾（1494～1583），隴西人，寓居南京。
復初山人和陶詩五卷	刻本	謝承祐	謝承祐，字順德，號復初山人，山東海陽人，不仕。
傅山人集三卷	抄本	傅汝舟	進呈本，四庫存目。《明志》有「傅汝舟《丁戊集》十二卷」。傅汝舟，本名舟，號丁戊山人，福建侯官人。
嘷嚱棄存一卷	抄本	傅汝舟	
東征漫稿二卷	刻本	包大中	包大中，字庸之，號三川，浙江鄞縣人。
顧滄江詩集二卷	刻本	顧文淵	顧文淵，字靜卿，浙江仁和人，諸生。
石屋存稿六卷	刻本	許應亨	
九霞山人集十二卷	刻本	顧起經	今閣存殘卷。
李山人詩一卷	刻本	李敏	今閣存。
水西集四卷	刻本	張曉	張曉，嘉靖間壽州貢生。

天池山人小稿一冊五種五卷	刻本	陸采	《太山稿》、《義興稿》、《壬辰稿》、《癸巳稿》、《甲午稿》各一卷。今閣存。陸采（1497～1537），陸粲弟，初名灼，字子玄，號天池山人，南直隸長洲人。
湖上篇一冊	刻本	李奎	李奎，字伯文，號龍珠山人，浙江錢塘人。
李伯文詩集二卷	刻本	李奎	
閩中稿二卷	刻本	李奎	
西署集四卷	刻本	歐大任	《明志》有「歐大任《虞部集》二十二卷」。歐大任（1516～1595）廣東順德人，由歲貢生歷官南京工部郎中。
玩梅亭集二卷	刻本	柴惟道	柴惟道，字允中，號白岩山人，浙江嚴州人。
同春堂遺稿四卷	刻本	劉熠	劉熠，浙江海鹽人，嘉靖十九年舉人，官至監察御史。
公餘漫稿五卷	刻本	王崇古	王崇古（1515～1588）山西蒲州人，嘉靖二十年進士。
青霞選稿一冊	刻本	李時行	李時行（1514～？）字少偕，自號青霞居士，廣東番禺人，嘉靖二十年進士，出宰嘉興，升南京兵部主事。
朱射坡詩選二卷	刻本	朱曰藩	《明志》有「朱曰藩《山帶閣集》三十三卷」。
池上編二卷	刻本	朱曰藩	
*滄溟先生集三十二卷	刻本	李攀龍	李攀龍（1514～1570），嘉靖二十三年進士。
*白雪樓詩集十二卷	刻本	李攀龍	《明志》作「十卷」。
擬古樂府二卷	刻本	李攀龍	今閣存。
遊梁集一卷	刻本	陳全之	陳全之（1512～1580）福建閩縣人，嘉靖二十三年進士，授禮部主事，終山西右參政。此集乃其於嘉靖三十三年以禮部司員奉使周藩時，朱勤閅梓其所著詩文。
子威先生澹思集十六卷	刻本	劉鳳	劉鳳（1519～1602）字子威，南直隸長洲人，嘉靖二十三年進士，授中書舍人，官終補河南按察司僉事。

*劉子威文集三十二卷	刻本	劉鳳	
淮厓集三卷	刻本	倪潤	倪潤，字伯雨，南直隸山陽人，嘉靖二十三年進士。
林心泉集十卷	刻本	林懋舉	林懋舉號心泉，福建閩縣人，嘉靖二十三年進士，累官廣西左布政使。
秉燭堂淘沙文選一卷 秉燭堂押歌詩選一卷	刻本	陳所有	陳所有，字彥充，號四樓逸叟，福建莆田人。
鳴玉集一卷	刻本	張遜業	張遜業（1525～1560），浙江永嘉人，張璁子，以蔭授中書舍人，官至太僕寺丞。
陸子野集一卷	刻本	陸郊撰，張文柱編	陸郊（1527～1570）字子野，南直隸吳縣人，寓居華亭，一生未仕。
東岱山房詩錄二卷	刻本	李先芳	今閣存殘卷。《明志》有「《東岱山房稿》三十卷」。李先芳，山東濮州人，嘉靖二十六年進士。
使金陵稿一卷	刻本	李先芳	
濠梁集一卷高齋集一卷	刻本	李先芳	
李氏山房詩選三卷	刻本	李先芳撰，皇甫汸選	今閣存。
*副墨五卷	刻本	汪道昆	《明志》作「《太函集》一百二十卷、《南溟副墨》二十四卷」。汪道昆（1525～1593），南直隸歙縣人，嘉靖二十六年進士。
西巡稿三卷	刻本	楊美益	阮目云：嘉靖乙卯（1555）奉命按陝西所作。
有本亭集八卷	刻本	梁佐	梁佐，雲南大理衛人，嘉靖二十六年進士。
*弇州山人四部稿一百八十卷	刻本	王世貞	《明志》作「一百七十四卷」。
*弇州山人續稿二百七十卷	刻本	王世貞	《明志》作「二百八十卷」。
入魏稿二卷入浙稿二卷 入晉稿一卷入楚稿一卷	刻本	王世貞	今閣存。
陽羨諸遊藁一卷	刻本	王世貞	
擬古詩一卷	刻本	王世貞	
鳳洲筆記	刻本	王世貞	

澗濱先生文集六卷	刻本	徐文沔	徐文沔（1515～？）字可繩，號澗濱，浙江開化人，嘉靖二十六年進士，歷建陽、甌寧縣丞，陞祠部主事，疏歸終養，服除，補儀制司郎中，除吏部稽勳司，卒於官。
戲音集四卷	刻本	王良樞	王良樞（1499～1557），浙江烏程人，以國子生選授廣東布政司理，歸，子侄輩刻其詩文。
少嶽山人詩集四卷	刻本	項元淇	項元淇（1500～1572）號少嶽，浙江嘉興人。
越草一卷	刻本	沈明臣	進呈本，四庫存目。
帆前集一冊	刻本	沈明臣	
蒯緱集二卷 附丁艾集一卷	刻本	沈明臣	
青溪集一卷	刻本	沈明臣	今閣存。
用拙集一卷	刻本	沈明臣	
沈嘉則詩選十卷	刻本	沈明臣撰，沈九疇選	
豐對樓詩選四十卷	刻本	沈明臣撰，沈九疇選	
朱陽仲詩選五卷	刻本	朱應鍾	朱應鍾，字陽仲，號青城山人，浙江遂昌人，嘗從王守仁問學，卒年三十二。
汝震詩集六卷	刻本	吳鏌	
*青蘿館詩集六卷	刻本	徐中行	《明志》作「《天目山人集》二十一卷、《詩》六卷」。徐中行（1517～1578）浙江長興人，嘉靖二十九年進士。
清時行樂一卷	刻本	劉效祖	《明志》有「劉效祖《詩稿》六卷」。劉效祖（1522～1589），嘉靖二十九年進士，官至陝西按察副使。
移庋稿一卷	刻本	徐學謨	今閣存三部。
溪南遊詩三卷	刻本	吳國倫	吳國倫（1524～1593），湖廣興國人，嘉靖二十九年進士。
*宗子相先生文集十五卷	刻本	宗臣	《明志》作「宗臣《詩文集》十五卷」。今閣存殘卷。宗臣（1525～1560）字子相，南直隸興化人，嘉靖二十九年進士，除刑部主事，官終提學副使。

東巡雜詠一卷	刻本	張佳胤	張佳胤（1527～1588），四川銅梁人，嘉靖二十九年進士。羅振常《經見錄》云無序跋，白口，一冊。
遊襄陽名山詩一卷	刻本	顧聖之	顧聖之，字聖少，南直隸吳縣人，嘉靖間人。
余遷江集二卷	刻本	余佑	余佑，浙江鄞縣人，嘉靖十七年升柳州府遷江知縣。
*栗太行山居集八卷	刻本	栗應宏	進呈本，四庫存目。栗應宏，嘉靖中舉人，耕讀太行山中。《明志》作「《太行集》十六卷、《詩》六卷」。
元遊稿一卷	刻本	程應魁	程應魁，字孟孺，江西玉山人。
雪舟詩集六卷	刻本	賈某	
玉芝樓稿二卷	刻本	曹大同	曹大同，通州人，以貢入太學，授光祿寺丞。
思則堂續稿一卷	刻本	孫鈺撰，翟汝孝選	孫鈺（1523～1573），字文鼎，號劍峰，浙江餘姚人，中嘉靖三十一年武舉，襲錦衣千戶，官至都督同知。
沁南稿二卷	刻本	胡汝嘉	胡汝嘉，南京鷹揚衛人，嘉靖三十二年（1553）進士，官翰林編修，出為河南布政司參議。
孫山甫督學集八卷	刻本	孫應鰲撰，任瀚評	阮云：「前四卷缺」，「俱督學關西時詩」。孫應鰲（1527～1586）字山甫，貴州清平衛人，嘉靖三十二年進士。
關中集二卷	刻本	方新	方新，南直隸青陽人，嘉靖三十五年進士。
金臺甲子稿一卷	刻本	方新撰，柴縈編	
金臺乙丑稿一卷	刻本	方新	
雷氏白雲樓詩集三卷	刻本	雷鳴春	
適志集十卷	刻本	黃鑰	黃鑰，號月峰，江西臨川人，厭習舉業，好遊善詩。
柳溪遺稿十卷	刻本	錢如畿撰，錢元鼎編	錢如畿，字公錫，號柳溪，浙江桐廬人，貢生，官至浙江布政使。
*余文敏公集十五卷	刻本	余有丁	《明志》作「余有丁《詩文集》十五卷」。

青藜閣初稿三卷	刻本	戚元佐	戚元佐，字希仲，浙江秀水人，嘉靖四十一年進士，除禮部主事，，隆慶初爲禮部郎中，擢尚寶寺少卿。
流憩集二冊	刻本	朱朋來撰，謝讜選	朱朋來，浙江上虞人，嘉靖四十一年進士，授行人，歷官刑部員外郎，左遷魯府左長史，卒。
湖湘初集一冊	刻本	管大勳	
燕市集二卷	刻本	王穉登	《明志》有「王穉登《詩集》十二卷」。
客越志二卷	刻本	王穉登	《明志》不著錄，然《傳》云：「隆慶初，復遊京師，徐階當國，頗修憾於（袁）煒。或勸穉登弗名袁公客，不從，刻《燕市》、《客越》二集，備書其事。」
*蠛蠓集六卷	刻本	盧柟	《明志》作「五卷」。盧柟，字少楩，一字次楩，號浮丘，北直隸濬縣人。
浮丘四賦一冊	刻本	盧柟	《明志》有「盧柟《賦》五卷」。
東樂軒詩集六卷	刻本	朱拱樻	朱拱樻（？～1551），寧王朱權玄孫，宸濠伏誅，會統攝寧府事，嘉靖二年襲封弋陽王，謚端惠。
樵雲邦君詩集一卷	刻本	朱拱梃	今閣存。
瑞鶴堂近稿十卷	刻本	朱拱樋	
匡南詩集四卷	刻本	朱拱樋撰，余弼選	
豫章既白詩稿四卷	刻本	朱拱榣撰，吳世良編	
聚樂堂甲辰集一卷	刻本	朱睦㮮	
*洞庭集五十三卷	刻本	孫宜	今閣存殘卷。《明志》題「洞庭山人集」。孫宜（1507～1556）號洞庭漁人，湖廣華容人，嘉靖七年舉人。
江皐集六卷 附遺稿一卷	刻本	馮淮	馮淮，字會東，南直隸華亭人，不仕。
素軒吟稿十一卷	刻本	傅倫	
湍屋留吟一卷	刻本	侯汝白	侯汝白，嘉靖間歲貢生，官分水縣知縣。

后谿詩文稿一卷	刻本	劉世偉	劉世偉號后谿，山東陽信人，入國學，嘉靖中授直隸穎州同知，補陝西寧州，陞寧波府通判，謝病歸。
種蓮歲稿六卷 文略二卷	刻本	朱憲㸅	朱憲㸅（1526～1582），遼莊王致格之子，嘉靖十九年襲封，隆慶二年坐罪削爵，廢為庶人。此集按年編次，始嘉靖三十一年至三十四年，故名「歲稿」。
*長鋏齋稿七卷	刻本	馮遷	馮遷（1511～？），字子喬，號樵谷，南直隸華亭人。
白門稿略一卷	刻本	王世懋	
紀遊稿二卷	刻本	王世懋	今閣存。
西征集二卷	刻本	王世懋	
自泉元諭詩一卷	刻本	張獻翼	《明志》有「張獻翼《文起堂集》十六卷」。張獻翼（1534～1604）字幼于，後更名敉，南直隸長洲人，嘉靖中入貲為國子監生，每試不利，棄而歸里。
紈綺集一卷	刻本		
秣陵遊稿一卷	刻本		
澤秀集七卷	刻本	顧起綸	
昆明集二卷	刻本	顧起綸	
句漏集四卷	刻本	顧起綸	進呈本，四庫存目。
赤城集三卷	刻本	顧起綸	進呈本，四庫存目。
西清閣詩草一卷	刻本	楊承鯤	今閣存。
*清音閣集十卷	刻本	顧大典	顧大典（1541～1596），南直隸吳江人，隆慶二年進士，授紹興府學教授，官終禹州知州，自免歸。
三山集六卷	刻本	顧大典	遊吳、燕、越時所作，家山、燕山、稽山，故名三山。
屠長卿集八卷	刻本	屠隆	
*由拳集二十三卷	刻本	屠隆	
槐稿一卷	刻本	黃元忠撰，歐大任選	黃元忠，字資睦，號整菴，浙江鄞縣人，嘉靖三十八年府學貢生，隆慶末入國學，萬曆初出為岳州府通判。

呂季子甬東雜詠一卷	刻本	呂兌	
甬東山人稿七卷	刻本	呂兌	進呈本。
京寓稿一冊 龜城寓稿一冊	刻本	倪珣	
李山人詩集二卷	刻本	李生寅撰，楊承鯤選	進呈本，四庫存目。
暘谷空音九卷	刻本	李生寅	
喙鳴詩集十八卷	刻本	沈一貫	
夫容社吟稿四卷	刻本	朱多煃撰，吳士編	朱多煃，字用晦，朱權六世孫，封奉國將軍。
貝葉齋稿四卷	刻本	李言恭	李言恭（1542～1599）號秀巖，南直隸盱眙人，岐陽武靖王裔孫。
秀巖楚遊集二卷	刻本	李言恭	
袁中郎集五十七卷	刻本	袁宏道	《明志》有「袁宏道《詩文集》五十卷」。袁宏道（1568～1610），字中郎，湖廣公安人。
玉茗堂集選二十四卷	刻本	湯顯祖	今閣存。《明志》有「《玉茗堂文集》十五卷、《詩》十六卷」。湯顯祖（1550～1616），江西臨川人。
湯臨川問棘堂郵草十卷	刻本	湯顯祖	
紅泉逸草一卷	刻本	湯顯祖	
東越證學錄十六卷	刻本	周汝登	進呈本。周汝登，浙江嵊縣人，萬曆五年進士，累官南京尚寶卿。
落迦山房集□卷	刻本	范汝梓	今閣存。
使秦吟略一卷	刻本	范汝植	今閣存。
雁字十詠一卷	刻本	范汝植	今閣存
煙霞外集一卷	刻本	范汝植	
閒居集一卷	刻本	姚宗文	今閣存。
節婦蔣氏存稿一卷	刻本	蔣氏	今閣存。
和唐詩正音四卷	刻本	楊明秀	今閣存殘頁。
北屏詩稿二卷	刻本	傅□□	今閣存一卷。
春夏秋多四課四卷	刻本	陸寶	今閣存。
卍齋詩選二卷	刻本	吳統持	今閣存。

庚辰春偶吟一卷	刻本	錢素樂	錢素樂（1606～1648），浙江鄞縣人，崇禎十年進士。
菉居詩集二卷		張縉彥	張縉彥（1600～1672）河南新鄉人，崇禎四年進士。
蟛蜞集十卷	刻本	林嵋	林嵋，福建莆田人，崇禎十六年進士。
拙隱園可人集三卷	刻本	孫鍾瑞	
聽雪蓬集七卷	刻本	劉秩	
山曉禪師嘯堂初集二卷	刻本	釋寂樹編	
滄州詩集一冊	抄本	陳某	
龍田漫稿三卷	刻本	宣世言	
翰林詩選四卷	刻本	黃榮	
窺豹集一冊	刻本	過時霽	
自適詩集十二卷 末附尋樂詩文贈輓一卷	刻本	謝表、謝章	
聞鶴亭漫集一冊	刻本	陳朝錠	
虎泉詩選四卷	刻本	施經	
竹坡吟嘯集三卷 附錄題贈一卷	刻本	方琪	
使楚稿一卷	刻本	戴經	
處庵集一卷	抄本		
揚州瓊花集三冊	刻本	楊端	進呈本。
操舟稿一卷	刻本	洪孝先	
杏花書屋自娛集一卷	刻本	金世隆	
花影集四卷	刻本	施紹莘	
玉厓詩集十卷	刻本	姚章	
此齋初稿一卷	刻本		
推恩裕國詩一冊	刻本		阮目：「明伊藩讀禮之餘，見內史所藏乞貸左券無慮萬餘金，憮然曰：予豈屑此以裕國，將捐而弗取，安用券爲？盡出於庭，焚之，王都闔詩詠其事，僉和之，裒爲一帙，題曰推恩裕國。陝西布政許諫序，湖廣按察洛陽孫應奎序後。」

孝藩永慕詩一冊	刻本		阮目:「明伊藩思親之作,侍者錄之成帙。嘉靖癸卯(1543)洛陽辛東山序之,行人溫新、右長史朱福跋後。」
文選纂注十二卷	刻本	張鳳翼編	今閣存殘卷。
文選刪注十二卷	刻本	王象乾編	
*續文選三十卷	刻本	湯紹祖編	《明志》作「二十七卷」。
*文選增定二十三卷	刻本	李夢陽編	《明志》作「《古文選增定》二十二卷」。今閣存殘卷。
*廣文選六十卷	刻本	劉節編	《明志》作「八十二卷」。今閣存殘卷。
*文章辨體五十卷 外集五卷	刻本	吳訥編	
*文翰類選大成一百六十三卷	刻本	李伯璵編	進呈本,四庫存目。《明志》作「一百六十二卷」。
重刻古文精粹十卷	刻本		
*古文會選三十卷	刻本	謝朝宣編	今閣存二十卷。
文端集二卷	刻本	顧璘編	今閣存。
學約古文三卷	刻本	楊撫、岳倫編	
文苑春秋四卷	刻本	崔銑編	
古文集四卷	刻本	何景明編	
*古文類鈔十二卷	刻本	林希元編	
古文會編十二卷	刻本	黃如金編	
藝贊三卷	刻本	鄺灝編	
會心編六卷	刻本	涂相編	
*大家文選二十二卷	刻本	薛甲編	
秦漢文四卷	刻本	胡纘宗編	今閣存殘卷。
秦漢文評林四卷	刻本	朱之藩編	
秦漢文歸二十卷	刻本	鍾惺編	
秦漢晉魏文選十卷	刻本		今閣存殘卷。
兩漢文鑑四十一卷	刻本	陳鑑編	
西漢文類三十五卷 目錄二卷	抄本	劉節編	今閣存殘卷。
東漢文類三十六卷	抄本	劉節編	今閣存殘卷。

晉文歸六卷	刻本	鍾惺編	
*唐文鑑二十一卷	刻本	賀泰編	今閣存殘卷。
南北朝文歸四卷	刻本	鍾惺編	
古文雅錄四卷	刻本	崔錦、章美中編	
古文集要三卷	刻本	王閣編	
古文短篇一卷	刻本	敖英編	
古文正選八卷	刻本	楊美益編	
古文類選十六卷	刻本	王三省編	
古文讀八卷	刻本	劉光啓編、鍾惺評	
古文奇略十三卷	刻本	陳宗器選	阮目：「序稱取漢、唐、晉、宋之文而簡閱之，得其所爲感慨淋漓與夫經術淹通者一千有奇，名之曰《奇略》。」
歷代文選十四卷	刻本	凌雲翼、范惟一編	今閣存。
集古文英八卷	刻本	顧祖武編	
古學彙纂十卷	刻本	李繼貞、顧錫疇編	
古今名喻全編八卷	刻本	吳仕期編	
文章正論二十卷	刻本	劉祐編	
*古今元屑八卷	刻本	王家佐編	
四大家文選四卷	刻本	王坊編	選韓、柳、歐、蘇四大家文。今閣存。
八大家文歸二十八卷	刻本	鍾惺編	
群公小簡六卷	刻本	陳廷璉編	載宋蘇軾、方岳以下六家小簡。進呈本，四庫存目。
*皇明文衡一百卷	刻本	程敏政編	
*皇明文範六十八卷 目錄三卷	刻本	張時徹編	今閣存殘卷。
明百家文範八卷	刻本	王乾章選	
國朝名公經濟文鈔十卷	刻本	張文炎編	
新刊李九成先生編纂大方一統內外集二十二卷	刻本	李廷機編	今閣存。
餘姚海堤集一卷	刻本	葉翼編	進呈本，四庫存目。
光嶽英華十五卷	刻本	許中麗編	進呈本，四庫存目。

鼓吹續編十卷	刻本	朱紹、朱積編	進呈本，四庫存目。
三賢集三卷	刻本	楊名選	周敦頤、王十朋、宋濂詩文。進呈本，四庫存目。
選詩三冊	刻本	許宗魯、劉士元	今閣存。
集歌謠諺語一卷	刻本	范欽輯	
古今風謠六卷	抄本	楊慎編	
古今諺一卷	刻本	楊慎編	今閣存殘頁。
*詠史集句四卷	刻本	程敏政編	
漢魏詩集十四卷	刻本	劉成德編	今閣存。
漢魏詩紀十卷	刻本	馮惟訥編	
建安七子全集二十八卷	抄本	楊德周編	今閣存殘頁。
六朝詩二十四種五十五卷	刻本	薛應旂編	今閣存殘卷。
*六朝聲偶集七卷	刻本	徐獻忠編	進呈本，四庫存目。
六朝詩彙一百十四卷	刻本	張謙、王家聖編	
六朝詩乘十八卷	刻本	梅鼎祚編	
八代詩乘十八卷	刻本	梅鼎祚編	
周詩遺軌十卷	刻本	劉節編	
*風雅逸篇十卷	刻本	楊慎編	今閣存。
*選詩外編九卷	刻本	楊慎編	
選詩拾遺六卷	刻本	楊慎編	
五言律祖六卷	刻本	楊慎編	
六言絕句一卷	刻本	楊慎編	
千里面談二卷	刻本	楊慎編	
苑詩類選三十卷	刻本	包節編	今閣存殘卷。
詩紀前集十卷正集一百三十卷外集四卷別集十二卷	刻本	馮惟訥編	
古今名賢詠物詩選六卷	刻本	郭大有編	今閣存殘卷。
姑蘇新刻彤管遺編二十卷	刻本	酈琥編	
瓊芳集二卷	刻本	朱祁銓編	
絕句博選五卷	刻本	王朝雍輯	今閣存。
*古今詩刪三十四卷	刻本	李攀龍編	

情采編三十六卷	刻本	屠本畯編	
二妙集十二卷	刻本	唐順之、萬士和編	進呈本，四庫存目。
*詩歸五十一卷	刻本	鍾惺、譚元春編	《明志》作「鍾惺《古唐詩歸》四十七卷」。
七體唐詩正音補註二卷	刻本	元楊士弘編，明王庸注	今閣存。
唐音十四卷	刻本	元楊士弘編，明顧璘批點	今閣存。
*唐詩品彙九十卷 拾遺十卷	刻本	高棅編	今閣存殘卷。
*唐詩正聲二十二卷	刻本	高棅編	
唐詩二選正聲十卷 弘秀集十卷	刻本	高棅編	
唐音大成十一卷	刻本	邵天和編	
唐詩類鈔八卷	刻本	顧應祥編	
唐絕增奇五卷	刻本	楊慎編	今閣存。
唐詩五言絕句精選四卷 拾遺一卷又附刻一卷	刻本	張含選，楊慎批點	今閣存。
唐詩選玄集二卷	抄本	萬表編	
唐詩又玄集一卷	抄本	萬表編	
*全唐詩選十八卷	刻本	李默、鄒守愚編	
初唐詩三卷	刻本	樊鵬編	
唐詩律選六卷	刻本		今閣存殘卷。
唐律類鈔二卷	刻本	蔡雲程編	
二十六家唐詩選一冊	刻本	黃貫曾編	
唐雅二十六卷	刻本	張之象編	
*唐詩選七卷	刻本	李攀龍編	
十二家唐詩二十四卷	刻本	張遜業編	
中唐十二家詩集一冊	刻本	蔣孝編	
類編唐詩絕句二卷	刻本	王交、敖英	
唐詩批點正音一本	刻本	顧璘編	
全唐風雅詩一冊	刻本	黃應麟編	

唐音百絕一卷	刻本	簡紹芳編	
李杜詩選二冊	刻本	顧明編，史秉直評釋	
博選唐七言律詩九卷	刻本	方介編	
*唐詩正體六卷	刻本	符觀	
二張集四卷	刻本	高叔嗣編	今閣存二卷。
大曆二皇甫詩集八卷	刻本	劉成德編	今閣存。
編選四家宮詞四卷	刻本	黃省曾編	
*宋詩正體四卷	刻本	符觀編	今閣存殘卷。
元音十二卷	刻本	孫原理編	進呈本。
*元詩體要十四卷	刻本	宋緒編	
*元詩正體四卷	刻本	符觀編	
雅頌正音五卷	刻本	劉仔肩編	
滄海遺珠集四卷	刻本	沐昂編	進呈本，四庫全書收錄。
*皇明風雅四十卷	刻本	徐泰編	今閣存殘卷。
*皇明近體詩鈔二十九卷	刻本	謝東山輯	今閣存殘卷。
*皇明詩鈔十卷	刻本	楊慎編	今閣存殘卷。
明詩類選十二卷	刻本	黃佐	
*明詩正體六卷	刻本	符觀編	
皇明詩選七卷	刻本	慎蒙編	
*盛明百家詩三百卷	刻本	俞憲編	進呈本，四庫存目。《明志》作「一百卷」。
明詩粹選十卷	抄本	高播編	
皇明珠玉八卷	刻本	王諤編	進呈本，四庫存目。
盛明十二家詩選十二卷	刻本	朱翊鈏輯並批點	
批點明詩七律十二卷	刻本	穆文熙編	
三先生詩十九卷	刻本	朱紹、朱積編	高啟、楊茞、包尼授三人詩
士林詩選二卷	刻本	懷悅編	
橋門聽雨詩一卷	刻本	金庠編	進呈本，四庫存目。
清樂園集一卷	刻本	崔恭等撰，高壁編輯	
秀林亭詩一卷	刻本	劉澄輯	阮目：臨清處士王廷璧家園唱和詩
二戴小簡二卷	抄本		戴豪《贅言錄》、戴顒《筠溪集》。進呈本，四庫存目。

二園集一卷	刻本		阮目載錄許論序：「正統丁巳（1437）楊文貞（士奇）諸公會于楊文敏公（榮）之杏園，曰『雅集』；弘治己未（1499），屠襄惠（濶）諸公會于周文公（經）之竹園，曰『壽集』。各有繪像篇什，皆太平盛事也。」
聯句錄一卷	刻本	李東陽等	
邃菴集一卷 續集一卷	刻本	李東陽等	
七人聯句詩紀一卷	刻本	楊循吉、徐寬等	今閣存。
李何精選詩四卷	刻本	張含選	李夢陽詩二百六十首、何景明詩二百二十六首。
四傑詩選四卷	刻本	姚全等選	李夢陽、何景明、李攀龍、王世貞詩。
南北二鳴編六卷	刻本	李攀龍、王世貞	
海右倡和集二卷	刻本	李攀龍、許邦才	
怡椿軒集二卷	刻本	劉訒輯	
五鴞山房集一卷	刻本		
西山紀遊一卷	刻本	鄧欽文等	
縉紳贈言一卷	刻本	黃仲昭等	
南明紀遊詩集一卷	刻本	黃中等	
江門別言一卷	刻本		
和聲集一卷	刻本	張祐等	
西湖遊詠一卷	刻本	黃魯曾、田汝成	
湖山倡和二卷	刻本	馮蘭、謝遷	
名山百詠二卷	刻本	李瑛等	
遊嵩集一卷	刻本	喬宇、薛蕙	
羅文莊完名集壽祺錄二卷 壽榮錄二卷哀榮錄八卷	刻本		
*宸章集錄一卷	抄本	明世宗等	
*宸翰錄三卷	刻本	楊一清等	
*詠春同德詩一卷	刻本	楊一清等	
聯錦詩集三卷	刻本	夏宏	
廣陵聯句集一卷	刻本	黃省曾等	

北京八景圖詩一卷	刻本	鄒緝等	
句餘八景一卷	刻本	顧存仁	今閣存。
祖孫倡和集二卷	刻本	范欽、范奉賢	范欽，字崇望，號一峰居士，南直隸常熟人。
朝正倡和集一卷	刻本	顧璘等	
清江二家詩選二冊	刻本	熊逵編	《鷺沙詩集》二卷，明孫偉撰；《心遠堂詩草》二卷，明敫英撰。刻本。進呈本，四庫存目。
谿山聯句二卷	刻本	張潮、甘爲霖	今閣存。
陶園後集一卷	抄本	楊旦等	
玉泉詩集七卷	刻本	姚廷用編	
宦轍聯句一卷	刻本	祝鑾等	
張氏至寶集	刻本	張淮編	
硯山雅社集二卷	刻本	唐樞等	
荊溪倡和詩一卷	刻本	俞允文編	進呈本，四庫存目。
竹爐新詠一冊	刻本	吳寬等	進呈本。
吳中二集九卷	刻本	黃魯曾編	《南華合璧集》五卷，王寵、黃魯曾撰；《王蔡青藍集》四卷，王寵、蔡羽撰。
耊壽錄一卷	刻本		阮目云：中翰倪若谷八十壽詩並序。
棠陰遙祝一卷	刻本		
題贈錄十六卷 既白詩集五卷	刻本	吳世良編	
麗澤錄二十四卷	刻本	吳世良編	
除夕倡和詩一卷	刻本	黃魯曾輯	
矩洲九仙詩一卷	刻本	王漸逵、湛若水、黃衷等	
儷德偕壽錄四卷	刻本	朱睦㮮編	
西湖八社詩一卷	刻本	祝時泰等	進呈本，四庫存目。
白岳遊稿一卷	刻本	沈明臣、吳守淮	
助道微機六卷	刻本	周汝登編	今閣存殘卷。
耆齡集一卷	刻本	馮遷	
蓮莆集一卷	刻本	屠本畯編	今閣存。

希壽錄不分卷	刻本	呂兌編	
郡齋倡和錄四卷	刻本	袁表編	
榮壽詩編一卷	刻本	吳禮嘉編	阮目：吳某一塘八十壽詩。
全懿堂集二卷	刻本	陳良謨輯	
芝山梅約倡和詩一卷	刻本	宋顯等	
中州題詠集十卷	刻本		
錫山遺響十卷	刻本	莫息編	
皇明江西詩選十卷	刻本	韓陽選編	
金臺十八子詩略三卷	刻本	黎民表、丁一中等編	
赤城詩集六卷	刻本	黃世顯、謝鳴治輯	
*新安文獻志一百卷	刻本	程敏政	
蓬萊觀海亭集十卷	刻本	潘滋	進呈本，四庫存目。
吳興絕唱二卷 續集二卷	刻本	丘吉編	
雲巖詩集二卷	刻本	朱素和編	
少林古今錄二卷	刻本	劉思溫輯	進呈本，四庫存目。
惠山集六卷	刻本	邵寶編	
南滁會景編十二卷	刻本	趙廷瑞	進呈本。
古虞文錄二卷 文章表錄一卷	刻本	楊儀編	進呈本，四庫存目。
皇明古虞詩集二卷	刻本	謝譓編	
*金華文統十三卷	刻本	趙鶴輯	進呈本。今閣存殘卷。
婺賢文軌四卷	刻本	戚雄編	進呈本。
石鐘山集八卷	刻本	王恕等輯	進呈本，四庫存目。
太白樓集十卷	刻本	葉練輯	進呈本，四庫存目。
四明風雅四卷	刻本	戴鯨、張時徹輯	進呈本，四庫存目。
皇明蕭山詩選六卷	刻本	陳諫選，嚴魏批點	
中州名賢文表三十卷	刻本	劉昌編	今閣存殘卷。
滕王閣集十卷	刻本	董遵輯	進呈本。
金臺雅會稿二卷	刻本		
釣臺集八卷	刻本	吳希孟編	
廣中五先生詩集五卷	刻本	陳暹編	孫蕡、黃哲、李德、趙介、王佐五人詩。
太倉文畧四卷	刻本	陸子裒選	
名筆私鈔六卷	刻本	曾佩輯	進呈本，四庫存目。

三軒詩集	刻本	沐昂、沐僖、沐璘	
*郭氏聯珠集二十二卷	刻本	郭鎮、郭武、郭登	今閣存。
章氏三堂集錄□卷	刻本	章藹編	蘭谿章懋、章拯、章述、章邁四人著述。
義谿世稿十二卷	刻本	李堅編	
賦論一卷	刻本	顏木	
賦苑聯芳十冊	抄本		
精選古今四六會編四卷	刻本	薛應旂編	
*赤牘清裁二十八卷	刻本	楊慎編	天一閣所藏《赤牘清裁》凡三種,一種五卷,抄本,有張含、張絳董序;一種二十八卷,刻本,有王世貞序;一種十卷,刻本,胡執禮批點,今閣存殘卷。
歷朝翰墨選註十四卷	刻本	屠隆輯	進呈本。
古今尺牘聞見拔尤八卷	刻本	潘文淵編	
東坡題跋四卷詞牘四卷	刻本		阮目云:明黃嘉惠校。
山谷題跋四卷詞牘四卷			
唐宋元名表四卷	刻本	李新芳輯	
蘇文忠公表啓二卷	刻本	朱睦㮮	
名家表選八卷	刻本	陳增輯	今閣存殘卷。
增註唐策十卷	刻本		今閣存殘卷。
唐會元精選批點唐宋名賢策論文粹八卷	刻本		
明儒論宗八卷	刻本	薛應旂批點	今閣存殘卷。
策學輯略十二卷	刻本	黃溥編	
程墨表選四卷	刻本		
*經義模範一卷	刻本	楊慎編	
程策會要五卷	刻本	李廷機評選,葉向高注釋	今閣存殘卷。
青雲得筏程策不分卷	刻本		今閣存。
程論玉谷集不分卷	刻本	李吳滋編	
程策不分卷	刻本		今閣存。
策論膚見□卷	刻本		今閣存二卷。

後場紀年不分卷	刻本		今閣存殘卷。
*文斷一卷	刻本	唐之淳編	
歸田詩話三卷	刻本	瞿佑	今閣存。《明志》有「瞿佑《吟堂詩話》三卷」。
*西江詩法一卷	刻本	朱權編	
*臞仙詩譜一冊	刻本	朱權	
*文譜八卷	刻本	朱權	
*詩學梯航一卷	抄本	周敘編	今閣存。
菊坡詩話二十六卷	刻本	單宇	
詩學權輿二十卷	刻本	黃溥	
*松石軒詩評二卷	刻本	朱奠培編	《明志》作「一卷」。
*懷麓堂詩話一卷	刻本	李東陽	進呈本，四庫全書收錄。
詩法五卷	刻本	楊成編	今閣存殘卷。
*頤山詩話一卷	刻本	安磐	進呈本，四庫存目。
*南濠詩話一卷	刻本	都穆	進呈本，四庫存目。《明志》作「都穆《詩話》二卷」。
詩法源流三卷	刻本	王用章	今閣存。
拘壚詩談一卷	刻本	陳沂	
*升菴詩話四卷	刻本	楊慎	今閣存。
詩話補遺三卷	刻本	楊慎	進呈本，四庫全書收錄。
*渚山堂詩話三卷	刻本	陳霆	進呈本，四庫存目。
渚山堂詞話三卷	刻本	陳霆	進呈本，四庫存目。
詩家直說一卷	刻本	謝榛	
蓉塘詩話二十卷	刻本	姜南	
過庭詩話二卷	刻本	劉世偉	進呈本，四庫存目。
*名家詩法八卷	刻本	黃省曾編	今閣存。
楚範六卷	刻本	張之象	進呈本，四庫存目。
詩家一指一卷	刻本	懷悅編	
詩源撮要一卷	刻本	張懋賢編	
詩心珠會十卷	刻本	朱宣塙編	
詩話一卷	抄本	陳實華撰	
詩法拾英一卷		孫昭	

唐宋名賢百家詞九十冊	抄本	吳訥輯	
詞學筌蹄八卷	抄本	周瑛、蔣華編	
詩餘圖譜三卷	刻本	張綖編	
草堂詩餘別錄一卷	刻本	張綖編	
類編草堂詩餘四卷	刻本	顧從敬編	
類編箋釋續選草堂詩餘六卷	刻本	顧從敬編，錢允治箋釋，陳仁錫校閱	今閣存殘卷。案閣藏有多部《草堂詩餘》。
詞林萬選四卷	刻本	任良幹編	
盛世新聲十二卷	刻本		今閣存。
詞林摘豔北八宮八卷 南九宮一卷 南北小令一卷	刻本	張祿等編	今閣存殘卷。
雍熙樂府二十卷	刻本	郭勛編	今閣存卷二至二十。
古樂苑五十二卷	刻本	梅鼎祚編	
寫情集一冊	刻本	劉基	
碧山樂府一冊	刻本	王九思	
沜東樂府二卷	刻本	康海	
桂洲詩餘六卷	刻本	夏言	
擬古樂府一卷	刻本	皇甫汸	
陳建安詩餘一冊	刻本	陳德文	
升菴長短句三卷 續集三卷	刻本	楊慎	今閣存殘卷。
陶情樂府四卷 續集一卷拾遺一卷	刻本	楊慎、黃峨	

主要參考文獻

1. 張時徹等，嘉靖《寧波府志》〔M〕，1560 年刻本（明嘉靖三十九年），《中國方志叢書・華中地方・第 495 號》，臺灣：成文出版社有限公司，1983年。

2. 汪源澤、聞性道，康熙《鄞縣志》〔M〕，1686 年刻本（清康熙二十五年），《中國地方志集成・浙江府縣志輯》第 18 冊。

3. 《四明天一閣藏書目錄》〔M〕，《叢書集成續編》第 3 冊，臺北：新文豐出版公司，1988 年。

4. 《天一閣書目》〔M〕，清康熙間抄本（天一閣藏）。

5. 阮元等，《天一閣書目》〔M〕，1808 年刻本（清嘉慶十三年），《續修四庫全書》第 920 冊。

6. 劉喜海，《天一閣見存書目》〔M〕，1847 年抄本（清道光二十七年），天一閣藏。

7. 薛福成，《天一閣見存書目》〔M〕，1889 年刻本（清光緒十五年）。

8. 永瑢等，《四庫全書總目》〔M〕，北京：中華書局，1965 年。

9. 張時徹，《芝園定集》〔M〕，刻本，《四庫全書存目叢書》集第 81～82冊。

10. 范欽，《天一閣集》〔M〕，刻本，《續修四庫全書》第 1341 冊。

11. 李鄴嗣，《甬上耆舊詩》〔M〕，影印文淵閣《四庫全書》第 1474 冊。

12. 馮貞群，《鄞范氏天一閣書目內編》〔M〕，鉛印本，重修天一閣委員，1940 年。

13. 張玉範、沈乃文，《北京大學圖書館藏善本書錄》〔M〕，北京：北京大學出版社，1998 年。

14. 天一閣博物館，《別宥齋藏書目錄》〔M〕，寧波：寧波出版社，2008 年。

15. 傅增湘，《藏園羣書經眼錄》〔M〕，北京：中華書局，1983 年。

16. 袁慧，《范欽評傳》〔M〕，寧波：寧波出版社，2003 年。

17. 蔡佩玲，《范氏天一閣研究》〔M〕，臺北：漢美圖書有限公司，1991 年。

18. 李致忠，《古書版本學概論》〔M〕，北京：書目文獻出版社，1990 年。

19. 國立中央圖書館特藏組，《國立中央圖書館善本書目》（增訂二版）〔M〕，臺北：國立中央圖書館，1986 年。

20. 吳晗，《江浙藏書家史略》〔M〕，北京：中華書局，1981 年。

21. 謝國楨，《江浙訪書記》〔M〕，上海：三聯書店，1985 年。

22. 蘇精，《近代藏書三十家》〔M〕，臺北：傳記文學出版社，1983 年。

23. 黃裳，《來燕榭書跋》〔M〕，上海：上海古籍出版社，1999 年。

24. 虞浩旭，《歷代名人與天一閣》〔M〕，寧波：寧波出版社，2001 年。

25. 崔建英、賈衛民、李曉亞，《明別集版本志》〔M〕，北京：中華書局，2006 年。

26. 王春瑜、杜婉言，《明朝宦官》〔M〕，西安：陝西人民出版社，2007 年。

27. 周心慧，《明代版刻圖釋》〔M〕，北京：學苑出版社，1998 年。

28. 馮惠民、李萬健等，《明代書目題跋叢刊》〔G〕，北京：書目文獻出版社，1994 年。

29. 陳長文，《明代科舉文獻研究》〔M〕，濟南：山東大學出版社，2008 年。

30. 張英聘，《明代南直隸方志研究》〔M〕，北京：社會科學文獻出版社，2005 年。

31. 陳登原，《天一閣藏書考》〔M〕，南京：金陵大學中國文化研究所，1932 年。

32. 南炳文、何孝榮，《明代文化研究》〔M〕，北京：人民出版社，2006 年。

33. 商傳，《明代文化史》〔M〕，上海：東方出版中心，2007 年。

34. 張顯清、林金樹等，《明代政治史》〔M〕，桂林：廣西師範大學出版社，2003 年。

35. 吳廷燮，《明督撫年表》〔M〕，北京：中華書局，1982 年。

36. 張廷玉等，《明史》〔M〕，北京：中華書局，1974 年。

37. 湯綱、南炳文，《明史》〔M〕，上海：上海人民出版社，1985 年。

38. 謝貴安，《明實錄研究》〔M〕，武漢：湖北人民出版社，2003 年。

39. 李盛鐸，張玉範整理，《木樨軒藏書題記及書錄》〔M〕，北京：北京大學出版社，1985 年。

40. 國立中央圖書館，《明人傳記資料索引》〔M〕，臺北：國立中央圖書館，1978 年。

41. 繆荃孫、吳昌綬、董康，吳格整理點校，《嘉業堂藏書志》〔M〕，上海：復旦大學出版社，1997 年。

42. 羅振常，周子美編，《嘉業堂鈔校本目錄·天一閣藏書經見錄》〔M〕，上海：華東師範大學出版社，1986 年。

43. 貫徵，《潘季馴評傳》〔M〕，南京：南京大學出版社，2007 年。

44. 馮爾康，《清史史料學》〔M〕，瀋陽：瀋陽出版社，2004 年。

45. 全祖望，朱鑄禹彙校集注，《全祖望集彙校集注》〔M〕，上海：上海古籍出版社，2000 年。

46. 王永健，《全祖望評傳》〔M〕，南京：南京大學出版社，1996 年。

47. 周退密、宋路霞，《上海近代藏書紀事詩》〔M〕，上海：華東師範大學出版社，1993 年。

48. 羅振常，周子美編訂，《善本書所見錄》〔M〕，北京：商務印書館，1958 年。

49. 駱兆平，《書城瑣記》〔M〕，上海：上海古籍出版社，2000 年。

50. 吳慰祖，《四庫採進書目》〔M〕，北京：商務印書館，1960 年。

51. 杜澤遜，《四庫存目標注》〔M〕，上海：上海古籍出版社，2007 年。

52. 駱兆平，《天一閣藏書史志》〔M〕，上海：上海古籍出版社，2005 年。

53. 駱兆平，《天一閣叢談》〔M〕，北京：中華書局，1993 年。

54. 駱兆平，《天一閣藏明代地方志考錄》〔M〕，北京：書目文獻出版社，1982 年。

55. 駱兆平，《新編天一閣書目》〔M〕，北京：中華書局，1996 年。

56. 天一閣博物館、中國社會科學院歷史研究所天聖令整理課題組，《天一閣藏明抄本天聖令校證》〔M〕，北京：中華書局，2006 年。

57. 虞浩旭，《天一閣論叢》〔M〕，寧波：寧波出版社，1996 年。

58. 王重民，《中國善本書提要》〔M〕，上海：上海古籍出版社，1983 年。

59. 王重民，《中國善本書提要補編》〔M〕，北京：書目文獻出版社，1991 年。

60. 趙萬里，《重整范氏天一閣藏書記略》〔J〕，《國立北平圖書館館刊》第 8 卷第 1 號，1934 年。

61. 趙萬里，《從天一閣說到東方圖書館》〔J〕，《國立北平圖書館館刊》第 8 卷第 1 號，1934 年。

62. 崔富章師，《天一閣與〈四庫全書〉——論天一閣進呈本之文獻價值》〔J〕，《浙江大學學報》第 2 期，2008 年。

63. 虞浩旭，《天一閣珍藏系列》〔M〕，寧波：寧波出版社，2006 年。

64. 王雲五,《續修四庫全書提要》(十二)〔M〕,臺北:商務印書館,1972年。

65. 馬歡,萬明校注,《明抄本〈瀛涯勝覽〉校注》〔M〕,北京:海洋出版社,2005年。

66. 鄭利華,《王世貞年譜》〔M〕,上海:復旦大學出版社,1993年。

67. 許有根,《武舉制度史略》〔M〕,蘇州:蘇州大學出版社,1997年。

68. 戴光中,《天一閣主——范欽傳》〔M〕,杭州:浙江人民出版社,2006年。

69. 章學誠,葉瑛校注,《文史通義校注》〔M〕,北京:中華書局,1985年。

70. 馮承均校注,《星槎勝覽校注》〔M〕,北京:商務印書館,1938年。

71. 田汝成,歐薇薇校注,《炎徼紀聞校注》〔M〕,桂林:廣西人民出版社,2007年。

72. 阮元,鄧經元點校,《揅經室集》〔M〕,北京:中華書局,1993年。

73. 鄞州區政協文史委,《越魂史筆:全祖望誕辰三百週年紀念文集》〔M〕,寧波:寧波出版社,2005年。

74. 俞信芳,《張壽鏞先生傳》〔M〕,北京:北京圖書館出版社,2003年。

75. 顧志興,《浙江藏書史》〔M〕,杭州:杭州出版社,2006年。

76. 虞浩旭,《智者之香:寧波藏書家藏書樓》〔M〕,寧波:寧波出版社,2006年。

77. 傅璇琮、謝灼華,《中國藏書通史》〔M〕,寧波:寧波出版社,2001年。

78. 徐良雄,《中國藏書文化研究》〔M〕,寧波:寧波出版社,2003年。

79. 李希泌、張椒華,《中國古代藏書與近代圖書館史料》〔M〕,北京:中華書局,1982年。

80. 《中國古籍善本書目·經部》〔M〕,上海:上海古籍出版社,1985年。

81. 《中國古籍善本書目·史部》〔M〕,上海:上海古籍出版社,1991年。

82. 《中國古籍善本書目·子部》〔M〕,上海:上海古籍出版社,1994年。

83. 《中國古籍善本書目·集部》〔M〕,上海:上海古籍出版社,1998年。

84. 《中國古籍善本書目·叢部》〔M〕,上海:上海古籍出版社,1990年。

85. 譚其驤,《中國歷史地圖集·第七冊》(元明時期)〔S〕,中國社會科學院主辦,北京:中國地圖出版社,1982年。

86. 鄧洪波,《中國書院史》〔M〕,上海:東方出版中心,2006年。

87. 楊一凡、曲英傑,《中國珍稀法律典籍集成·乙編·第二冊》〔G〕,北京:科學出版社,1994年。

88. 楊一凡、田濤,《中國珍稀法律典籍續編·第三冊、第四冊》〔G〕,哈爾

濱：黑龍江人民出版社，2002 年。

89. 杜婉言、方志遠，《中國政治制度通史》（第九卷　明代）〔M〕，北京：人民出版社，1996 年。

90. 趙萬里，《國立北平圖書館圖書展覽會目錄》〔J〕，《國立北平圖書館館刊》第 4 卷第 5 號，1930 年。

91. 《國立北平圖書館水災籌賑圖書展覽會目錄》〔J〕，《國立北平圖書館館刊》第 5 卷第 1 號，1931 年。

92. 黃裳，《天一閣被劫書目前記》〔J〕，《文獻》第 1 期，1979 年。

93. 黃裳，《天一閣被劫書目》〔J〕，《文獻》第 2 期，1980 年。

94. 王敏，《天一閣藏書研究》〔D〕，鄭州：鄭州大學碩士學位論文，2006 年。

95. 劉玉才，《日藏〈四庫全書〉散本雜考》〔J〕，《文獻》第 4 期，2006 年。

96. 謝莉，《范欽年譜》〔D〕，蘭州：蘭州大學碩士學位論文，2007 年。

97. 吳荇、李芳、李性忠，《嘉業堂散出珍品尋蹤》〔J〕，《圖書館雜誌》第 11 期，2007 年。

98. 萬明，《天一閣藏明代政書及其學術價值》〔J〕，《中國史研究動態》第 3 期，2008 年。

99. 陳長文，《明代鄉試錄、武舉鄉試錄的版本及庋藏》〔J〕，《大學圖書館學報》第 6 期，2011 年。

100. 虞浩旭，《天一閣藏明代政書珍本叢刊》〔G〕，北京：綫裝書局，2010 年。

後　記

　　本書是在博士論文的基礎上修改完成的。記得我的博士導師崔富章先生說過：文章寫好後，要找個婆家，或者發表，或者出版，古今一理，古代也有很多未出版的手稿。自 2009 年畢業以後，我每次和崔師打電話，崔師總是詢問我目前在研究什麼課題，畢業論文修改得怎麼樣，什麼時候出版。我總是搪塞過去。因為我雖然一直在斷斷續續地修改，但自知尚未完善，不敢示人。2012 年 10 月，崔師忽然問到花木蘭文化出版社怎麼樣，我不知所以然。11 月，我便收到了花木蘭文化出版社楊嘉樂先生關於出版博士論文事宜的郵件。原來是花木蘭文化出版社在網上找到我的論文，並問崔師的意見，得到崔師的推薦後，他們決定徵求我的授權。這使我喜出望外。

　　在這次修改成書的過程中，要感謝我的同學好友甘良勇、劉雙慶、汪斌和張立。由於工作和家庭的原因，一些資料我不能親自查閱。是他們在百忙之中，將我所需的資料拍下來，傳給我，或是提供電子文檔。張立自己也在忙於博士論文的寫作，每次不厭其煩地幫我查找資料，有求必應。

　　天一閣在寧波，可是我的工作一直在北方，先是在邯鄲，繼而到秦皇島，離天一閣是越來越遠。這次集中修改，是在燕山大學出版社工作之餘擠時間完成的。工作的束縛，孩子的牽累，家庭的羈絆，使我無法抽出時間再次南下訪書，所以原稿中一些「待訪」、「待查」的內容仍舊付諸闕如，一些問題沒能解決，資料無法補充，這不能不說是一件憾事，只有留待異日。

　　隨著天一閣藏書的大量公佈於世，天一閣藏書研究及相關的明史研究是一個很值得開掘的領域，是一個可以有大發現的沃土。本書的出版只能是拋磚引玉，相信在這之後，有許多關於天一閣藏書研究的優秀論著出現。

2013 年 3 月於燕山大學